H0264165

Hans D. Baumann, geboren 1950, studierte Kunst und Kunstwissenschaft in Marburg, Düsseldorf und Kassel.

Nach seiner Promotion über Bedingungen der Darstellungsfunktion von Bildern arbeitete er in kunstsoziologischen Forschungsprojekten der Gesamthochschule Kassel. Seit 1981 ist er freiberuflich als Sachbuchautor und Journalist in verschiedenen Themenbereichen tätig; Buchpublikationen unter anderem über Desktop Publishing, den Film „Der Name der Rose", die Psychologie des Horrors; zahlreiche Text- und Fotobände über die Subkultur der Motorrad-Rocker, Verfasser eines Lexikons über Mal- und Grafiksoftware für den Apple Macintosh.

Er ist Chefredakteur der Zeitschrift „Bikers News" und freier Mitarbeiter verschiedener Computer- und Gestaltungszeitschriften.

Hans D. Baumann

Handbuch digitaler Bild- und Filtereffekte

1500 Beispiele elektronischer Bildbearbeitung

Springer-Verlag Berlin Heidelberg GmbH

Hans D. Baumann
Wetterstraße 12
6309 [ab Juli 1993: 35516] Münzenberg 3

Manfred Klein gewidmet,
von dem ich viel gelernt habe

ISBN 978-3-642-63457-4

Die Deutsche Bibliothek – CIP-Einheitsaufnahme
Baumann, Hans D.: Handbuch digitaler Bild- und Filtereffekte: 1500 Beispiele
elektronischer Bildbearbeitung / Hans D. Baumann. - Berlin; Heidelberg; New
York; London; Paris; Tokyo; Hong Kong; Barcelona; Budapest: Springer 1993
(Edition Page)
ISBN 978-3-642-63457-4   ISBN 978-3-642-58060-4 (eBook)
DOI 10.1007/978-3-642-58060-4

Dieses Werk ist urheberrechtlich geschützt. Die dadurch begründeten Rechte,
insbesondere die der Übersetzung, des Nachdrucks, des Vortrags, der Entnahme
von Abbildungen und Tabellen, der Funksendung, der Mikroverfilmung oder der
Vervielfältigung auf anderen Wegen und der Speicherung in Datenverarbeitungs-
anlagen, bleiben, auch bei nur auszugsweiser Verwertung, vorbehalten. Eine
Vervielfältigung dieses Werkes oder von Teilen dieses Werkes ist auch im Einzel-
fall nur in den Grenzen der gesetzlichen Bestimmungen des Urheberrechtsgesetzes der Bundesrepublik Deutschland vom 9. September 1965 in der jeweils
geltenden Fassung zulässig. Sie ist grundsätzlich vergütungspflichtig. Zuwider-
handlungen unterliegen den Strafbestimmungen des Urheberrechtsgesetzes.

© Springer-Verlag Berlin Heidelberg 1993
Ursprünglich erschienen bei Springer-Verlag Berlin Heidelberg New York in 1993
Softcover reprint of the hardcover 1st edition 1993

Die Wiedergabe von Gebrauchsnamen, Handelsnamen, Warenbezeichnungen
usw. in diesem Werk berechtigt auch ohne besondere Kennzeichnung nicht zu der
Annahme, daß solche Namen im Sinne der Warenzeichen- und Markenschutz-
Gesetzgebung als frei zu betrachten wären und daher von jedermann benutzt
werden dürften. In diesem Buch werden unter anderem folgende Warenzeichen
erwähnt: Apple, Macintosh (Apple Computer Inc.), Photoshop (Adobe), Color-
Studio, Painter, Sketcher (Letraset), Digital Darkroom, Gallery Effects, IntelliDraw,
SuperPaint (Aldus), VideoPaint (Olduvai), ColorIt! (TimeWorks), Kai's Power
Tools (Storm), Flo' (Valis), Oasis (Time Arts), PixelPaint Professional (SuperMac),
MacPaint (Claris).

Umschlagentwurf und Layout: Konzept & Design, Ilvesheim
Satz und Abbildungen: Autor mit PageMaker und den jeweils
erwähnten Bildbearbeitungsprogrammen
Fotobelichtung: Text & Grafik, Heidelberg

33/3140-5 4 3 2 1 0 – Gedruckt auf säurefreiem Papier

Inhaltsverzeichnis

Dunkelkammertechniken 73

Farbeffekte 129

Struktur- und Gemäldeeffekte 145

Dieses Haus an der At-
lantikküste von Florida
wurde als Kleinbild-Dia
aufgenommen. Die Ab-
bildung zeigt die mit
einem preisgünstigen
Slide-Scanner ausge-
führte Digitalisierung.
Veränderungen irgend-
welcher Art wurden in
diesem Stadium noch
nicht vorgenommen.
So sind beispielsweise
unbeabsichtigt mit-
erfaßte Staubteilchen
noch sichtbar.

Im zweiten Schritt wur-
den der Schwarz- und
Weißpunkt sowie der
Gammawert neu
eingestellt, das Bild mit
einem Schärfen- sowie
Konturen-Schärfen-
Filter überarbeitet, der
Himmel neu angelegt
und einige Details
manipuliert (Retusche
der Staubteilchen, Ent-
fernung des Autos hin-
ter der Palme, Verlän-
gerung des Mastes auf
der linken Seite) .

Einleitung

In diesem Buch werden Veränderungsmöglichkeiten von digital erfaßten Bildern beschrieben und visuell dargestellt. Das Ziel solcher Veränderungen besteht darin, ein Ausgangsbild so zu manipulieren, daß es einer gestalterischen und kommunikativen Absicht entspricht.

Diese Manipulation kann ein Wiederherstellen von visuellen Merkmalen sein, die durch den Prozeß der fotografischen Aufnahme und der folgenden Digitalisierung durch Scannen verlorengegangen sind. Sie kann darüber hinausgehend aber auch ein Hinzufügen von Merkmalen bedeuten – etwa durch Montage und Retusche oder durch Effekte, die den Anschein erwecken, ein Bild sei durch manuell gesteuerte grafische oder malerische Verfahren entstanden.

Eingriffe der ersten Art sind weitestgehend eine digitale Entsprechung dessen, was bisher bei den Prozessen der fotografischen Aufnahme und der Entwicklungstechnik von Negativen und Positiven in der Dunkelkammer geschah. Die der zweiten Art gehen zum Teil weit darüber hinaus, betreffen Verfahren der Foto-Grafik sowie rein grafische Eingriffe. Die Vorzüge gegenüber traditionellen Techniken liegen auf der Hand: Der Benutzer kann bei Tageslicht arbeiten und muß nicht in völliger oder teilweiser Dunkelheit mit Chemikalien hantieren, die hinsichtlich Zusammensetzung und Temperatur exakt abgestimmt sein müssen. Die Zwischenschritte sind am Monitor jederzeit direkt sichtbar und zeigen sich nicht erst am Ende des Prozesses. Sie können durch Nachbearbeitung verfeinert werden, unbefriedigende Ergebnisse lassen sich widerrufen, ohne daß das „Original" dauerhaft und endgültig durch falsche Handhabung geschädigt würde.

Zudem ist das Verfahren nicht nur wesentlich schneller, sondern durch die größere Nähe zur fertigen Druckvorlage ist auch eine Verfälschung des veröffentlichten Ergebnisses durch die bisher nötigen zahlreichen Weiterverarbeitungsschritte unwahrscheinlicher.

Peter Kammermeier:
Scannen und Drucken
– Perfekte Fotos
mit DTP, Bonn,
München, 1991

Michael Gosney,
Linnea Dayton, Phil Inje
Chang: The Verbum
Book of Scanned
Imagery,
San Diego, 1990

Die sich ständig erweiternden Möglichkeiten, Bilder in digital bearbeitbare Form zu bringen, macht die Kenntnis der verfügbaren Werkzeuge und Effekte notwendig oder zumindest sinnvoll. Im Vordergrund stehen dabei Scanner, die inzwischen in verschiedener Form zu erschwinglichen Preisen angeboten werden: Flachbett-Scanner für Aufsichtsvorlagen, eventuell ergänzt um Zusatzgeräte für Durchsichtvorlagen, einfache Slide- oder aufwendige Trommel-Scanner für Diapositive; Video-Scanner zum Anschluß an entsprechende Kameras, Recorder oder TV-Empfänger.

Auch Fotokameras, die nicht mehr dem herkömmlichen Belichtungsweg folgen, sondern Bilder statt auf Filmmaterial elektronisch auf Datenträger fixieren, dürften in den nächsten Jahren sowohl ihre Qualität verbessern wie auch hinsichtlich ihrer Preise ein Niveau erreichen, das nicht nur spezialisierten Profis ihre Verwendung nahelegt. Als Zwischenstufe ist die Photo-CD zu sehen, die sowohl den professionellen wie den gehobenen Amateurbereich abdeckt und bei herkömmlicher fotografischer Aufnahmetechnik hochauflösende und farblich zufriedenstellende Digitalbilder bereitstellt.

Digitale Bildbearbeitung ist sinnvoll, wenn das Ergebnis für die Druckvorstufe oder für Multimedia-Einsatz verwendet werden soll. Hier werden ausschließlich Verfahren dargestellt, die pixelortientierte Bilder betreffen, also solche, die aus vielen kleinen Bildelementen zusammengesetzt sind, welche in ihrer Färbung unabhängig voneinander veränderbar sind. Dies unterscheidet sie von objektorientierter Grafik, bei der Gegenstand der Erzeugung und Veränderung grafische Objekte sind, deren Merkmale (Größe, Position, Färbung, Kontur ...) definiert werden.

Um Pixelbilder als Ganzes oder in Teilen einem Filtereffekt aussetzen zu können, müssen die zu bearbeitenden Flächen im ersten Schritt ausgewählt werden. Den verschiedenen Werkzeugen und Verfahren der Auswahl widmet sich das erste Kapitel (S. 20 bis 34). Das, was sich mit diesen Flächen tun läßt, kann grob in drei Bereiche unterteilt werden:

• Dynamische Effekte beziehen sich auf eine Verlagerung von Pixeln auf der Fläche; sie werden also, in verschiedener Weise aufeinander bezogen, relativ zueinander und zu den Koordinaten des Arbeitsblatts verlagert. Das Ergebnis dieses Verlagerungen kann in manchen Fällen leicht und sehr genau vorausbestimmt werden (Skalieren, Rotieren, Biegen, Verzerrungsnetz ...), in anderen ist zur vorherigen Einschätzung viel Erfahrung nötig (etwa bei Welleneffekten aller Art).

- Dunkelkammertechniken simulieren Prozesse der fotografischen Aufnahme oder der darauf folgenden Entwicklungsschritte (S. 73 bis 128 allgemein, S. 129 bis 144 eingeschränkt auf Farbbildverarbeitung). Dabei reichen die digitalen Möglichkeiten in der Regel weit über die ihrer Vorbilder heraus; der Vorzug der unmittelbaren Sichtkontrolle der verändernden Eingriffe kann nicht genug betont werden.

Eine weitere Technik der Bildbearbeitung, die durch digitale Verfahren deutlich vereinfacht und in den Ergebnissen verbessert wird, ist die Montage. Hier wurde das zunächst malerisch überarbeitete Bild der Flora ausgeschnitten und mit einer Montagekontrolle, die den Schatten der Bretter in der Zieldatei unverändert ließ, perspektivisch verzerrt auf der Fassade eingesetzt.

Dynamische Effekte verlagern Pixel gezielt oder global. Hier wurden die Verzerrungsmöglichkeiten einer spezialisierten Software (vgl. S. 267) eingesetzt, welche die Ränder von Verzerrungszonen bruchlos an den – unveränderten – Rest des Bildes angleicht. In den Ergebnissen weniger genau bestimmbare dynamische Effekte werden etwa von Wellen-, Wirbel- oder Turbulenzfiltern hervorgerufen.

Hans D. Baumann:
DuMont's Handbuch
digitaler Mal- und
Grafiktechniken,
Köln 1993 (Herbst)

Michael Gosney,
Linnea Dayton,
Paul Goethel:
The Verbum Book of
Digital Painting,
San Diego 1990

Gary Olsen:
Getting Started in
Comput er Graphics,
Cincinnati, 1989

David Biedny,
Bert Monroy:
The Official Adobe
Photoshop Handbook,
Toronto, New York ...
1991

• Struktur- und Gemäldeeffekte dienen dazu, digitalisierte Bilder durch einfach anzuwendende Verfahren mit einer grafisch oder malerisch wirkenden Oberfläche zu versehen.

Wie bereits bei der Einführung des Desktop Publishing in den Bereichen von Typographie und Layout wird auch bei der breiteren Anwendung der digitalen Bildbearbeitung oft mit einer unangemessenen Zurückweisung der neuen Möglichkeiten reagiert. Bei DTP herrscht inzwischen weitestgehend Einigkeit darüber, daß ausschlaggebendes Moment nicht – allein – die Technik ist, sondern daß es die Menschen sind, die sich ihrer mehr oder weniger sachkundig bedienen. Mit ausgefeilten digitalen Werkzeugen ausgerüstet, gestalten sie längst Gedrucktes, das sich dem Vergleich mit der Ästhetik klassischer Vorbilder stellen kann.

Zu dem Zeitpunkt, wo dieses Buch geschrieben wird, gibt es bei der digitalen Bildverarbeitung zumindest bei Halbtonbildern im Graustufenbereich kaum noch ins Auge fallenden Unterschiede zwischen herkömmlicher und neuer Technik. Eine Handvoll Werkzeuge – Tonwertkorrektur mit Bestimmung von Schwarz- und Weißpunkt sowie Gammawert, Schärfefilter und manuell gesteuerte Retuschewerkzeuge – reichen in der Regel aus, um ein digitalisiertes Foto in der Druckvorstufe zu optimieren. Jedenfalls, was die alltäglichen Ansprüche betrifft. Anders sieht es noch im Farbbereich und bei Spezialaufträgen aus.

Die digitalen Verfahren sind grundsätzlich nichts Neues; große und entsprechend kostspielige Workstations mit dem Schwerpunkt auf Bildbearbeitung gibt es schon lange. Neu sind lediglich Verbreitung und Zugänglichkeit aufgrund deutlich gesunkener Preise für Hard- und Software. In Verbindung damit wächst die Zahl der Auftraggeber, die digitale Bilddateien übernehmen und die der Belichtungsfirmen, die entsprechende Dienstleistungen anbieten.

Insofern tauchen auch damit zusammenhängende ästhetische und moralische Fragen nicht neu auf, sondern sie sind nur wegen der stärkeren Verbreitung der Verfahren bewußter geworden. Aus ästhetischer Sicht ist vor allem der Aspekt diskussionswürdig, wie jene automatisierten Effekte zu bewerten sind, die im Handumdrehen vorgeblich Gemaltes generieren. Herkömmlich gilt als ein typisches Merkmal des Kitsches, daß Produkte den ästhetischen oder handwerklichen Anschein von etwas erwecken, dessen kulturellem Niveau sie nicht tatsächlich entsprechen – oberflächliche Fassadenkosmetik der Mittel ohne angemessenen Bezug zu den damit ausgedrückten Inhalten.

Allerdings gehören dazu weitere wertende Kontextbedingungen: der Anspruch, das so Produzierte sei Kunst sowie die Möglichkeit der Unterscheidung von dem, was imitiert wird. Die Ergebnisse digitaler Bildbearbeitung erscheinen nahezu ausschließlich in drucktechnisch reproduzierter Form oder beim Multimediaeinsatz am Monitor. Zum großen Teil entsprechen die Filtertechniken eigenständigen ästhetischen Ausdrucksformen, wie sie zum Beispiel aus der Bildsprache des Videofilms bekannt sind. Wo

Seit der Anfangszeit der Computergrafik, als mit niedrigen Auflösungen gearbeitet werden mußte, erscheint eine Abbildung wie die nebenstehende Laien als scheinbar typisches digitales Bild. Die Manipulation wurde hier mit einem Mosaik-Effektfilter vorgenommen, der Pixelgruppen zu einheitlich gefärbten Quadraten zusammenfaßt.

In vielen Fällen kann eine hochauflösende Bitmapumwandlung ein grafisch befriedigenderes Ergebnis bringen als die übliche Rasterdarstellung von Halbtondarstellungen. In diesem Fall wurde das Bild zunächst mit einem Schärfenfilter überarbeitet und danach mit dem Modus „Diffusion Dither" in eine Bitmap umgewandelt. Das Ergebnis entspricht ungefähr dem des Runzelkorndrucks.

15

Hans D. Baumann:
Lexikon Macintosh
Grafik – Malerische und
grafische Techniken
von A-Z, Reinbek 1992

manuelle künstlerische Techniken mit der Absicht nachgeahmt werden, die Differenz in der Wahrnehmung verschwinden zu lassen, ist es gemeinsame Aufgabe von Anwendern und Softwareentwicklern, dieses Ergebnis glaubwürdig zu erreichen.

Gewiß ist das ein leichter Weg, der zahlreiche handwerklich bedingte künstlerische Traditionen negiert. Allerdings keiner, der erst mit den digitalen Werkzeugen in die Welt gekommen wäre: Seit der Renaissance bemühen sich Maler, durch perspektivische Konstruktion, mechanische Hilfsmittel (etwa Dürers Gitterrahmen in der „Unterweisung der Messung" von 1525), Camera Obscura oder schnelles Aufgreifen der Möglichkeiten der Fotografie im 19. Jahrhundert, den Prozeß des getreuen Abbildens zu erleichtern.

Dem steht auch nicht entgegen, daß viele meinen, dieses Abbilden könne heute nicht mehr Aufgabe der Kunst sein. Denn zum einen geht es nicht – jedenfalls nicht vorrangig – um Kunst, sondern, wenn dies denn ein Gegensatz ist, vor allem um Illustration; zum anderen eben gerade um eine mehr oder weniger getreue, also aufgrund von Wahrnehmungskonventionen wiedererkennbare Darstellung von Sichtbarem. Wenn die gestalterische Intention es sinnvoll erscheinen läßt, ein Bild als gezeichnetes oder gemaltes wiederzugeben, ist es Sache der mit der Verbreitung der Bilder Befaßten, die geeigneten Mittel zu wählen.

Diese Freiheit schließt allerdings moralische Verantwortung ein. Bildfälschungen sind zwar nicht erst mit bildverarbeitenden Computern und Programmen in die Welt gekommen – sie sind allerdings heute erheblich einfacher, schneller und überzeugender zu verwirklichen. Heute geht es nicht mehr in erster Linie um politisch mißliebige Persönlichkeiten, die aus offiziellen Fotos und historischen Bilddokumenten eliminiert werden sollen, sondern um die alltäglichen visuellen Lügen der Sensationspresse, die auf ihren bunten Titelseiten Menschen zu intimer Nähe zusammenmischt, die sich in Wirklichkeit nie nahegekommen sind; dabei werden, je nach Bedarf, Falten geglättet oder vertieft, Attribute hingezufügt oder gelöscht.

Die Erfahrung, daß Bilder ebenso lügen können wie Wörter, ist noch neu. Die Kenntnis der Mittel, die solche Lügen ermöglichen, kann dabei helfen, sie zu erkennen. Dies ist ein, allerdings nicht der vorrangige Zweck dieses Buches. Es soll vor allem dabei helfen, durch Bildbeispiele und Angabe der jeweils definierten Parameter die geeigneten Werkzeuge zu finden, um eine Bildidee mit Hilfe digitaler Filter und Effekte zu realisieren. Dazu muß man wissen, welche Möglichkeiten es gibt und in welchen Programmen sie zu finden sind. In der täglichen Praxis von Agenturen, Verlagen und Ateliers bleibt wegen des ständigen Termindrucks kaum genug Zeit, um auszuprobieren, welches Ergebnis eintritt, wenn diese und jene Einstellgrößen gesondert oder kombiniert auf ein Bild angewandt werden. Aufgabe der folgenden Seiten ist also der breite Überblick über Möglichkeiten – ob und wann sie verwirklicht werden sollen, ist allein Sache der Anwender.

Nicht alle Bildvorlagen eignen sich dafür, in eine Bleistiftgrafik umgewandelt zu werden; bei der Flora-Darstellung der folgenden Seiten etwa gibt es zu viele Kontrastkanten. Hier wurde „Konturen finden" angewandt, die entstehenden schwarzen Linien aufgehellt, ausgewählt und diffus gestreut, helle Bereiche und Meer, Fenster und Hof insgesamt bzw. gezielt abgedunkelt. Hinzu kam eine Papierstruktur.

Während die obere Abbildung durch eine additive Folge von relativ einfachen Effekten zustande gekommen ist, wurde die untere mit Hilfe spezieller Filter erzeugt, die eine malerische Struktur ergeben. Auch hier wurden zwei Effekte kombiniert: die Auflösung in simulierte Pinselstriche sowie die Überlagerung des Bildes mit einer Leinwandstruktur.

Zum Gebrauch des Buches

Alle Beschreibungen von digitalen Bild- und Filtereffekten sowie den sie beeinflussenden Parametern in diesem Buch sind nach demselben Prinzip aufgebaut:

In dem grauen Feld am oberen Seitenrand steht der Name des jeweiligen Filters. Darunter wird in Kurzform eine Charakterisierung der Wirkung sowie in Klammern stehend eine Zusammenstellung der wichtigsten Programme gegeben, die über die beschriebene Funktion verfügen oder für die Effekte der jeweiligen Seite eingesetzt wurden.

Die im Einstellfenster des Filters – meist durch numerische Eingabe oder Schieberegler – veränderbaren Parameter werden am Kopf einer Seite oberhalb der Bildbeispiele aufgeführt; dabei sind die vorgegebenen Grundeinstellungen kursiv gesetzt, der Einstellbereich zwischen minimalen und maximalen Werten – soweit vorhanden – steht in eckigen Klammern.

In der Marginalienspalte finden sich neben den Abbildungen die jeweils auf das Ausgangsbild angewandten Werte, soweit sie von den Grundeinstellungen (*default*) abweichen; auch bei mehreren manipulierbaren Variablen werden nur die veränderten angegeben, während sich die übrigen aus den zuvor genannten Grundeinstellungen ergeben. Der einfache Pfeil verweist auf die außen-, der doppelte auf die innenstehende Abbildung.

Nahezu alle Filterbeispiele gehen zur bestmöglichen Vergleichbarkeit von den beiden unten gezeigten Bildern aus und demonstrieren deren Variationen; gewählt wird jeweils dasjenige Ausgangsbild, das einen Effekt am deutlichsten erkennen läßt. Das linke ist ein geometrisch konstruiertes Testbild, das rechte zeigt den Kopf einer – von manchen Kunsthistorikern dem Umkreis von Leonardo da Vinci zugeordneten – Wachsbüste der Flora.

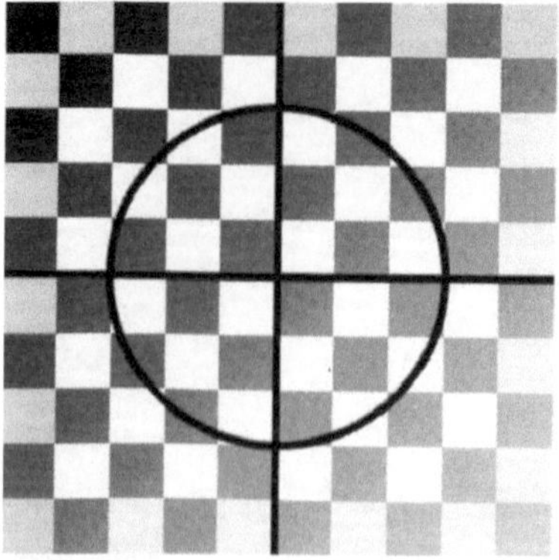 

Auswahlen

Bevor ein Bild durch einen Effekt gezielt verändert werden kann, muß es zunächst für diesen Eingriff vorbereitet werden, indem es – insgesamt oder in Teilbereichen – aktiviert wird. Dies geschieht in pixelorientierten Programmen mit speziellen Werkzeugen; die wichtigsten sind Auswahlrechteck (*marquee*), Auswahlellipse, Lasso und Farbwähler. Auf Verfahren mit objektorientierten Grafikprogrammen wird in diesem Buch nicht eingegangen.

Von der Kenntnis dieser Werkzeuge und ihrer Besonderheiten hängt es ab, wie differenziert die Bereiche eines Bildes ausgewählt werden können. Ihre einfache Anwendung schöpft die vielfältigen Möglichkeiten, exakt jene Bereiche zu aktivieren, die für eine Veränderung vorgesehen sind, bei weitem nicht aus.

Aufgabe dieses Kapitels ist es daher, in einem ersten Schritt mit solchen Besonderheiten vertraut zu machen. Dazu gehören etwa die Formen der Auswahlbereiche (Rechteck, Quadrat, Einschlußrechteck, Ellipse, Kreis, Freihand, Lasso, Polygon, Kombinationen), Umwandlung von Auswahlen in PostScript-Pfade und umgekehrt, Toleranzbestimmungen bei der Auswahl gleich oder ähnlich gefärbter Flächen, Veränderungen des Bereichs durch Umkehrung, Addition oder Subtraktion, Bestimmung von Kantenunschärfe, Ausfransungszonen, Vignettierungen oder Rahmen sowie die Auswahl von Binnenbereichen.

Ebenfalls vorgestellt werden Operationen wie Ausschneiden, Kopieren und Einsetzen mit Hilfe der Zwischenablage, Bewegen und Vervielfältigen von Auswahlen, Umgang mit schwebenden Auswahlen, deren freies, schrittweises und richtungsgebundenes Bewegen, Kombinationsmöglichkeiten von schwebender Auswahl und darunterliegendem Zielbild, etwa durch anteiliges Mischen, Ausblenden von Farb- oder Grauwerten, Aufhellen, Abdunkeln oder Kolorieren sowie das Freistellen.

Schließlich wird kurz der Umgang mit Masken vorgestellt – ein sehr komplexer Bereich, der im Rahmen dieser Übersicht nur gestreift werden kann.

**Manuelle Eingrenzung
eines rechteckigen
oder quadratischen
Auswahlbereichs**

**(Nahezu alle
Programme)**

Das Auswahlrechteck wird mit Hilfe der Maus – oder mit einem Stift auf einem Grafiktablett – manuell aufgezogen. Dazu wird an einem seiner vier Eckpunkte geklickt, die Maustaste gedrückt gehalten, bis zur diagonal gegenüberliegenden Ecke gezogen und die Taste dort losgelassen. Mit gedrückter Umschalttaste entsteht in den meisten Programmen ein Auswahlquadrat. Alle Auswahlbereiche werden von einer „laufenden" Linie umrandet und sind hier durch horizontale Striche gekennzeichnet.

Auswahlrechteck >

Auswahlquadrat >>

Schrumpfen des Auswahlrechtecks um eine freigestellte Form (Canvas, Studio/32, SuperPaint) >

Erzeugung eines Auswahlrechtecks mit numerisch definierter fester Größe, hier 100 x 100 Pixel (Photoshop) >>

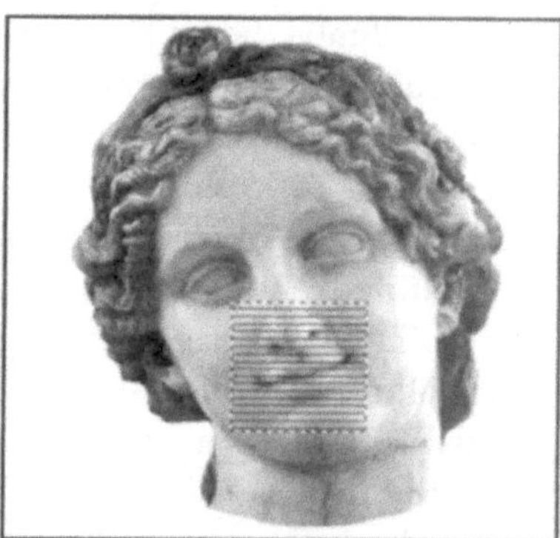

Erzeugung eines Auswahlrechtecks mit konstantem Seitenverhältnis, hier 1:2 (Photoshop) >

Auswahl einer einzelnen Zeile, auch vertikal für einzelne Spalten möglich (Photoshop) >>

Die Auswahlellipse wird mit Hilfe der Maus – oder mit einem Stift auf einem Grafiktablett – manuell aufgezogen. Dazu wird an einem der vier Eckpunkte geklickt, welche die Ellipse als Rechteck einschließen, die Maustaste wird gedrückt gehalten, bis zur diagonal gegenüberliegenden Ecke gezogen und die Taste dort losgelassen. Mit gedrückter Umschalttaste entsteht in den meisten Programmen ein Auswahlkreis. Mit Tastenkombinationen können die Formen auch zentriert erzeugt werden.

Manuelle Eingrenzung eines elliptischen oder kreisförmigen Auswahlbereichs

(Nahezu alle Programme)

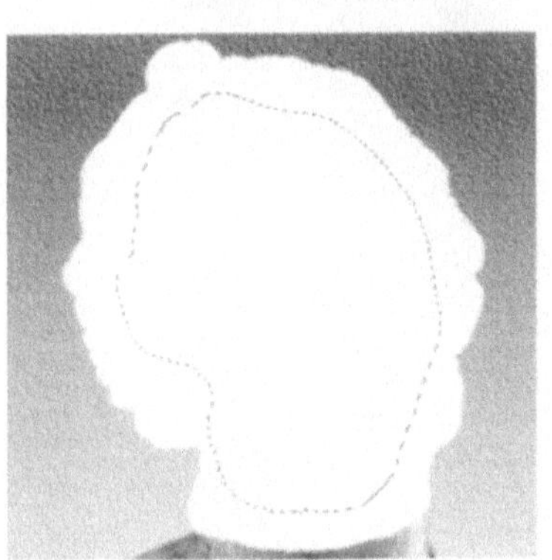
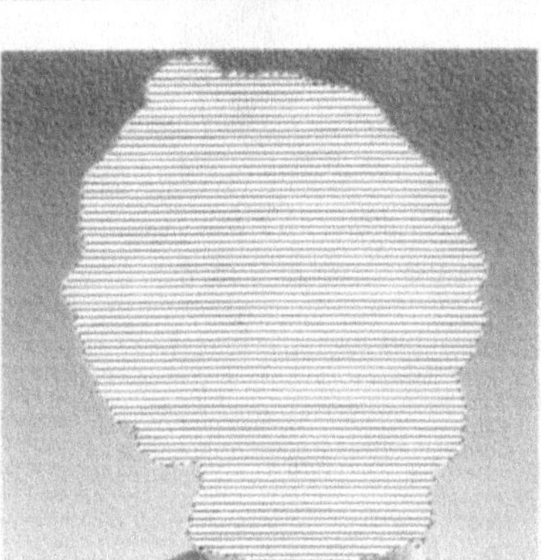

<< Auswahlellipse

< Auswahlkreis (Der Kreismittelpunkt läßt sich in vielen Programmen bestimmen als Ausgangspunkt der Konstruktion , z.B. durch Gedrückthalten der Wahltaste

<< Bestimmung eines Lasso-Auswahlbereichs, hier nicht-schrumpfend, der in vielen Programmen auch Freihandauswahl genannt wird

< Lassoauswahl, die sich um alle von der Startfarbe abweichenden Farben zusammenzieht

<< Eine umgekehrte Option, sich ausdehnende Version der Lassoauswahl bietet Studio/32

< Eine Lassoauswahl füllt einen Binnenraum bis zu andersfarbigen Grenzen aus

Manuelle Eingrenzung eines Auswahlbereichs in Form eines unregelmäßigen Polygons

(ColorStudio, Image-Studio, Photoshop ...)

In vielen Fällen kann es sinnvoll sein, einen Auswahlbereich zu bestimmen, der die Form eines (unregelmäßigen) Polygons hat. Einige Programme bieten dazu eigenständige Werkzeuge an, bei denen das Polygon dadurch konstruiert wird, daß an Stellen, an denen seine Eckpunkte entstehen sollen, geklickt wird. In anderen Fällen erzeugt das Lasso, solange die Wahltaste gedrückt gehalten wird, polygonale Abschnitte einer ansonsten frei gezeichneten Auswahlumrandung.

Auswahlbereich in Form eines eng umgrenzenden Polygons >

Auswahlbereich in Form eines weit umgrenzenden Polygons >>

Auswahlbereich in Form eines regelmäßigen Polygons >

Auswahlbereich in Form eines unregelmäßigen Polygons >>

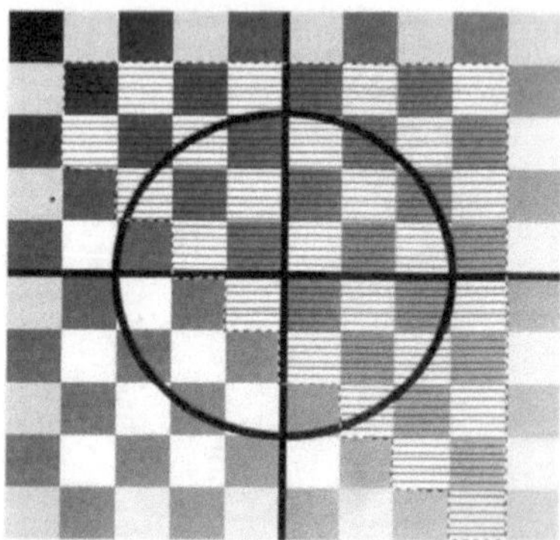

Auswahlbereich mit frei gezogenen (untere Hälfte) und mit gedrückter Wahltaste polygonalen (obere Hälfte) Grenzen (Photoshop) >

„Alles auswählen" macht das gesamte Arbeitsblatt zum Auswahlbereich >>

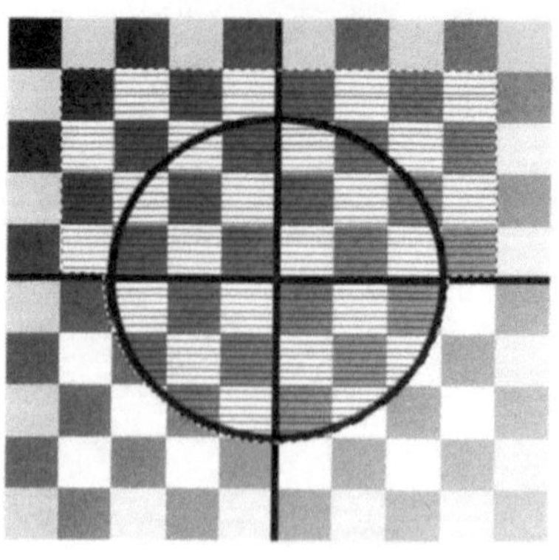

Das Werkzeug der Farbauswahl wird in vielen Programmen als „Zauberstab" bezeichnet. Seine Aufgabe ist es, einen Bildbereich automatisch zum Auswahlbereich zu machen, der dieselbe Farbe aufweist wie das angeklickte Pixel, oder solche Farben auszuwählen, deren Grad an Ähnlichkeit (Farbtoleranzbestimmung) zuvor in einem entsprechenden Dialogfeld definiert wurde. Die Auswahlbereiche können anschließend, wie hier in Photoshop demonstriert, gezielt erweitert werden.

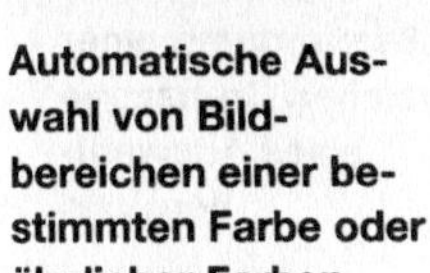

Automatische Auswahl von Bildbereichen einer bestimmten Farbe oder ähnlicher Farben

(nahezu alle Bildbearbeitungsprogramme)

<< Farbauswahl mit Farbtoleranzbestimmung vom Wert 0

< Farbauswahl mit Farbtoleranzbestimmung vom Wert 12

<< Farbauswahl mit Farbtoleranzbestimmung vom Wert 18

< Farbauswahl mit Farbtoleranzbestimmung vom Wert 72

<< Farbauswahl mit Farbtoleranzbestimmung vom Wert 12 und dem Befehl „Auswahl vergrößern" für direkt angrenzende Bereiche

< Farbauswahl mit Farbtoleranzbestimmung vom Wert 5 und „Ähnliches auswählen" für das ganze Bild

Bestimmung einer weichen Grenzzone eines Auswahlbereichs

Den Grenzen von Auswahlbereichen läßt sich eine – meist numerisch in Pixel bestimmbare – Unschärfezone zuordnen. Wird ein Bildbereich ohne diese Ausfransung ausgeschnitten und in ein anderes Bild eingesetzt, sind die Ränder hart, so daß die Einfügung als Fremdkörper auffällt. Durch die Zuordnung einer Kantenunschärfe wird der Grenzbereich teilweise transparent. So können auch Vignettierungen oder durch Löschen – bei hellem Hintergrund – Überstrahlungseffekte erzielt werden.

Einsetzen einer kreisförmigen Auswahl ohne Kantenunschärfe in eine stark aufgehellte Version des Bildes >

Einsetzen einer kreisförmigen Auswahl mit einer Kantenunschärfe von 2 Pixel in eine stark aufgehellte Version des Bildes >>

Einsetzen einer kreisförmigen Auswahl mit einer Kantenunschärfe von 15 Pixel in eine stark aufgehellte Version des Bildes >

Die Wirkung auf das Bild, aus dem die Auswahl ausgeschnitten wurde, bei 15 Pixel Kantenunschärfe >>

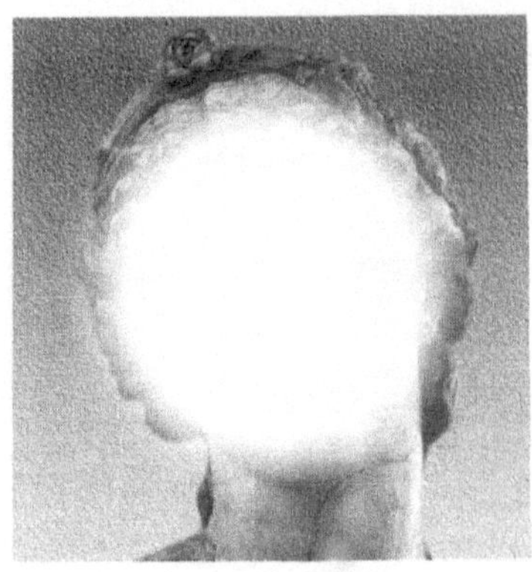

Ausschneiden eines Quadrats mit 15 Pixel Kantenunschärfe >

Simulation einer fotografischen Vignettierung durch elliptische Auswahl mit 25 Pixel Unschärfezone, Auswahlumkehr (vgl. S. 27) und Löschen des Umfeldes >>

Beim Auswählen von Schrift, aber auch in allen anderen Fällen, wo zusammengehörende Flächen vor andersfarbigen stehen, ist es in pixelorientierten – im Unterschied zu objektorientierten – Programmen oft schwierig, die gewünschte Auswahl herzustellen. Bestimmte Programme ermöglichen automatisch solche Auswahlen, in anderen kann man sich etwa mit „ähnliches auswählen" (S. 23) behelfen oder durch manuelle Manipulationen, bei denen die Umrisse mit 1-Pixel-Linien unterbrochen werden.

Ausschluß von Flächen, die von andersfarbigen völlig umgrenzt sind

(Studio/32)

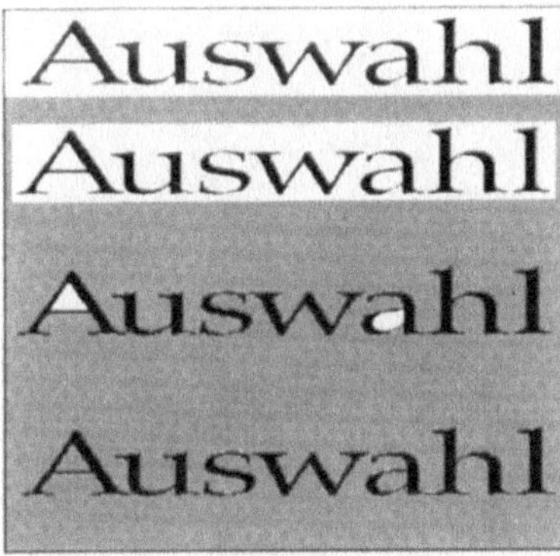

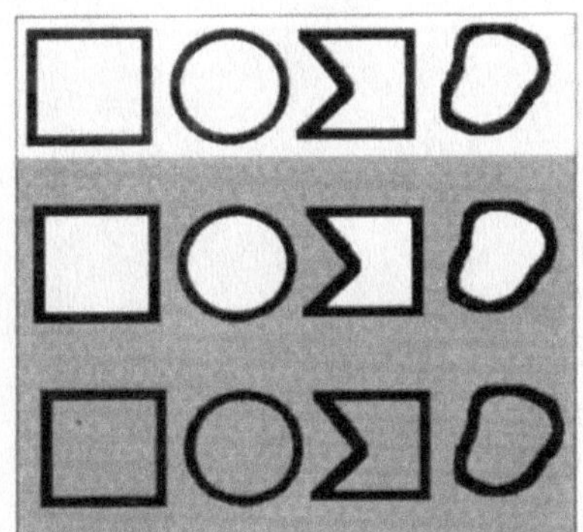

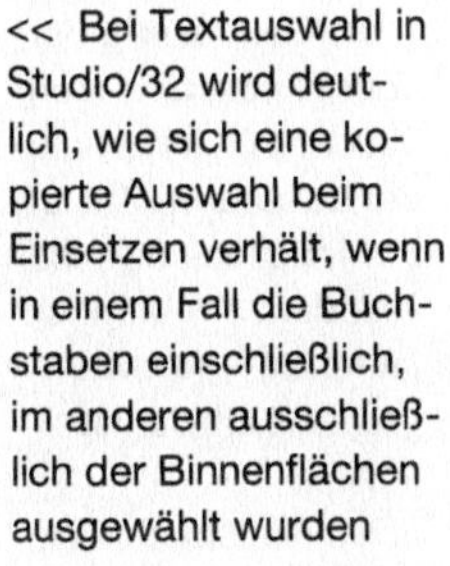

<< Bei Textauswahl in Studio/32 wird deutlich, wie sich eine kopierte Auswahl beim Einsetzen verhält, wenn in einem Fall die Buchstaben einschließlich, im anderen ausschließlich der Binnenflächen ausgewählt wurden

< Ähnlich mit anderen Figuren (Studio/32)

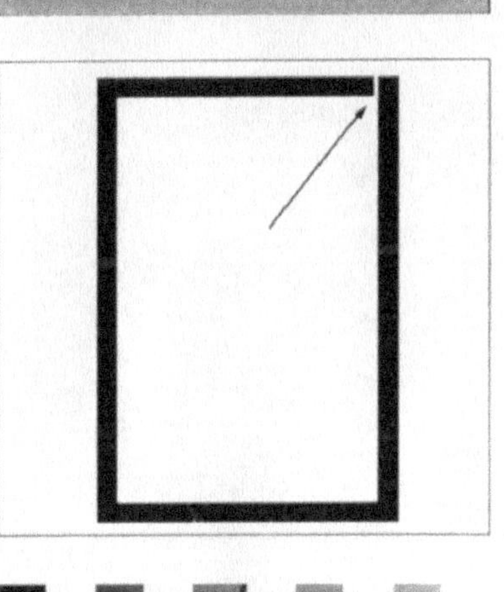

<< In vielen Programmen, selbst bei solchen, die mit Bitmaps arbeiten, lassen sich Binnenflächen in die Auswahl einschließen, wenn in die ausgewählte Rahmenform eine 1-Pixel-Unterbrechung gezeichnet wird

< In der Vergrößerung wird dies deutlicher

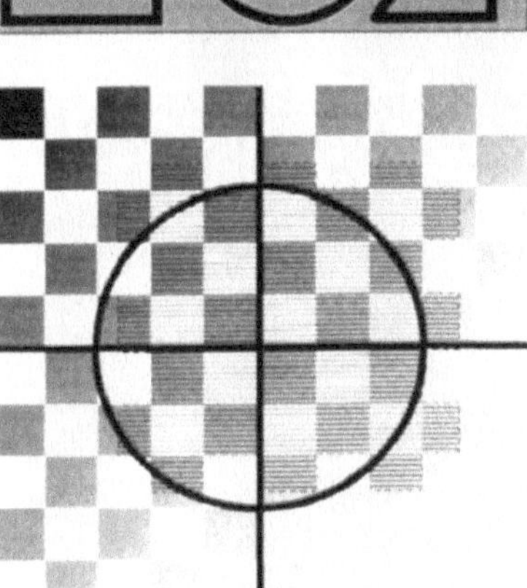

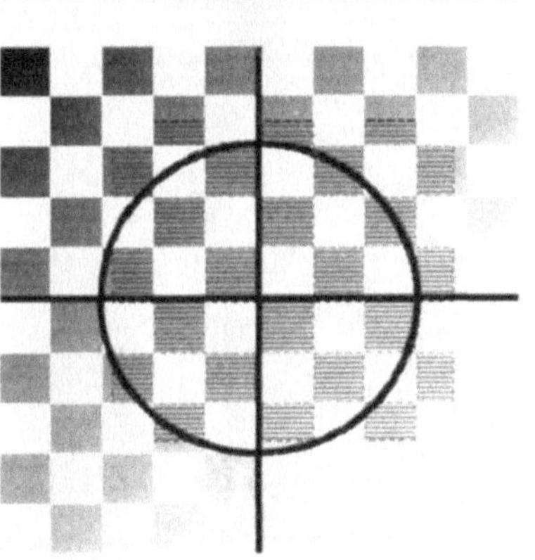

<< Hier wurde in Studio/32 die Auswahloption „zusammenziehen" vorgegeben

< Bei diesem Beispiel war die Auswahloption dagegen „Auswahl ausschließlich Binnenflächen"

Ausblenden von Auswahlgrenzen, Umrandung von Auswahlen mit Auswahlrahmen und Konturen

(ColorStudio, Photoshop)

Die Beurteilung der Abdunklung (um den Faktor 30) innerhalb der Lassoauswahl ist schwierig, solange die – zudem am Monitor laufende – Auswahlgrenze sichtbar ist >

Deutlich sichtbar ist der Eingriff dagegen bei ausgeblendeter Grenze >>

Der Lassoauswahl um das Gesicht wurde ein (anschließend gelöschter) Auswahlrahmen in der Breite von 4 Pixel zugeordnet >

Bei diesem Beispiel beträgt die Breite des (ausgefransten) Rahmens 16 Pixel >>

Hier wurde entlang der Grenzen eine Kontur mit den Werten: Breite:12 Pixel, Deckkraft: 50 %, Position: Mitte angelegt >

Die Werte dieses Beispiels: Kontur: 3 Pixel, Deckkraft: 100 %, Position: innen >>

Will man abschätzen, wie sich ein Filter oder Effekt auf einen Bildbereich ausgewirkt hat, stören die „laufenden Linien" der Auswahlgrenzen oft die Beurteilung. Es ist hilfreich, wenn Programme diese Grenzen unsichtbar machen können. Weitere in Bezug auf solche Grenzen vorgenommenen Operationen bestehen in der Bestimmung von Auswahlrahmen und von Konturen, die in bestimmbarer Breite entlang des Randes einer Auswahl angelegt werden können.(vgl. auch S. 262)

Auswahlen lassen sich bei ihrer Erzeugung in verschiedener Weise modifizieren. Für die Anpassung an langgezogene glatte Kurven ist es empfehlenswert, Bézierkurven als PostScript-Grafik zu verwenden oder Grenzen in solche umzuwandeln. Für die vereinfachte Auswahl komplexer Formen auf gleichförmigem Grund eignet sich die „Umkehren"-Option nach Auswahl des Hintergrunds. Durch Tastaturkombinationen lassen sich Auswahlbereiche addieren oder subtrahieren.

Veränderung von Auswahlgrenzen in EPS-Pfade, Auswahlen umkehren, addieren und subtrahieren

(ColorStudio, Photoshop ...)

<< Freihändig gezogene Lassoauswahlen sind nur mit Mühe sauber entlang von Konturen zu führen; hier bietet sich die Benutzung von EPS-Pfaden oder eine entsprechende Umwandlung an

< Bézier-Umrisse können exakter manipuliert werden

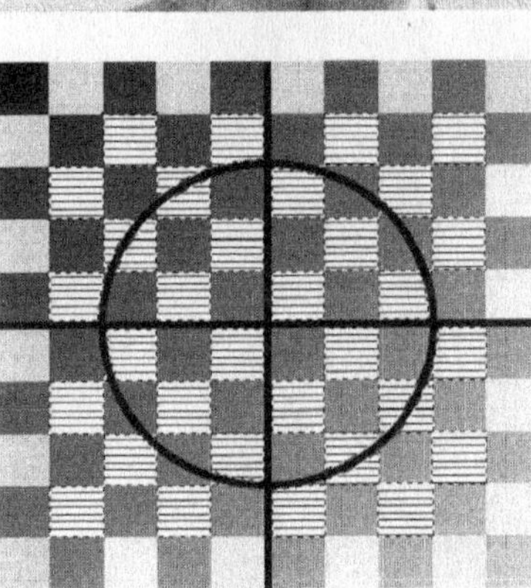

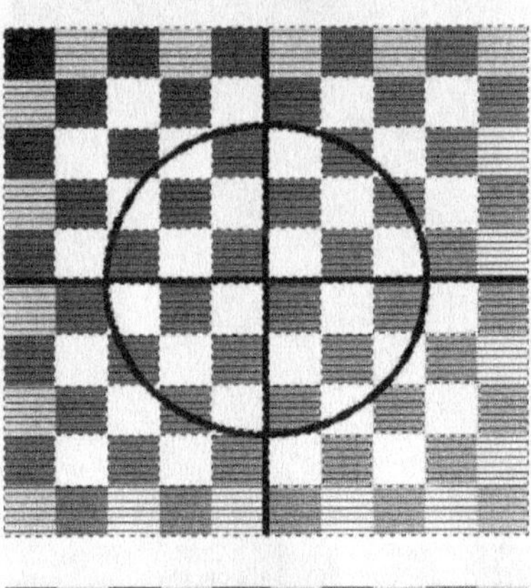

<< Differenzierte Figuren auf gleichförmigem Grund lassen sich einfacher auswählen, wenn man zunächst diesen – hier weißen – Hintergrund auswählt und danach die Auswahl umkehrt

< Die Umkehrung der Auswahl des linken Bildes

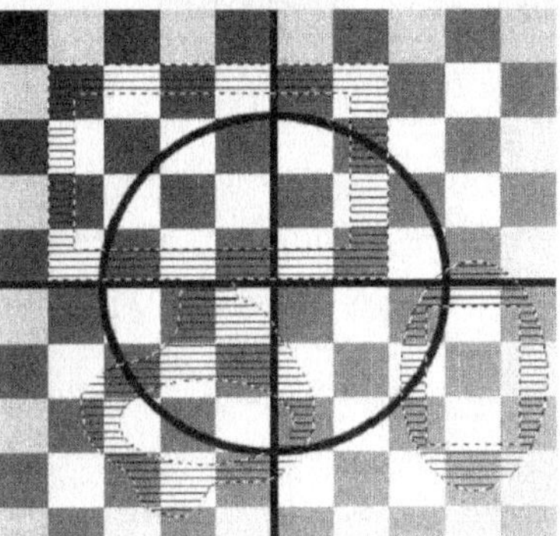

<< Durch Werkzeugeinstellungen oder gleichzeitig gedrückte Tasten können mehrere Auswahlen gleichzeitig nebeneinander und/oder überlappend addiert werden

< Auswahl-Subtraktion in entsprechender Umkehrung

**Eingesetzte Auswahl-
bereiche, die
manipulierbar über
einer Bildebene liegen**

Eine schwebende Auswahl kommt meist dadurch zustande, daß man einen kopierten Bildbereich in ein Dokument einfügt oder einen ausgewählten bewegt; dieser liegt dann in einer gesonderten Ebene „über" dem Bild und kann verschoben oder mit Filtern und Effekten bearbeitet werden. Beim Ausschneiden wird der ursprüngliche Auswahlbereich entfernt, beim Kopieren bleibt er erhalten. Zu beachten ist, daß über das Album transportierte Farbauswahlen auf 8-Bit Farbe reduziert werden.

Aus einem Bild ausge-
schnittene elliptische
Auswahl >

Dieselbe Auswahl, in
ein leeres Dokument
eingefügt >>

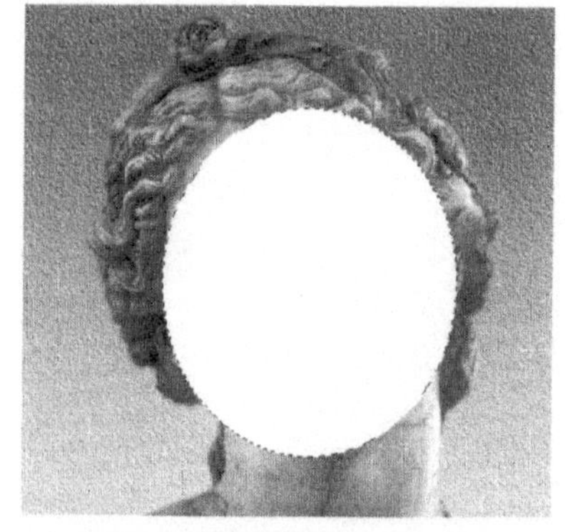

Eine Auswahl, die nicht
den erwünschten Be-
reich einschließt, kann
in manchen Program-
men vor der Einwirkung
manuell verlagert wer-
den (z.B. in Photoshop
mit Wahl- und Befehls-
taste) >

Kopierter Auswahl-
bereich, in ein Bild ein-
gesetzt >>

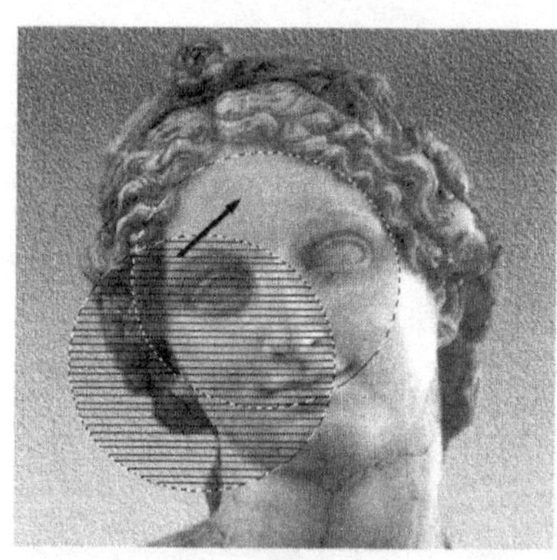

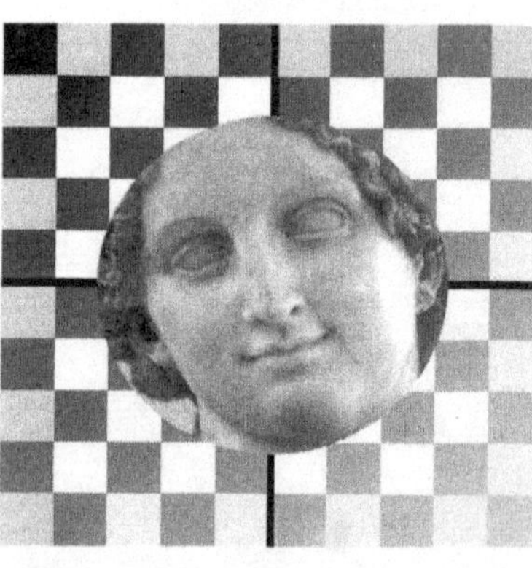

Kopierter Auswahl-
bereich, in Photoshop
in eine bestehende
Auswahl eingesetzt >

Kopierter Auswahl-
bereich, in Photoshop
hinter eine bestehende
Auswahl eingesetzt >>

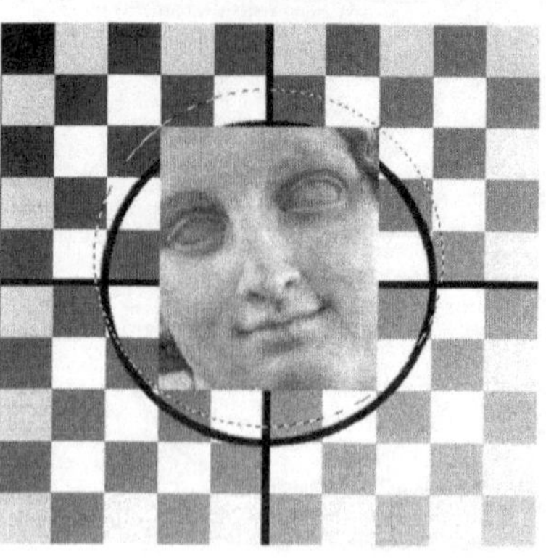

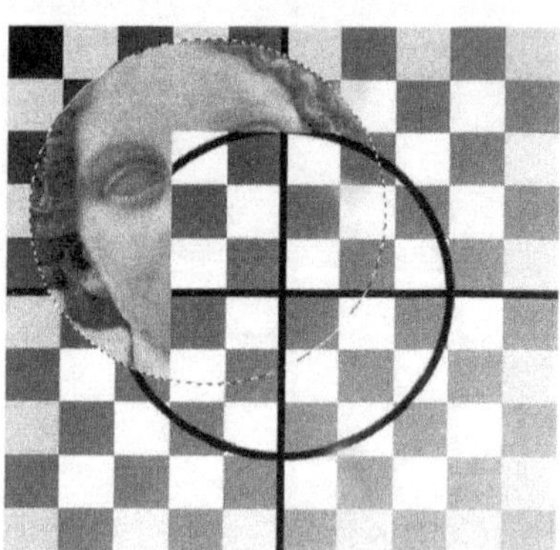

Durch Positionierung des Cursors innerhalb einer Auswahl und Verschieben mit gedrückt gehaltener Maustaste wird ein Auswahlbereich bewegt, wobei er eine mit der aktuellen Hintergrundfarbe gefüllte Fläche zurückläßt und zur schwebenden Auswahl (vgl. S. 28) wird. In vielen Programmen hilft die gleichzeitig gedrückt gehaltene Wahltaste dabei, den Auswahlbereich unter Umgehung der Zwischenablage zu kopieren.

Verlagerung von Auswahlbereichen auf dem Arbeitsblatt

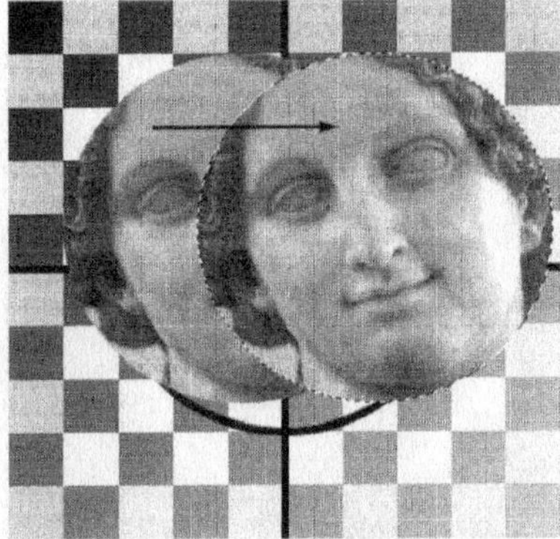

<< Mit Hilfe der Pfeiltasten kann z.B. in Photoshop ein Auswahlbereich um je einen Pixelsprung horizontal oder vertikal bewegt werden

< Die gedrückte Umschalttaste beschränkt die Bewegung von Auswahlbereichen horizontal und vertikal

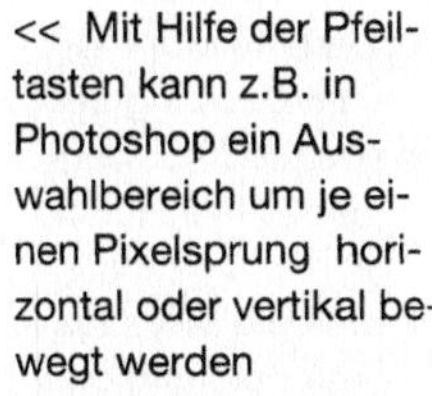

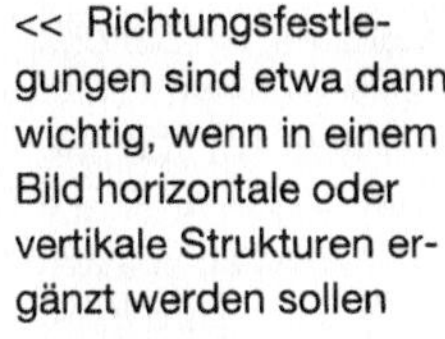

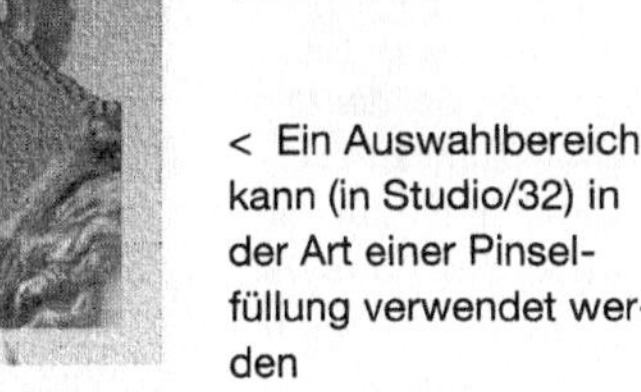

<< Richtungsfestlegungen sind etwa dann wichtig, wenn in einem Bild horizontale oder vertikale Strukturen ergänzt werden sollen

< Ein Auswahlbereich kann (in Studio/32) in der Art einer Pinselfüllung verwendet werden

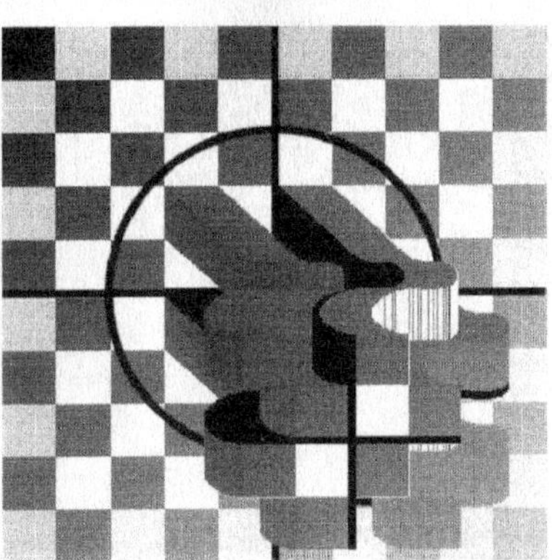

<< Da die Auswahl dabei Werkzeugabdrücke hinterläßt, ist es möglich, plastisch wirkende Spuren zu erzeugen

< Eine starke räumliche Wirkung stellt sich ein, wenn z.B. nur die dunklen Bereiche ausgewählt und dupliziert werden

Vermischung von schwebender Auswahl und Zieldatei durch Transparenz und Ausschluß von Helligkeitsbereichen

(Photoshop)

Die einfachste Form der Vermischung zwischen schwebender Auswahl (Quelldatei) und untenliegendem Bild (Zieldatei) ist das undurchsichtige Einsetzen. Montagekontrollen erlauben wichtige Eingriffe wie Einstellung der Transparenz der Quelldatei, so daß diese in bestimmbarer Ausprägung auf die Zieldatei hin durchsichtig wird. Helligkeitsbereiche von Auswahl und/oder Bild lassen sich mit Reglern so definieren, daß sie bei der Mischung der beiden Ebenen ausgeschlossen werden.

Transparente Montage mit Deckung der schwebenden Auswahl von 70 Prozent >

Transparente Montage mit Deckung der schwebenden Auswahl von 45 Prozent >>

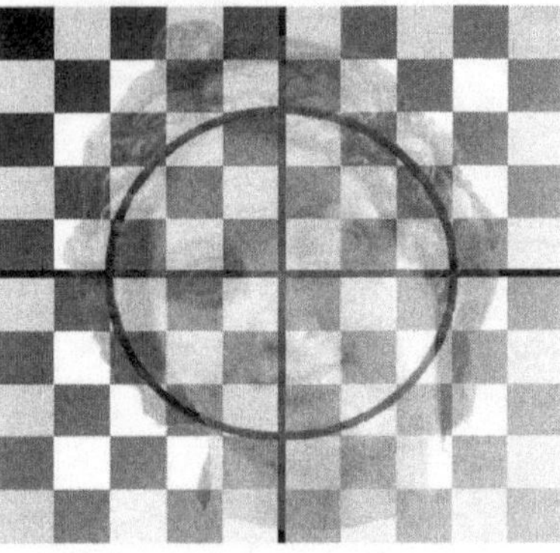

Montage, bei der die Helligkeitswerte von 0 (Schwarz) bis 100 der schwebenden Auswahl ausgeschlossen wurden >

Montage, bei der die Helligkeitswerte von 150 bis 256 (Weiß) der schwebenden Auswahl ausgeschlossen wurden >>

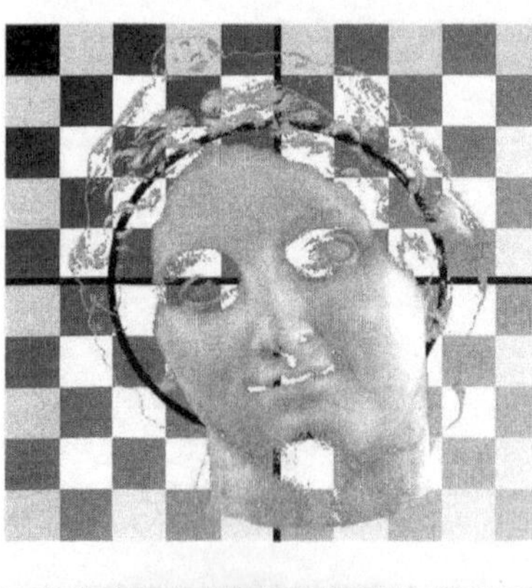

Montage, bei der die Helligkeitswerte von 0 bis 100 der Zieldatei ausgeschlossen wurden >

Montage, bei der die Helligkeitswerte von 150 bis 256 der Zieldatei ausgeschlossen wurden >>

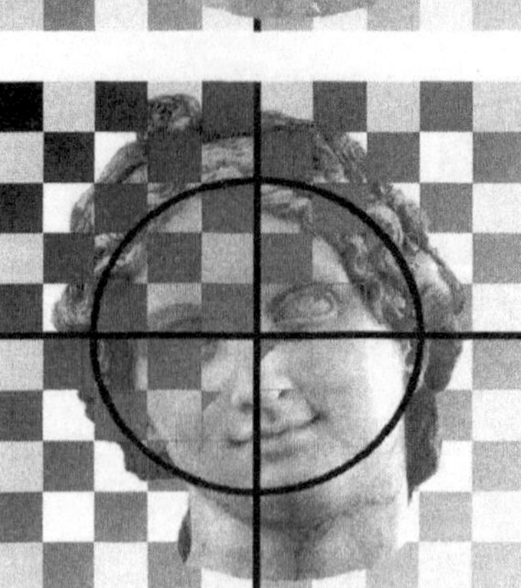

Eine weitere Einstellung im Rahmen der Montagekontrolle besteht darin, Pixel der schwebenden Auswahl nur aufhellend oder abdunkelnd auf jeweils darunterliegende Pixel des Bildes wirken zu lassen. Beim Abdunkeln werden dunklere, beim Aufhellen hellere Pixel nicht beeinflußt. Der Einwirkungsgrad ist definierbar. Bei der Montage farbiger Bilder kommt als weitere Einstellungsalternative „Kolorieren" hinzu: Übernahme der Farbwerte von Pixeln ohne Beeinflussung der Helligkeit.

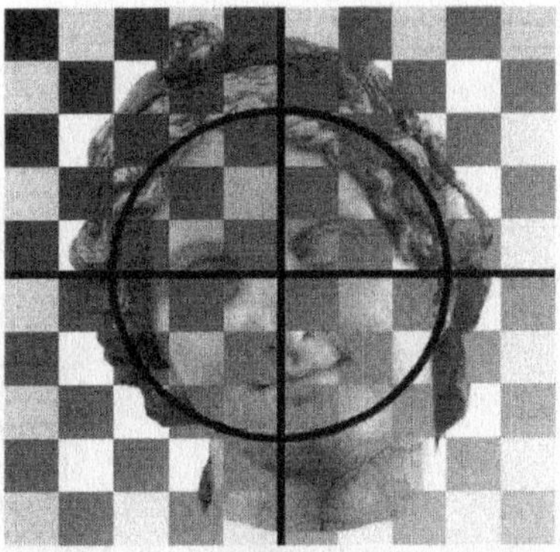

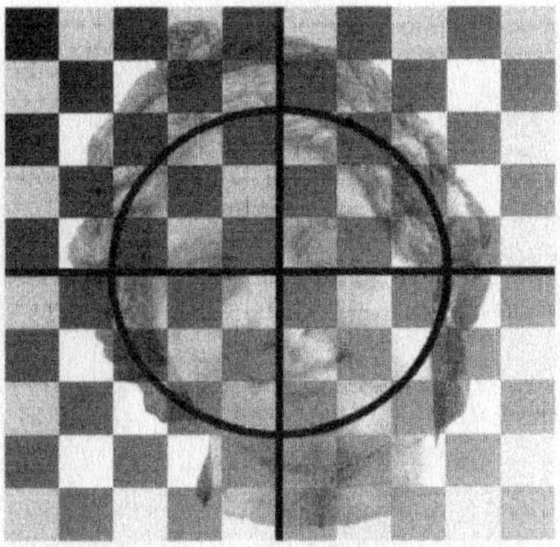

Vermischung von schwebender Auswahl und Zieldatei durch gesteuertes Abdunkeln und Aufhellen

(Photoshop)

<< Dunklere Pixel der Auswahl wirken sich abdunkelnd auf hellere der Zieldatei aus (Einstellung 100 Prozent)

< Dunklere Pixel der Auswahl wirken sich abdunkelnd auf hellere der Zieldatei aus (Einstellung 75 Prozent)

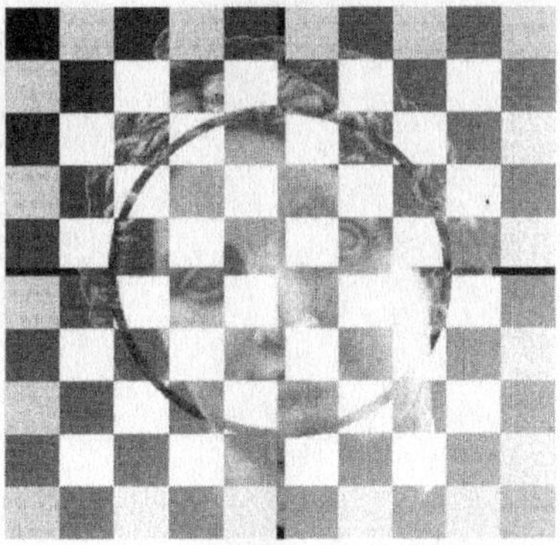

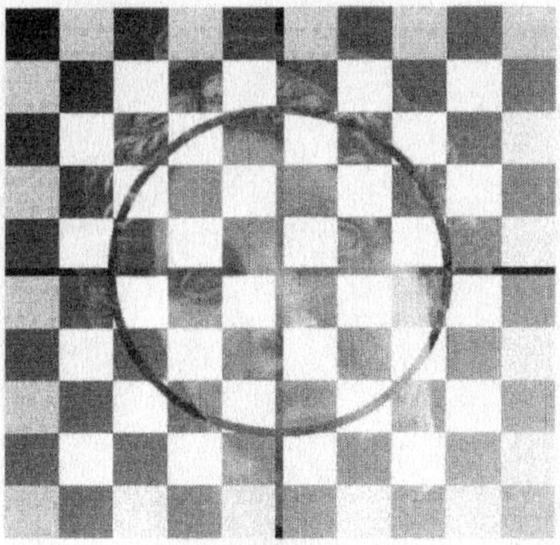

<< Hellere Pixel der Auswahl wirken sich aufhellend auf dunklere der Zieldatei aus (Einstellung 100 Prozent)

< Hellere Pixel der Auswahl wirken sich aufhellend auf dunklere der Zieldatei aus (Einstellung 75 Prozent)

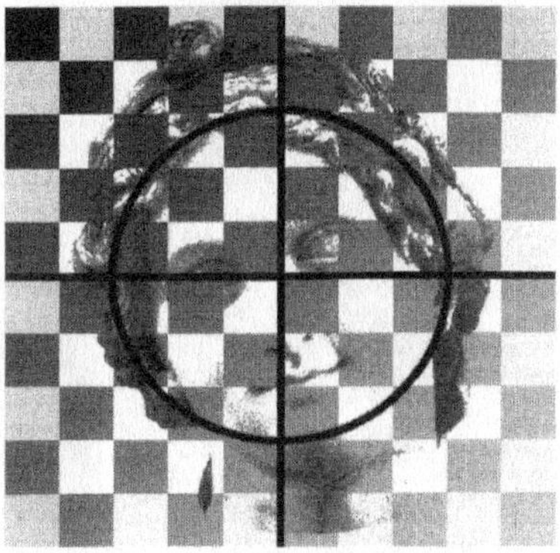

<< Abdunkeln (100 Prozent) mit gleichzeitigem Ausschluß der Helligkeitbereiche 128 bis 256 der Quelldatei

< Abdunkeln (100 Prozent) mit gleichzeitigem Ausschluß der Helligkeitsbereiche 0 bis 128 der Quell- und 128 bis 256 der Zieldatei

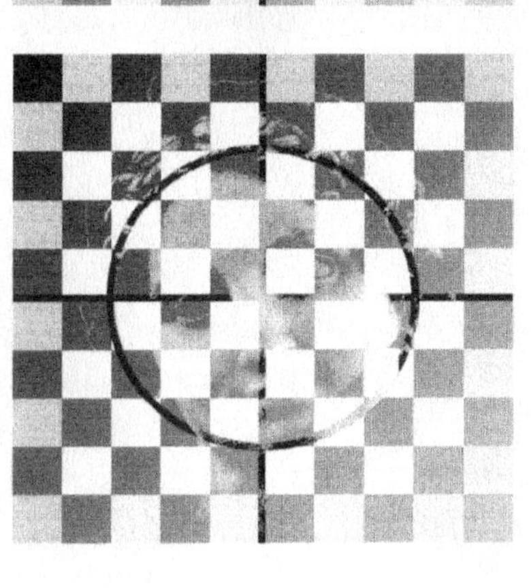

Eine schwebende Auswahl ist eine zusätzliche Ebene, die einem Bild vorübergehend zugeordnet wird. Weitergehende Eingriffe sind durch Zusatzebenen oder Kanäle möglich, die längerfristig oder permanent Bestandteil eines Bildes sind. Die Pixel eines solchen Alphakanals haben bei Bildoperationen Einfluß auf den Grad der Veränderung. In der Regel schützen schwarze Kanalpixel das Bild völlig, weiße gar nicht. Bei 8- oder 24-Bit-Masken wächst der Schutz kontinuierlich mit abnehmender Helligkeit.

Graudarstellung eines RGB-Farbauszugs des Rot-Kanals >

Graudarstellung eines RGB-Farbauszugs des Grün-Kanals >>

Zuordnung eines Bildes auf einer zusätzlich definierten Ebene, die als Maske für ein anderes Bild wirkt; hier ein einfacher Verlauf. Links das Bild als Kanal 1, rechts der Verlauf als Maske auf Kanal 2 >

Schutzwirkung der Maske vor schwarzen Pinselspuren >>

Anwendung der Verlaufsmaske auf das Einsetzen eines Bildes in ein anderes >

Anwendung der Verlaufsmaske auf eine Schwarzweißumwandlung des Bildes mit Schwellenwert 128 >>

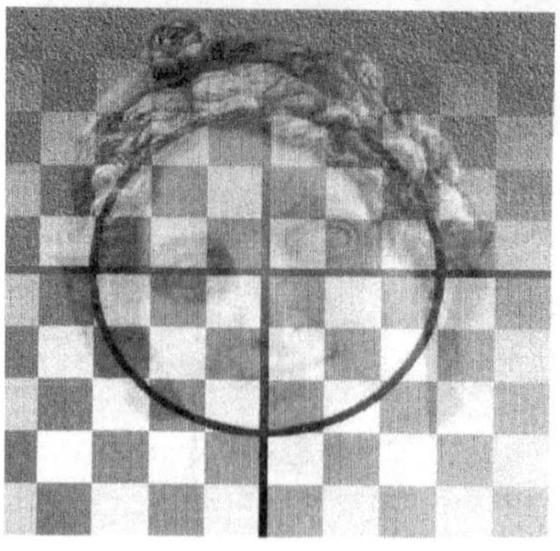

Über die mehr oder weniger intuitive Vermischung von Kanälen hinaus, die durch einfache Montage- und Maskierungswirkungen entstehen, gibt es z.B. in Photoshop die Möglichkeit, die Pixelwerte von Kanälen mathematisch zu verknüpfen. Dazu gehören Berechnungsoptionen wie Addieren, Subtrahieren, Multiplizieren, negativ Multiplizieren, Angleichen, Montieren, hellere bzw. dunklere Pixel sowie Differenz zum Vergleichen der Kanäle, Duplizieren und konstanter Grauwert.

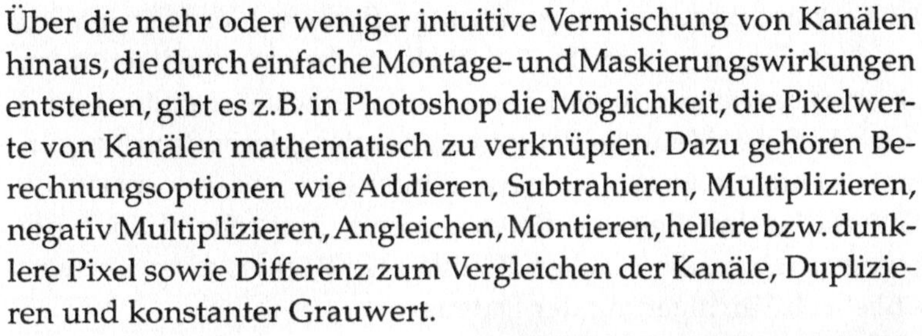

Verknüpfung der Helligkeitswerte von Kanälen

(Photoshop)

In Kanal 1 wurde das Raster-Testbild gesetzt, in Kanal 2 der freigestellte Kopf der Flora-Büste

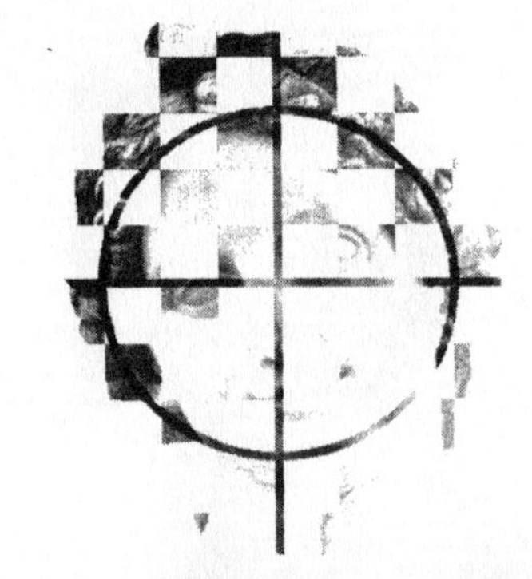

< Addition der Kanäle 1 und 2

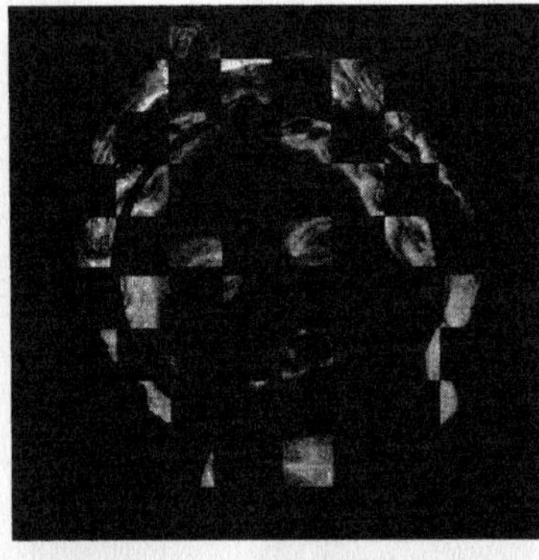

<< Subtraktion von Kanal 2 von Kanal 1

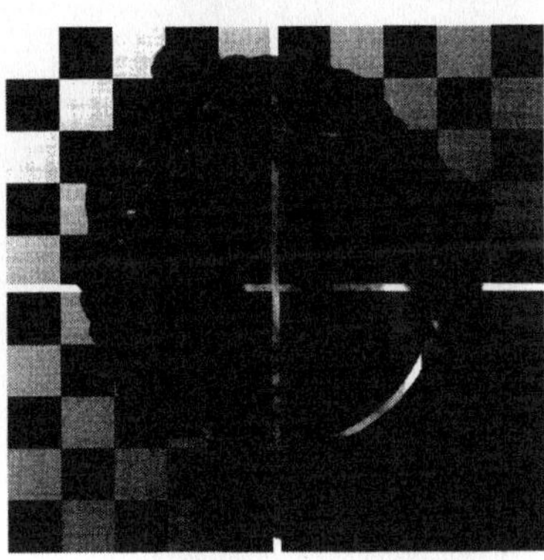

< Subtraktion von Kanal 1 von Kanal 2

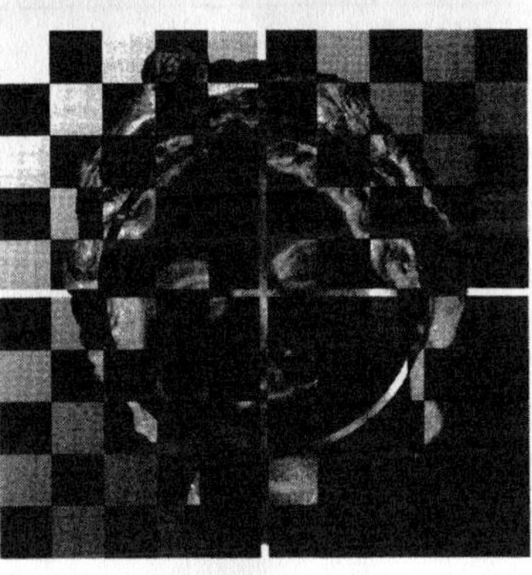

<< Differenz zwischen Kanal 2 und Kanal 1

< Montage der Kanäle 1 und 2 mit der Einstellung: Vordergrund: Raster-Testbild, Maske: Gesicht, Hintergrund: Gesicht

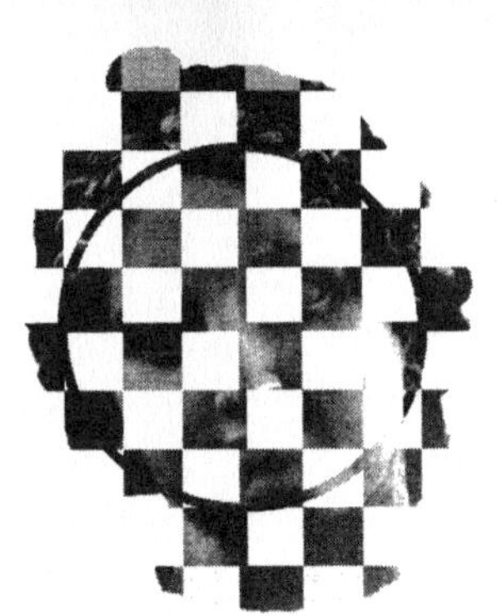

<< Anwendung der Verknüpfungsberechung „hellere Pixel"

**Löschen des Objekt-
hintergrunds;
Reduzierung auf eine
Rechteckauswahl**

Bei herkömmlichen – fotografisch-grafischen – Verfahren wird mit dem Begriff „freistellen" das Hervorheben eines zentralen Objektes bezeichnet, indem dessen mitabgebildeter Hintergrund durch Ausschneiden oder Retuschieren entlang der äußeren Objektkanten entfernt wird. Der neue Hintergrund besitzt meist die Papierfarbe. Im digitalen Bereich meint „freistellen" auch die Reduzierung auf die (Flächen-)Größe einer Rechteckauswahl (einschließlich Verringerung der Datengröße).

Freistellung im klassischen Sinne durch
Entfernen des
Hintergrunds >

Freistellen durch
Löschen des Umfeldes
einer beliebig geformten Auswahl >>

Freistellen durch den
entsprechenden Befehl führt dazu, daß die
Grenzen eines Bildes
automatisch auf die
Größe einer Rechteckauswahl reduziert
werden >

Dieselbe Operation mit
einer kleineren Rechteckauswahl >>

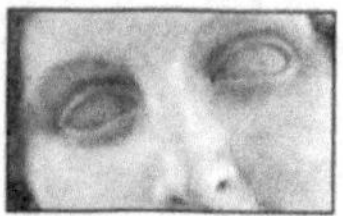

Dynamische Effekte

Eine grundlegende Manipulation eines Auswahlbereichs besteht darin, ihn geometrischen Transformationen auszusetzen. Über diese Art des Eingriffs verfügten bereits frühe Malprogramme auf Bitmap-Basis.

Dynamische Effekte im weiteren Sinne bestehen in der gezielten Beeinflussung der geometrischen Position von Pixeln eines Auswahlbereiches zueinander oder zum Rest des Bildes. Dabei werden im einfacheren Falle die äußeren Auswahlgrenzen beeinflußt, wobei sich die von ihnen eingefaßten Bildelemente in entsprechender Weise mitverändern. Der Zusammenhang des ausgewählten Bildbereichs bleibt erkennbar erhalten.

Typische Beispiele für solche Transformationen sind etwa Skalieren (also proportionales bzw. nichtproportionales Vergrößern oder Verkleinern), Scheren sowie freies oder gegenläufiges, meist als „Perspektive" bezeichnetes Verzerren. Die so entstehenden Manipulationen sind kontinuierlich und werden frei durch manuelles Verlagern von Kontrollpunkten oder numerisch durch Eingabe von Faktoren, Winkeln oder anderen Größen bestimmt.

Ohne Veränderung der Pixelpositionen innerhalb einer erzeugten Auswahl funktionieren auch Operationen wie Rotieren oder Spiegeln, welche die Position der Auswahl insgesamt relativ zum Gesamtbild betreffen.

Aufwendigere Effekte sind Biegen, Anwendung von Bézierkurven auf Auswahlgrenzen, Verzerrungsnetze mit manueller Verlagerung von Gitterschnittpunkten oder echte Perspektive.

Komplexere dynamische Effekte lassen sich durch die Anwendung von Filtern erreichen, die Auswahlen großflächigen und in der Regel nicht direkt manuell steuerbaren Manipulationen aussetzen. Dazu gehören Verzerrungen durch verschiedene Wellen- oder Turbulenzeffekte, Ausbeulen oder Projektionen auf Kugeloberflächen. Filtereffekte dieser Art werden meist durch die Eingabe numerischer Werte bestimmt, mit denen sich die beteiligten Parameter definieren lassen.

**Wahl zwischen
verschieden genauen
und schnellen
Neuberechnungen**

(Photoshop)

Da dynamische Effekte die Position der Pixel innerhalb eines Bildes verlagern, aber – etwa beim Rotieren – ein neues Bildelement nicht exakt die Stelle eines alten einnimmt, müssen solche Verschiebungen neu berechnet werden. Dieser Vorgang wird Interpolation genannt. Schnelle Verfahren wie Pixelwiederholung führen zu relativ groben Ergebnissen, genaue wie bikubische Interpolation zu längeren Wartezeiten. Die weichere bilineare Methode liegt bezüglich Dauer und Qualität dazwischen.

Interpolationsmethode
Pixelwiederholung >

Vierfach vergrößerter
Ausschnitt aus dem
linken Bild >>

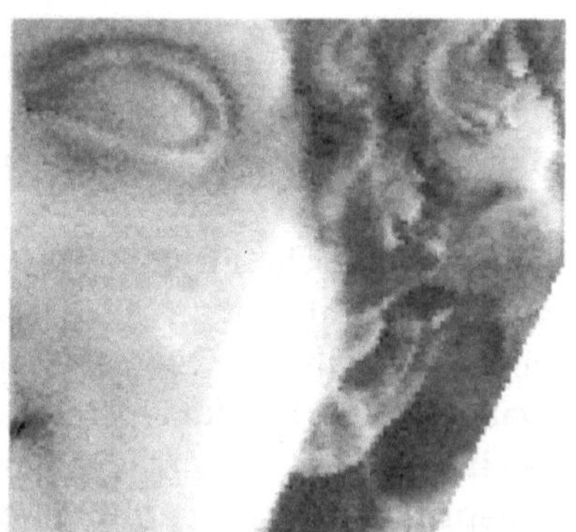

Bilineare Interpolationsmethode >

Vierfach vergrößerter
Ausschnitt aus dem
linken Bild >>

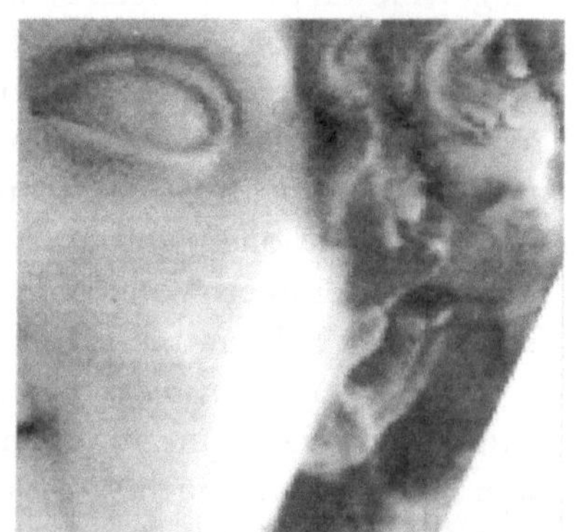

Bikubische Interpolationsmethode >

Vierfach vergrößerter
Ausschnitt aus dem
linken Bild >>

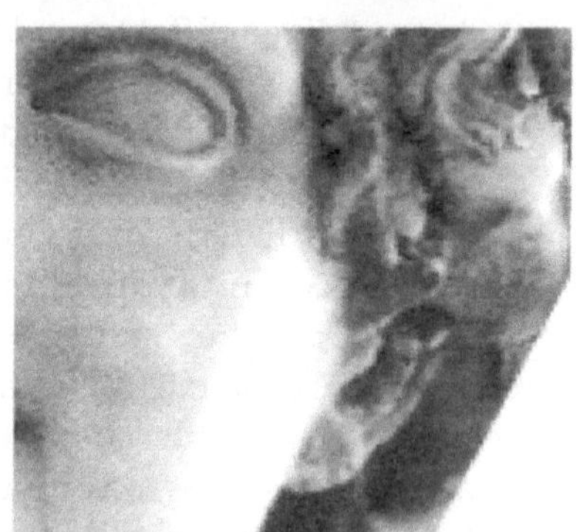

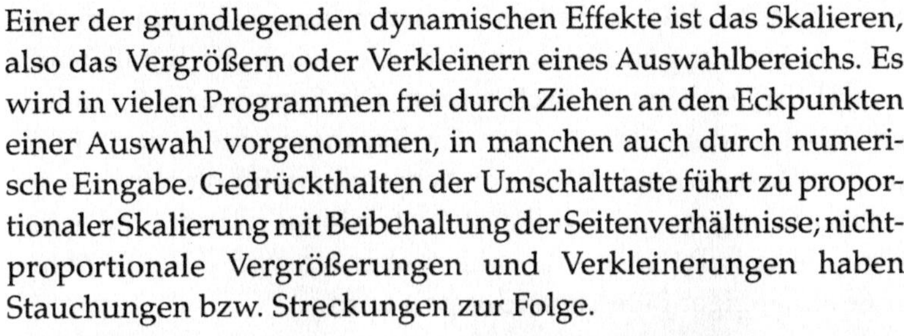

Einer der grundlegenden dynamischen Effekte ist das Skalieren, also das Vergrößern oder Verkleinern eines Auswahlbereichs. Es wird in vielen Programmen frei durch Ziehen an den Eckpunkten einer Auswahl vorgenommen, in manchen auch durch numerische Eingabe. Gedrückthalten der Umschalttaste führt zu proportionaler Skalierung mit Beibehaltung der Seitenverhältnisse; nichtproportionale Vergrößerungen und Verkleinerungen haben Stauchungen bzw. Streckungen zur Folge.

Proportionale oder nichtproportionale Größenänderung eines Auswahlbereichs

<< Proportionale Verkleinerung eines Auswahlbereichs

< Proportionale Vergrößerung eines Auswahlbereichs

<< Nichtproportionale Verkleinerung eines Auswahlbereichs (Streckung)

< Nichtproportionale Verkleinerung eines Auswahlbereichs (Stauchung)

<< Nichtproportionale Vergrößerung eines Auswahlbereichs (Streckung)

< Nichtproportionale Vergrößerung eines Auswahlbereichs (Stauchung)

**Symmetrische
Ersetzung oder
Verdopplung eines
Auswahlbereichs**

Beim Spiegeln, das – vor allem in älteren Bitmap-Programmen – auch als Umklappen bezeichnet wurde, wird der Inhalt einer Auswahl spiegelsymmetrisch ersetzt. Die Symmetrieachsen liegen dabei, anders als in vielen Grafikprogrammen, horizontal oder vertikal; eine freie Wahl der Achsenausrichtung wird nur in LaserPaint angeboten. PixelPaint Professional erlaubt eine Spiegelung innerhalb einer Auswahl, wobei ein von der Auswahlgröße abhängiger Bereich verdoppelt wird.

Horizontales Spiegeln des kompletten Bildes >

Vertikales Spiegeln des kompletten Bildes, das einer Rotation um 180° entspricht >>

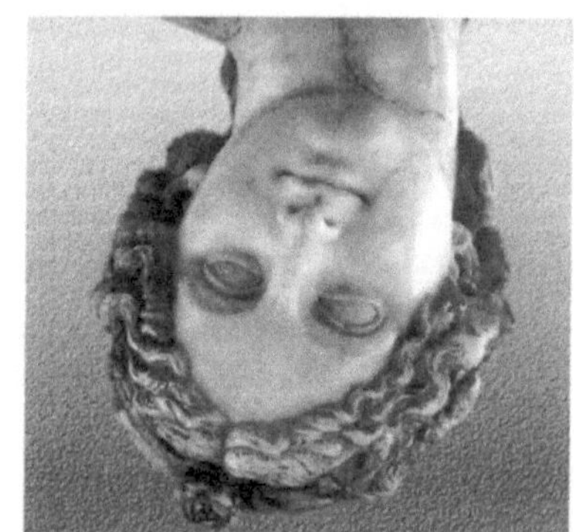

Horizontales und vertikales Spiegeln des kompletten Bildes >

Vertikales Spiegeln innerhalb der Auswahl des kompletten Bildes (PixelPaint Professional) >>

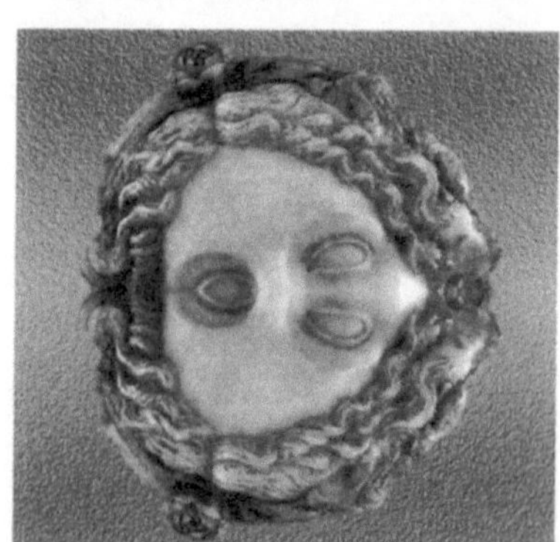

Horizontales Spiegeln der linken Bildhälfte innerhalb der Auswahl (PixelPaint Professional) >

Horizontales Spiegeln der rechten Bildhälfte innerhalb der Auswahl (PixelPaint Professional) >>

Beim Neigen oder Scheren eines Auswahlbereichs wird das aufgezogene Auswahlrechteck wie ein Parallelogramm behandelt, das an einem seiner Eckpunkte horizontal oder vertikal verlagert werden kann. Dabei bleibt die gegenüberliegende Kante fixiert, während die manipulierte in eine neue Position rückt. Viele Programme können nur rechteckige Auswahlen in dieser Weise behandeln, andere, etwa Photoshop, erlauben diese Operation bei Auswahlen aller Art.

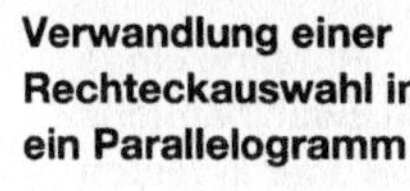

Verwandlung einer Rechteckauswahl in ein Parallelogramm

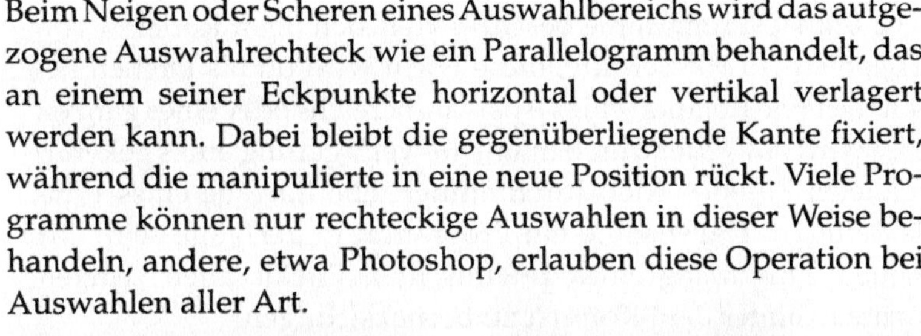

<< Leichtes Neigen einer Bildauswahl nach rechts

< Leichtes Neigen einer Bildauswahl nach links

<< Leichtes Neigen einer Bildauswahl nach oben

< Leichtes Neigen einer Bildauswahl nach unten

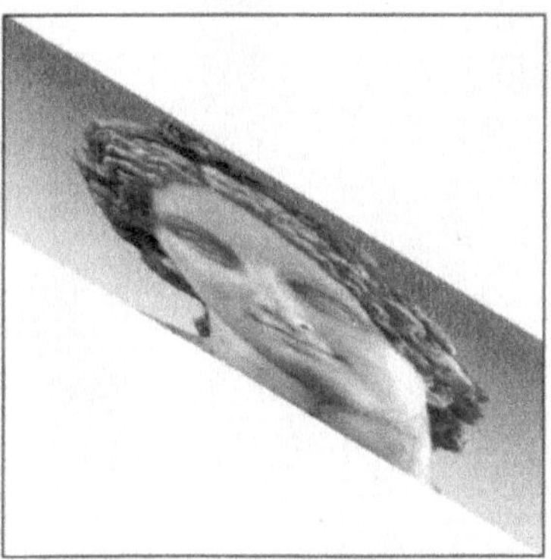
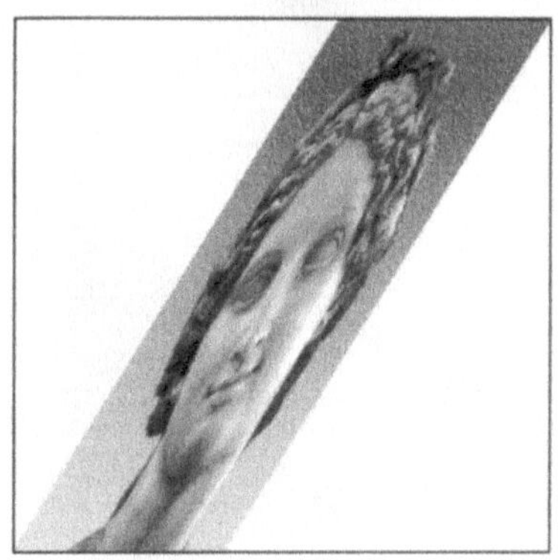

<< Extremes horizontales Neigen des Gesamtbildes mit anschließender Reduzierung auf die ursprüngliche Bildgröße

< Entsprechendes extremes vertikales Neigen des Gesamtbildes

Frühe Bitmap-Programme beschränkten sich beim Rotieren von Auswahlen auf 90°-Schritte, diese Form wird oft als Drehen bezeichnet. Freie Rotation eines Auswahlbereichs oder eines ganzen Bildes wird entweder durch manuelle Verlagerung eines gekennzeichneten Punktes oder durch numerische Eingabe eines Winkels definiert. Dabei sollte ein Programm in der Lage sein, zur genauen Umsetzung eines gewünschten Effekts auch Winkel-Bruchteile hinter dem Komma zu berücksichtigen.

Rotation einer Kreis-
auswahl um 180° >

Rotation einer
Kreisauswahl um 90°
nach rechts >>

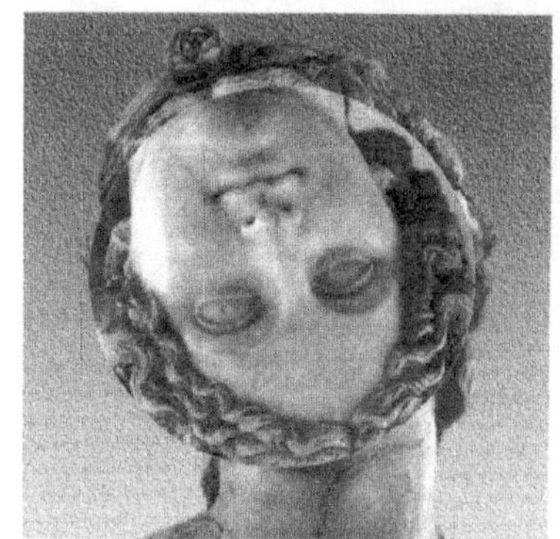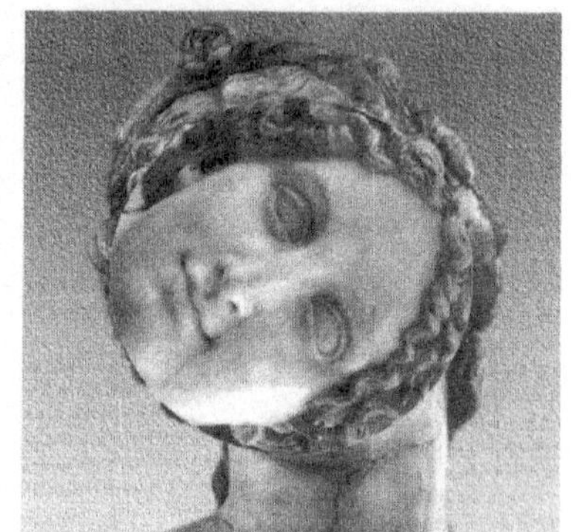

Rotation einer
Kreisauswahl um 90°
nach links >

Rotation des Kopfes
um 3° nach rechts >>

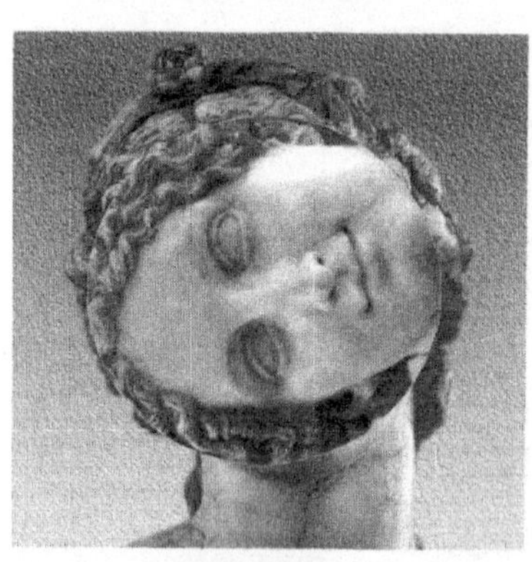

Rotation des Kopfes
um 6° nach rechts >

Rotation des Kopfes
um 9° nach rechts >>

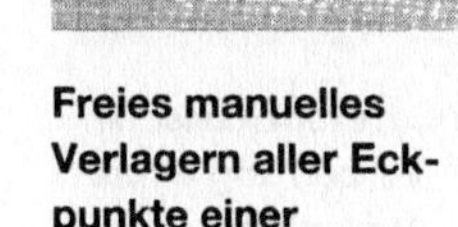

Freies Verzerren erlaubt die manuelle Verlagerung aller Eckpunkte einer (Rechteck-)Auswahl; dabei verändert sich der Binnenbereich entsprechend der Neupositionierung der Auswahlgrenzen. In der Regel ist es nicht möglich, die Eckpunkte so zu ziehen, daß sich Überschneidungsbereiche mit spiegelbildlichen Füllungen ergeben, wie dies in Bitmap-Programmen möglich war. In Photoshop können vor der Neuberechnung mehrere Punkte mit der Wahltaste nacheinander verlagert werden.

Freies manuelles Verlagern aller Eckpunkte einer Rechteckauswahl

<< Geringfügige Verlagerung des linken oberen Eckpunkts einer Rechteckauswahl

< Stärkere Verlagerung des linken oberen Eckpunkts einer Rechteckauswahl

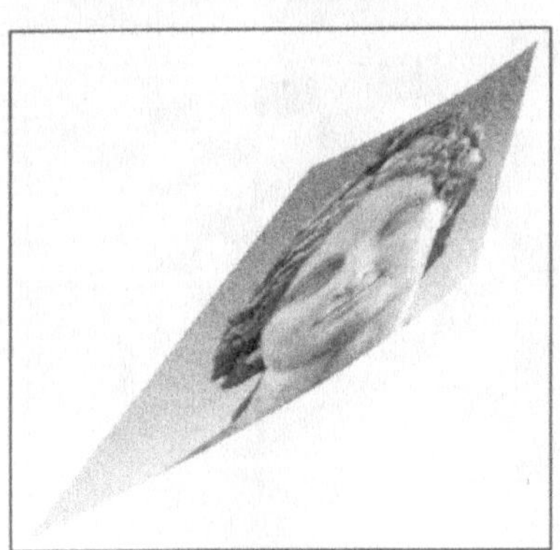

<< Extreme Verlagerung des linken oberen Eckpunkts einer Rechteckauswahl bis zur maximalen Position in der Bildmitte

< Aufeinanderfolgende Verlagerung mehrerer Eckpunkte

<< Starke aufeinanderfolgende Verlagerung mehrerer Eckpunkte mit kurvenförmigen Verzeichnungen

< Manuelle Erzeugung einer perspektivischen Verzerrung

Pseudoperspektivische Verzerrung eines Auswahlbereichs

Echte perspektivische Verzerrung (vgl. S. 46/47) führt nicht allein zu einem scheinbaren Schrumpfen von tatsächlich gleichbreiten und -hohen Elementen, sondern auch zu einer mit der Entfernung zunehmenden Verkürzung gleicher Wegstrecken in der Sichtachse der Betrachter. Bei pseudoperspektivischen Verzerrungen dagegen begnügt man sich meist damit, Eckpunkte von (Rechteck-)Auswahlen isoliert oder mit automatischer Gegenläufigkeit in jeweils einer Richtung zu verkürzen.

Vertikale Verlagerung eines Eckpunkts, sogenannte Einpunktperspektive >

Horizontale Verlagerung eines Eckpunkts, sogenannte Einpunktperspektive >>

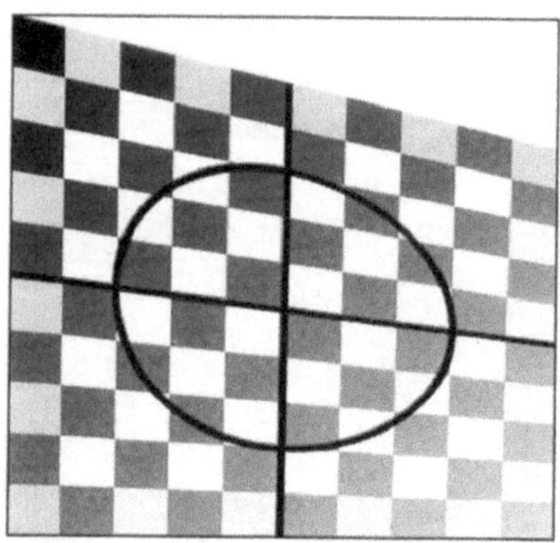 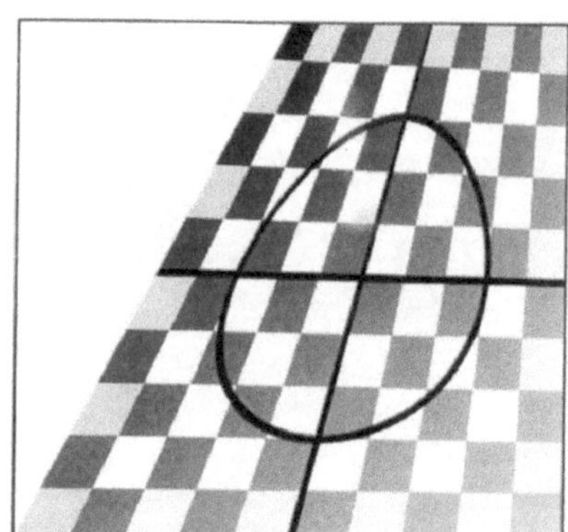

Vertikale Verlagerung eines Eckpunkts mit automatischer Positionierung des gegenüberliegenden, sogenannte Zweipunktperspektive >

Dieselbe Operation mit gleichzeitiger Verkürzung der Auswahl >>

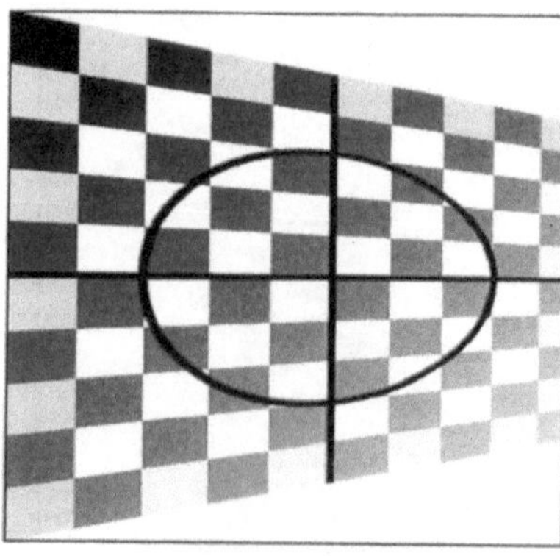 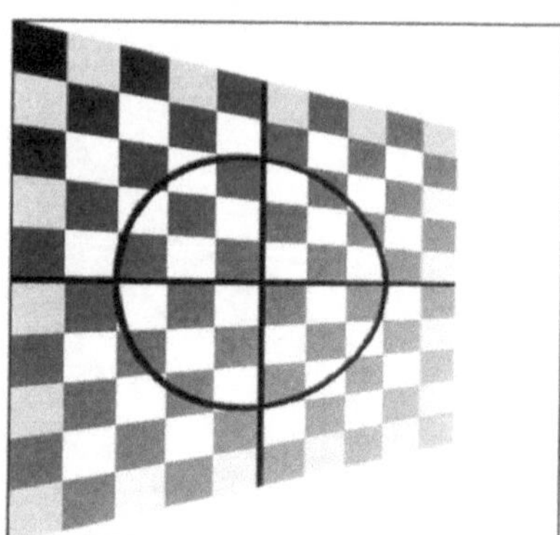

Horizontale Verlagerung eines Eckpunkts mit automatischer Positionierung des gegenüberliegenden >

Dieselbe Operation mit gleichzeitiger Verkürzung der Auswahl >>

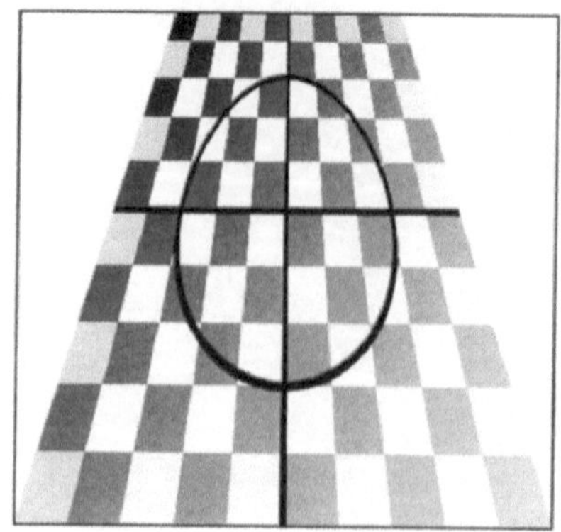 

Beim Biegen eines Auswahlbereichs wird dieser etwa so behandelt, als sei das zu verzerrende Bild auf ein Gummituch gedruckt, das in verschiedene Richtungen gezogen oder gedrückt wird. Die nach dem Aufrufen des Befehls sichtbar werdenden Kontrollpunkte können nach innen oder außen verlagert werden, dabei wirkt sich das Biegen wahlweise einseitig, gleichlaufend oder gegenläufig aus. PhotonPaint biegt auch asymmetrisch entsprechend einem manuell verzerrten Kontrollfeld.

Verbiegen einer Auswahl nach innen und/oder außen

(Studio/32, PhotonPaint)

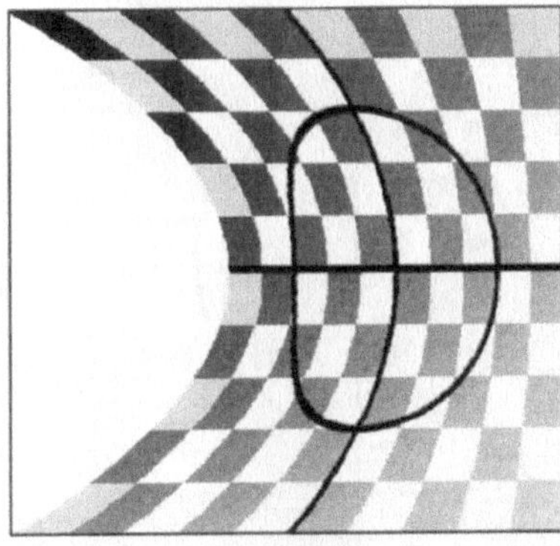
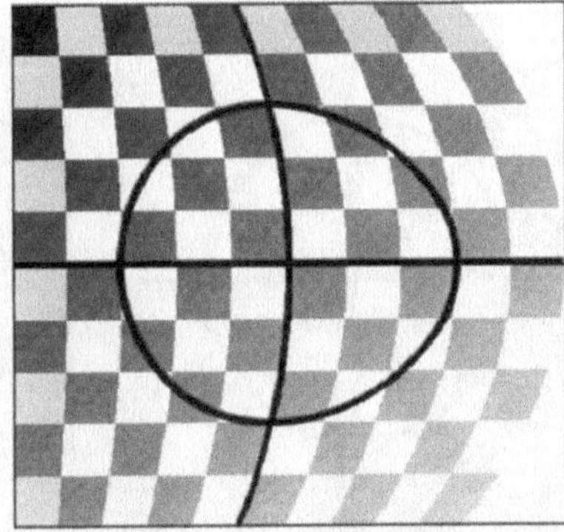

<< Einseitiges Biegen nach innen in Studio/32; auffällig ist die schlechte Qualität der Interpolation

< Einseitiges Biegen nach außen in Studio/32 mit anschließender Skalierung

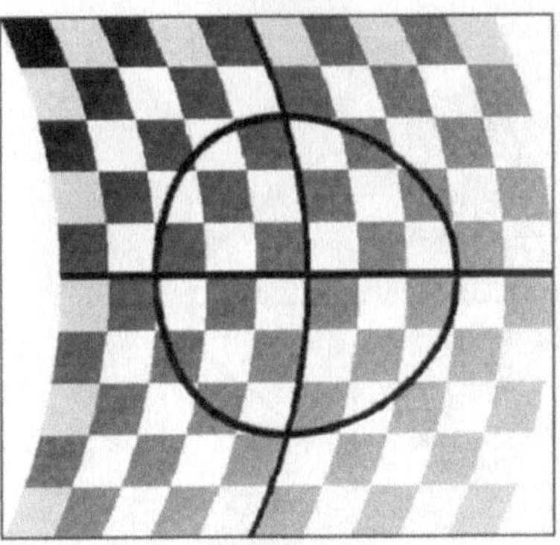
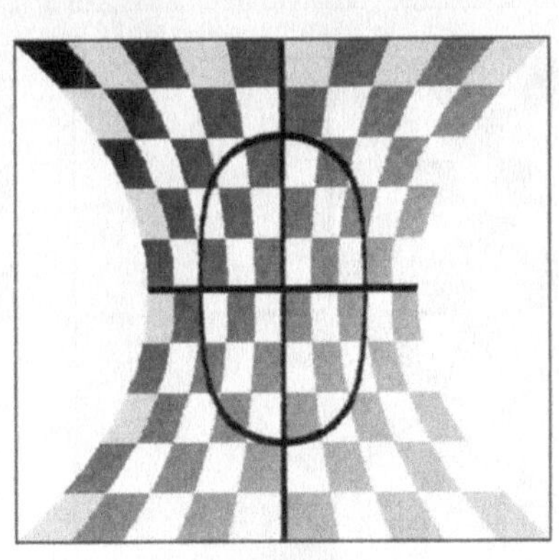

<< Biegen mit gleichlaufendem Effekt auf der gegenüberliegenden Seite in Studio/32, skaliert

< Biegen nach innen mit gegenläufigem Effekt auf der Gegenseite in Studio/32, skaliert

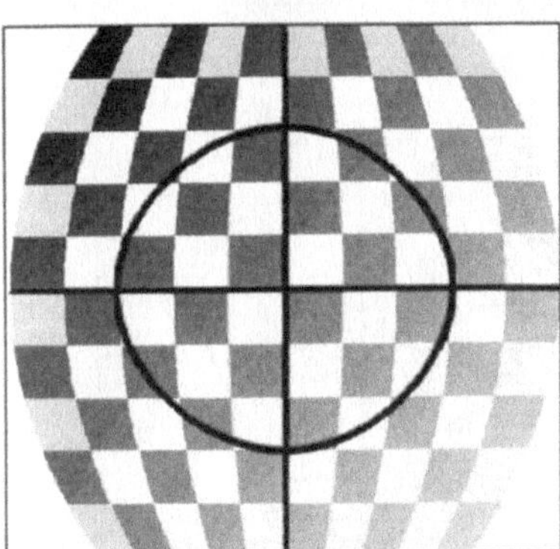
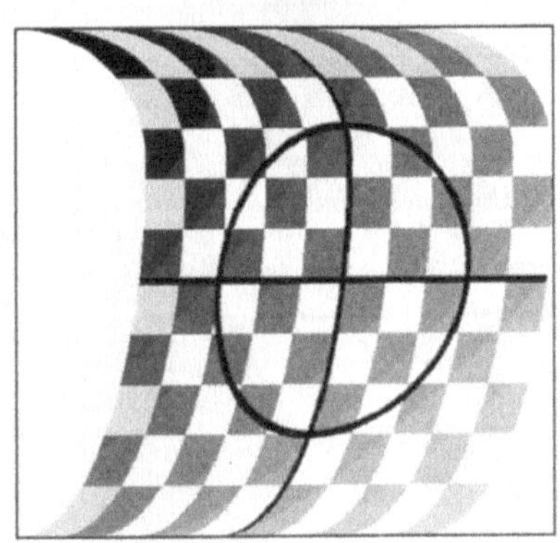

<< Biegen nach außen mit gegenläufigem Effekt auf der Gegenseite in Studio/32, skaliert

< Asymmetrisches Biegen einer Auswahl in PhotonPaint mit anschließender Skalierung; Achsenlage: vertikal oder horizontal

Verzerrung einer Auswahl durch Kontrollpunkte, die auf einer Bézierkurve liegen

(VideoPaint)

Während das Verbiegen einer Auswahl nur die (auf eine horizontale Auswirkung beschränkte) Umwandlung einer Auswahlkante in eine Kurve mit einem zentral positionierten Kontrollpunkt erlaubt, ermöglicht die sogenannte Bézierverzerrung die Manipulation mehrerer, in ihrer Anzahl einstellbarer Punkte. Diese können allerdings nur verlagert werden und bestimmen den Kurvenverlauf nicht zusätzlich durch Tangentenhenkel in der von Bézierkurven gewohnten Art und Weise.

Bézierverzerrung horizontal einseitig mit anschließender Skalierung >

Bézierverzerrung vertikal einseitig mit anschließender Skalierung >>

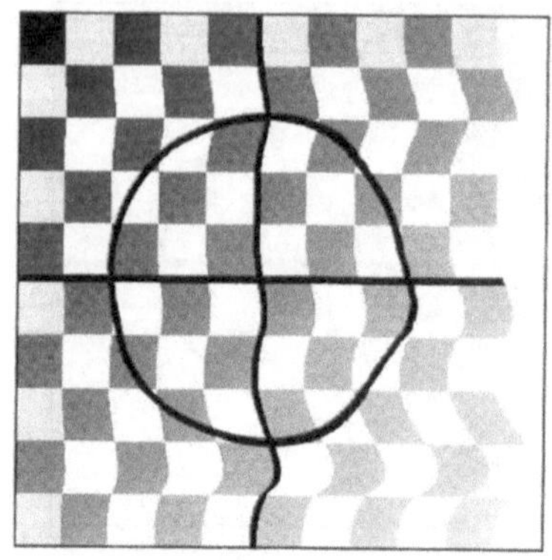 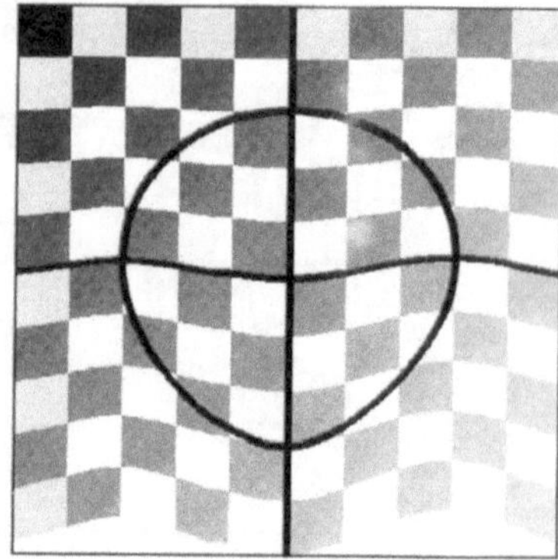

Gegenläufige Bézierverzerrung horizontal >

Gegenläufige Bézierverzerrung vertikal >>

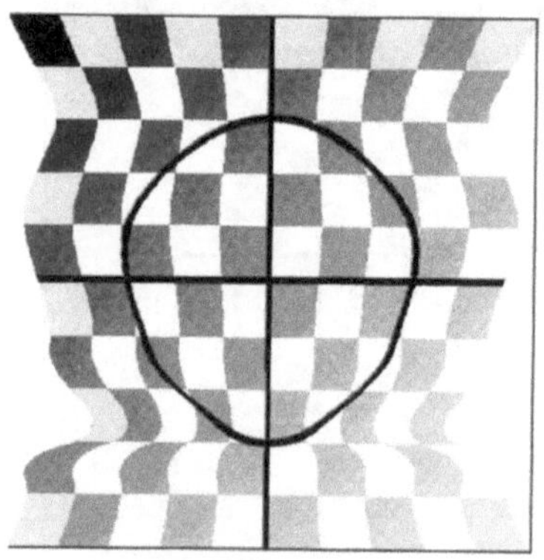 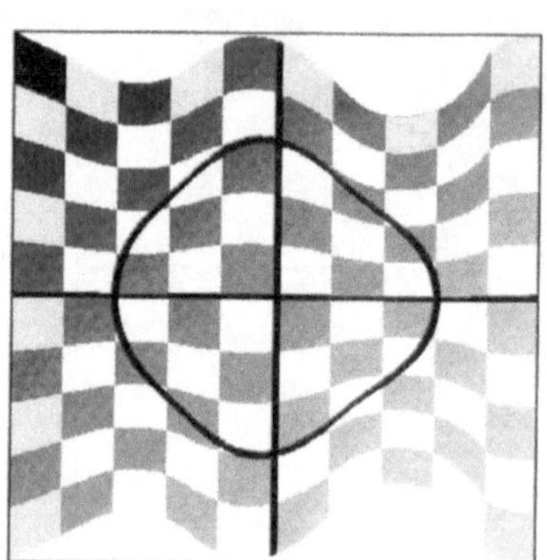

Gleichlaufende Bézierverzerrung horizontal mit anschließender Skalierung >

Gleichlaufende Bézierverzerrung vertikal mit anschließender Skalierung >>

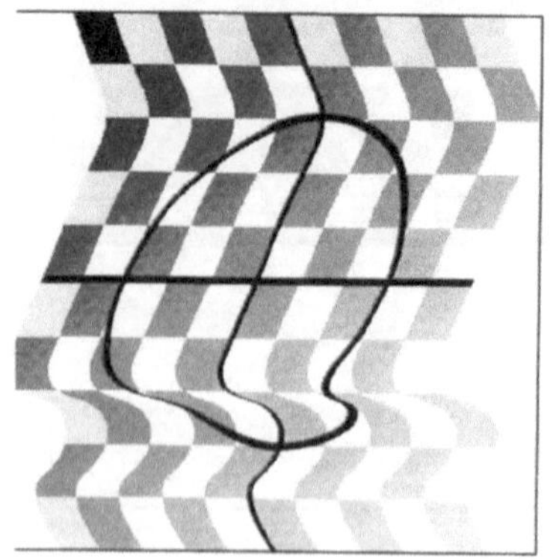 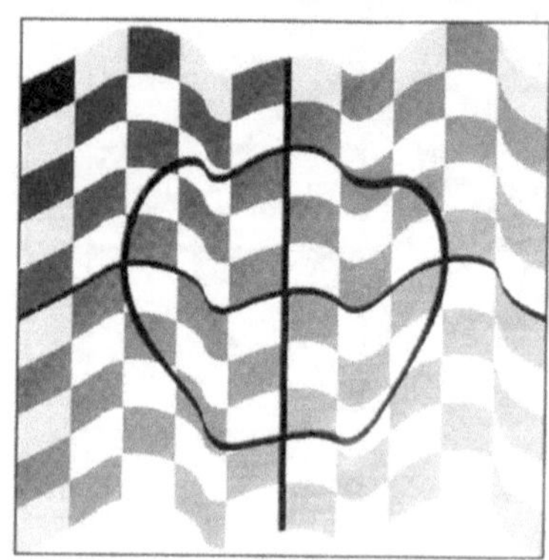

Das Verdrehen eines Auswahlbereichs verwandelt dessen vertikale Begrenzungen in eine Kurve, die je nach dem Grad des eingegebenen Verdrehungswinkels um eine zentrale vertikale Achse „gewickelt" wird. Die sinusförmigen Kurven schneiden sich dabei jeweils in der Achse, wo der Auswahlbereich die Breite Null annimmt. Die Operation ahmt stark vereinfacht einen dreidimensionalen Vorgang nach. Horizontale Ausrichtungen bleiben erhalten, vertikale werden verzerrt.

Internes Verdrehen einer Auswahl um eine vertikale Achse

(PhotonPaint)

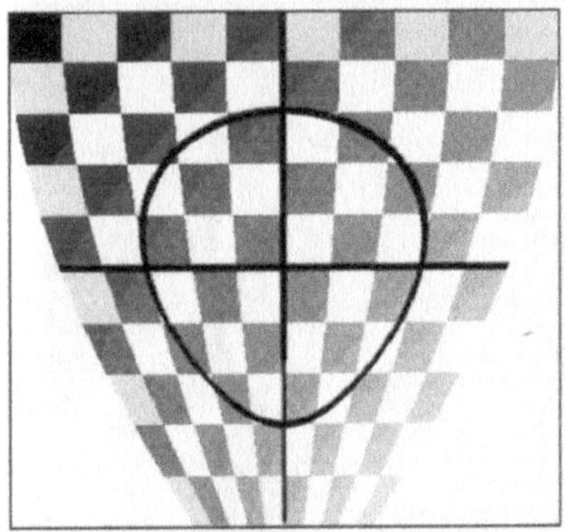
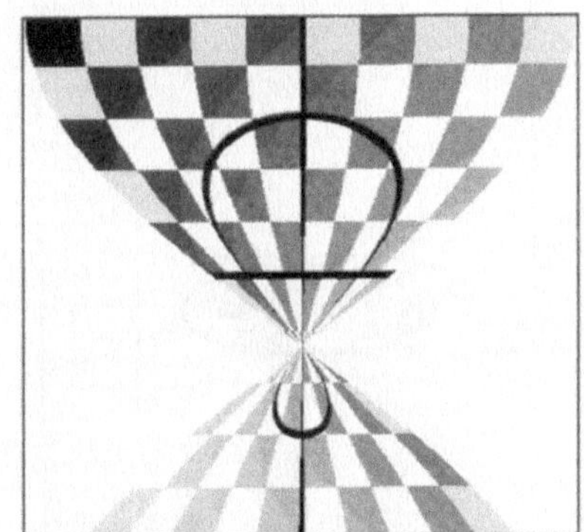

<< Verdrehen eines Auswahlbereichs um einen Wert von 5°; auffällig ist die unbefriedigende Interpolation bei Kontrastkanten

< Verdrehen eines Auswahlbereichs um einen Wert von 10°

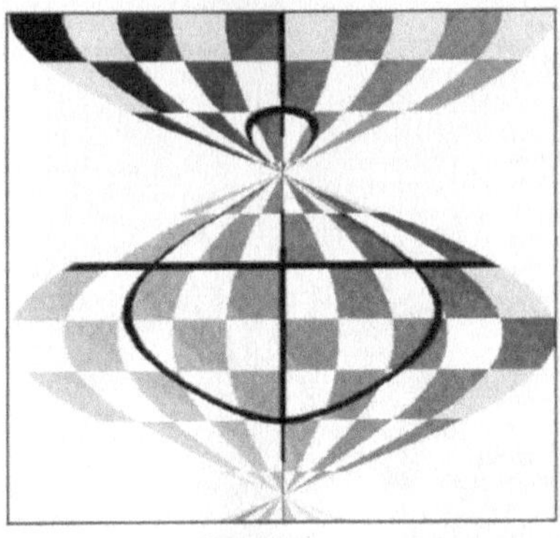

< Verdrehen eines Auswahlbereichs um einen Wert von 20°

<< Verdrehen eines Auswahlbereichs um einen Wert von 40°

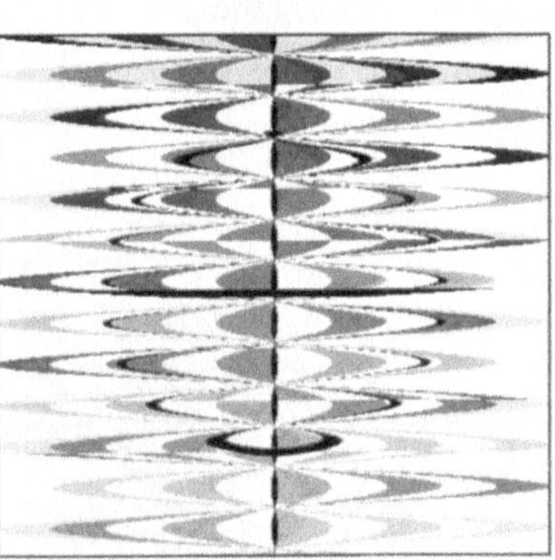

< Verdrehen eines Auswahlbereichs um einen Wert von 80°

<< Verdrehen eines Auswahlbereichs um einen Wert von 160°

**Anwendung einer
perspektivisch weit-
gehend korrekt kon-
struierten Verzerrung
auf eine Auswahl**

**(Studio/32,
VideoPaint)**

Studio/32 erlaubt die Darstellung eines Auswahlbereiches in perspektivisch weitgehend korrekter Konstruktion. Dies läßt sich am Beispiel des Schachbrettmusters unseres Kontrollbildes leicht zeigen: Wenn man durch die Eckpunkte der verzerrten Quadrate eine Linie zieht, schneidet diese alle diagonal nebeneinanderliegenden Felder. Unechte Perspektivkonstruktionen (vgl. S. 42) führen nicht zu einem solchen Ergebnis. Die Interpolation ist bei dieser Operation unbefriedigend.

Umwandlung einer
Auswahl in eine hori-
zontale Ebene; die an-
gemessene Perspektiv-
konstruktion zeigt sich
an den eingezeichneten
Diagonalen >

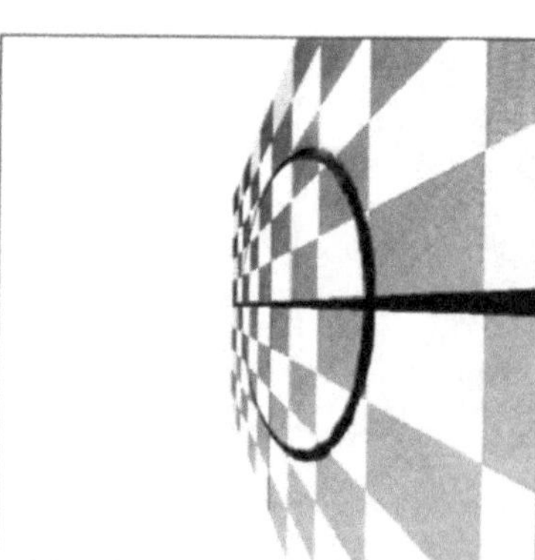

Umwandlung einer
Auswahl in eine
vertikale Ebene >>

Umwandlung einer
Auswahl in eine
schräge Ebene >

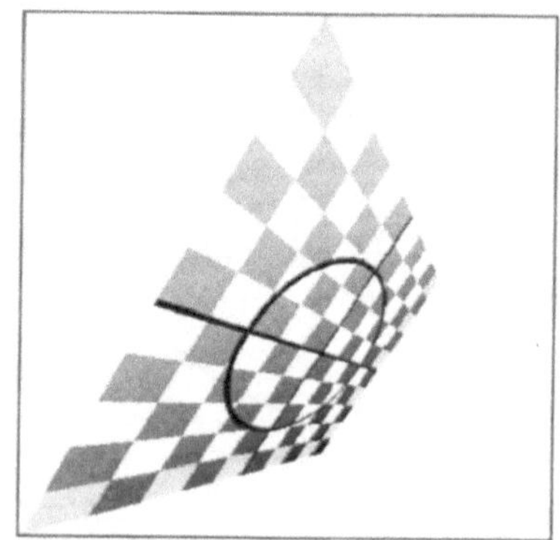

Umwandlung einer
Auswahl in eine
schräge Ebene >>

Umwandlung einer
Auswahl in eine
schräge Ebene >

Umwandlung einer
Auswahl in eine
schräge Ebene >>

Bevor Studio/32 eine Auswahl in eine perspektivische Darstellung umwandelt, definiert der Benutzer die Lage der Perspektivebene. Neben Vorgaben (horizontal, vertikal, 45°-diagonal, unverzerrte Aufsicht) können alle drei Raumachsen frei definiert werden. Ein als Auswahl bestimmtes Bildelement kann als perspektivisch verzerrte Musterfüllung die vorbestimmte Ebene füllen; es läßt sich dabei zwischen einfacher Interpolation, niedrigem und hohem Antialiasing wählen.

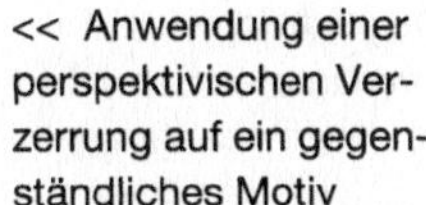

Perspektivische Auswahlumwandlung; perspektivische Füllung einer Ebene mit einem Muster

(Studio/32)

<< Anwendung einer perspektivischen Verzerrung auf ein gegenständliches Motiv

< Anwendung einer perspektivischen Verzerrung auf ein gegenständliches Motiv

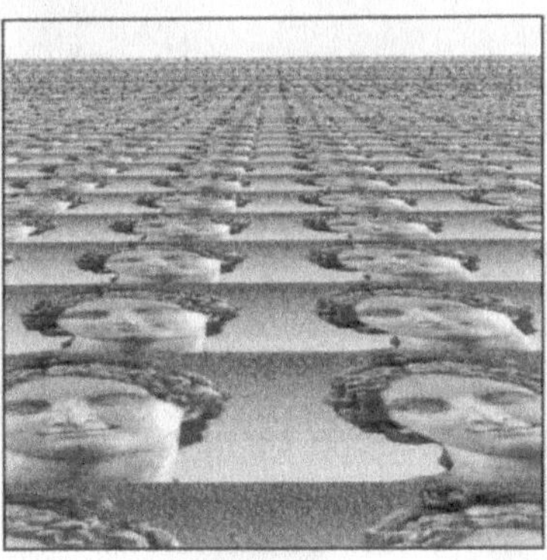

<< Anwendung einer perspektivischen Verzerrung auf ein gegenständliches Motiv mit starker Verzeichnung

< Füllung einer Ebene mit einem gewählten Muster; Interpolationsmethode: „simple"

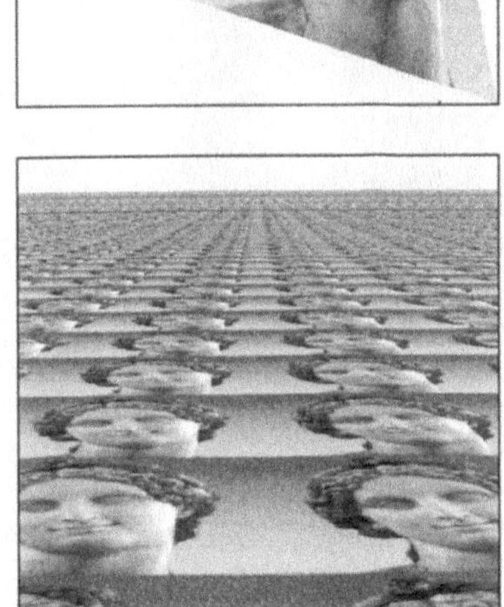

<< Füllung einer Ebene mit einem gewählten Muster; Interpolationsmethode: „low antialiasing"

< Füllung einer Ebene mit einem gewählten Muster; Interpolationsmethode: „high antialiasing"

Bildverzerrung durch manuelle Verlagerung von Schnittpunkten eines Gitters

(PixelPaint Professional, VideoPaint)

Mit dem Verzerrungsnetz (Mesh warp) sind im Unterschied zu großflächigen dynamischen Effekten sehr gezielte Eingriffe in ein Bild möglich. Das Netz besteht aus einem Gitter, das innerhalb eines rechteckigen Auswahlbereichs angelegt wird. Die Zahl der Gitterlinien ist in VideoPaint definierbar. An allen Kreuzungsstellen dieser Linien befinden sich Kontrollpunkte, die mit Hilfe des Cursors verlagert werden können. Die Gitterfelder werden entsprechend der Verlagerung neu berechnet.

Originalbild mit leicht verlagerten Schnittpunkten des Verzerrungsnetzes >

Anwendung des links gezeigten Netzes auf das Bild >>

Originalbild mit stark verlagerten Schnittpunkten des Verzerrungsnetzes >

Anwendung des links gezeigten Netzes auf das Bild >>

Anwendung des Verzerrungsnetzes mit veränderten Einstellungen >

Anwendung des Verzerrungsnetzes mit veränderten Einstellungen >>

Das Verzerrungsnetz läßt sich sowohl auf ein ganzes Bild wie auf kleinere Auswahlbereiche anwenden. Es empfiehlt sich, außenliegende Felder weniger zu manipulieren, da der Anschluß an das Restbild als Bruch erscheinen könnte. Die vor allem bei extremen Verzerrungen nötige allseitige Skalierung bei der Neuberechnung der Flächenbereiche führt mitunter zu unerwünschten Pixelstrukturen, die aber mit einem manuellen Weichzeichner leicht geglättet werden können. (Vgl. auch S. 267)

Bildverzerrung durch manuelle Verlagerung von Schnittpunkten eines Gitters

(PixelPaint Professional, VideoPaint)

<< Selektive Anwendung des Verzerrungsnetzes auf die Augenpartie

< Selektive Anwendung des Verzerrungsnetzes auf die Mund- und Nasenpartie

<< Selektive Anwendung des Verzerrungsnetzes auf den zentralen Gesichtsbereich

< Selektive Anwendung des Verzerrungsnetzes auf die Augenpartie

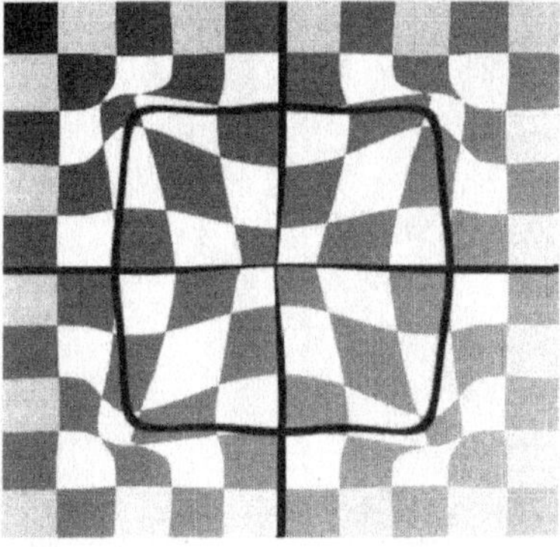

<< Globale symmetrische Anwendung des Verzerrungsnetzes auf das geometrische Testbild

< Globale asymmetrische Anwendung des Verzerrungsnetzes auf das geometrische Testbild

**Zentrierte Verzeich-
nung einer Auswahl
durch radiales
Pressen oder Dehnen**

(Photoshop)

Das Zusammendrücken (Pinch) einer Auswahl hat eine radial akzentuierte Pressung all jener Bildbestandteile zur Folge, die innerhalb einer größtmöglichen einbeschreibbaren Ellipse liegen. Die Wirkung entspricht einer Eindellung zur Auswahlmitte hin. Der Filter kann mehrfach auf dieselbe Auswahl angewandt werden.

Stärke: *50* % [0 - 100 %]

Zusammendrücken
einer Auswahl mit der
Stärke von 15 % >

Zusammendrücken
einer Auswahl mit der
Stärke von 30 % >>

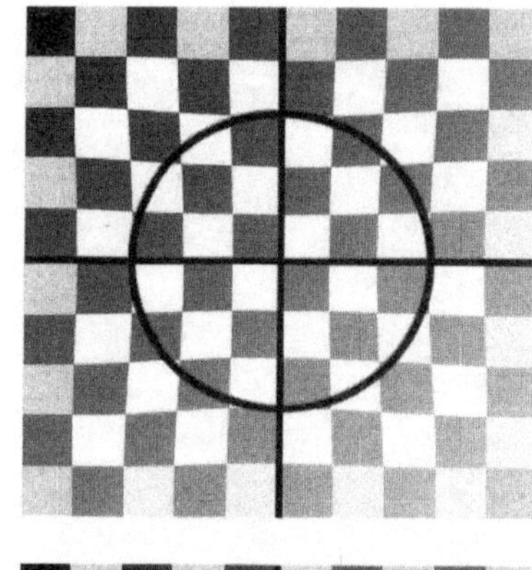 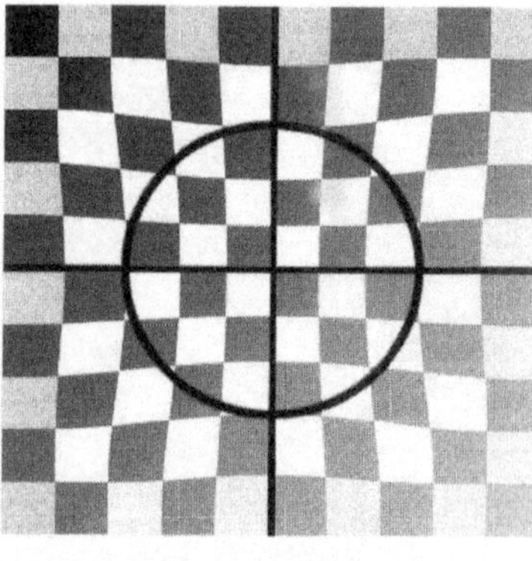

Zusammendrücken
einer Auswahl mit der
Stärke von 45 % >

Zusammendrücken
einer Auswahl mit der
Stärke von 60 % >>

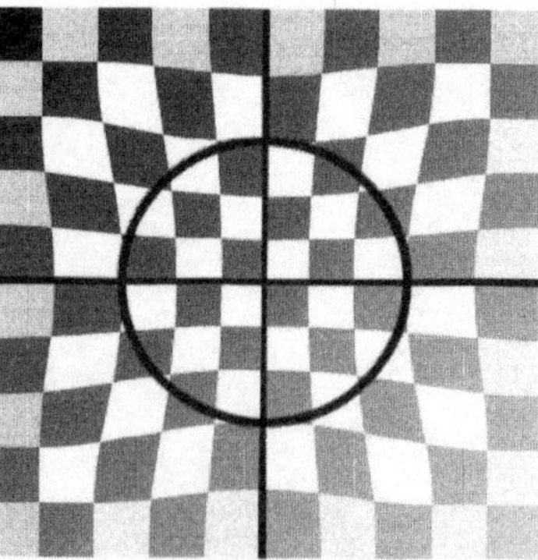 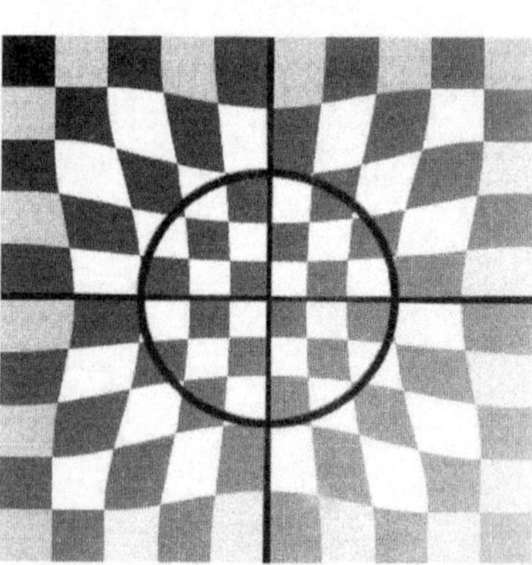

Zusammendrücken
einer Auswahl mit der
Stärke von 75 % >

Zweimalig aufeinander-
folgendes Zusammen-
drücken einer Auswahl
mit der Stärke
von 100 % >>

Die Umkehrung des Zusammendrückens ist das Ausbeulen einer
Auswahl (negatives Zusammendrücken). Dies führt dazu, daß
der Zentralbereich optisch zum Betrachter hin verzeichnet wird.
Der Filter ist derselbe wie beim Eindellen (Pinch), der Unterschied
liegt in der Eingabe negativer Werte.

**Zentrierte Verzeich-
nung einer Auswahl
durch radiales
Pressen oder Dehnen**

(Photoshop)

Stärke: *50 %* [-0 – -100 %]

<< Negatives Zusam-
mendrücken einer Aus-
wahl mit einer Stärke
von - 25 %

< Negatives Zusam-
mendrücken einer Aus-
wahl mit einer Stärke
von - 50 %

<< Negatives Zusam-
mendrücken einer Aus-
wahl mit einer Stärke
von - 75 %

< Negatives Zusam-
mendrücken einer Aus-
wahl mit einer Stärke
von - 100 %

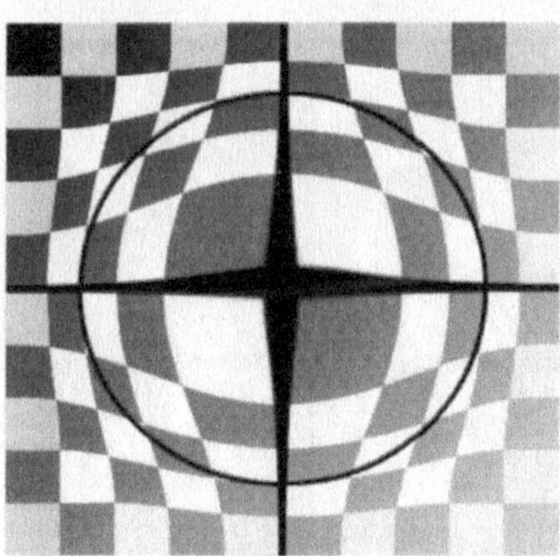

<< Zusammendrücken
eines elliptischen Aus-
wahlbereichs (Gesicht)
mit einer Stärke von
100 %

< Negatives Zusam-
mendrücken eines el-
liptischen Auswahlbe-
reichs (Gesicht) mit ei-
ner Stärke von - 100 %

**Umwandlung aus der
Rechteckdarstellung
in Polarkoordinaten
und umgekehrt**

(Photoshop)

Das übliche Koordinatensystem einer Fläche besteht aus zwei Achsen, der Breite und der Höhe, die in rechtem Winkel aufeinanderstehen. Beim Polarkoordinatensystem wird ein Punkt durch Angabe der Winkelposition sowie durch die Entfernung zum Zentrum definiert. Der Filter „Polarkoordinaten" wandelt diese Systeme ineinander um; Mehrfachanwendung führt zu interessanten Effekten.

Einstellung: *Rechteckig > Polar* [Polar > Rechteckig]

Einfache Anwendung
der Transformation
„Rechteckig > Polar" >

Doppelte Anwendung
der Transformation
„Rechteckig > Polar" >>

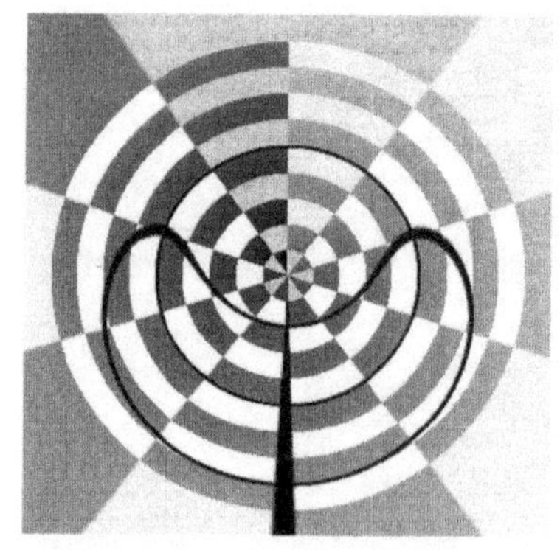 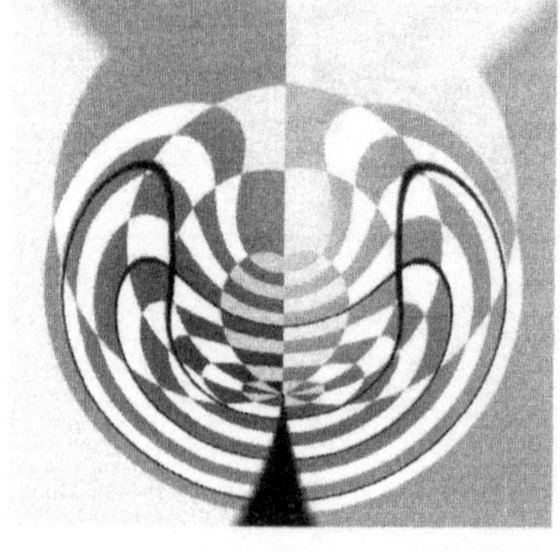

Einfache Anwendung
der Transformation
„Polar > Rechteckig" >

Doppelte Anwendung
der Transformation
„Polar > Rechteckig" >>

Einfache Anwendung
der Transformation
„Rechteckig > Polar" >

Einfache Anwendung
der Transformation
„Polar > Rechteckig" >>

 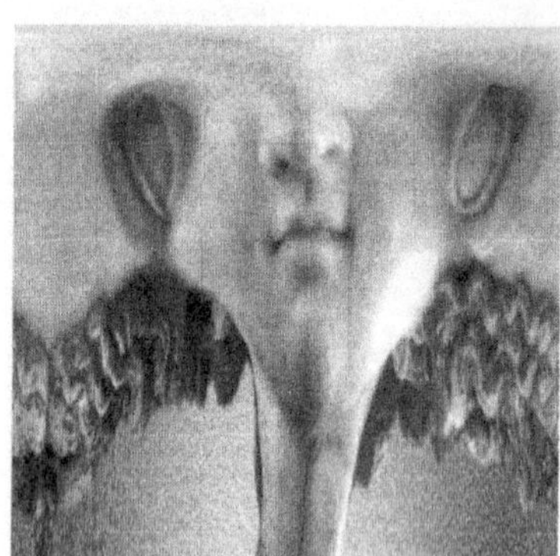

Kleinräumlich wirkende Filter zur Wellenüberlagerung (vgl. dagegen S. 65 ff.) werden in verschiedenen Programmen angeboten. Die Wirkung entspricht bei manchen Einstellungen der Spiegelung auf einer vom Wind gekräuselten Wasseroberfläche, bei anderen eher der Betrachtung des Ursprungsbildes durch eine strukturierte Glasscheibe.

Menge: *100* [1 – 999]

Art: *Kleine Wellen*, Mittlere Wellen, Große Wellen

Wellenförmige Verzeichnung einer Auswahl

(Photoshop)

<< Kleine Wellen,
Menge: 300

< Kleine Wellen,
Menge: 800

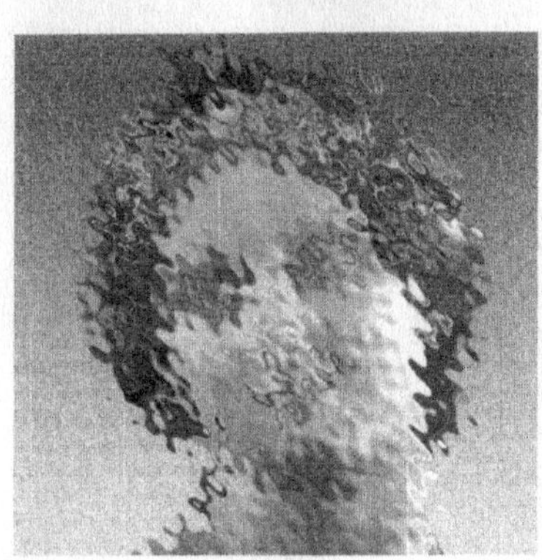

<< Mittlere Wellen,
Menge: 300

< Mittlere Wellen,
Menge: 800

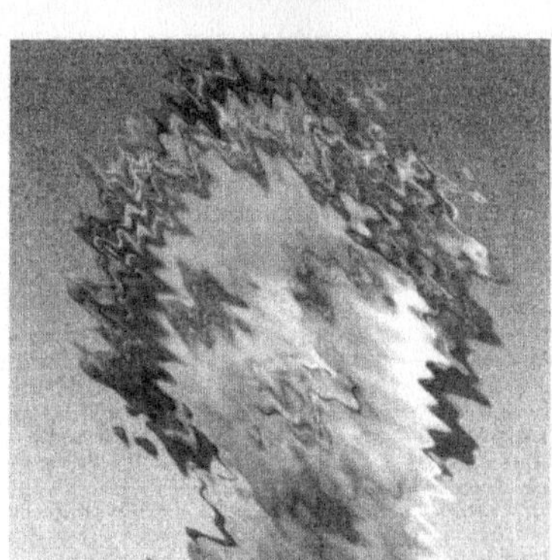

<< Große Wellen,
Menge: 50

< Große Wellen,
Menge: 300

**Kleinflächige
Verzerrung durch
Wellenüberlagerung**

(Gallery Effects)

In Gallery Effects sind zu bestimmen:
Wellengröße: *9* [1 – 15]
Wellenstärke *9* [0 – 20]

Grundeinstellung >

Wellengröße: 4 >>

Wellenstärke: 15 >

Wellengröße: 12,
Wellenstärke: 15 >>

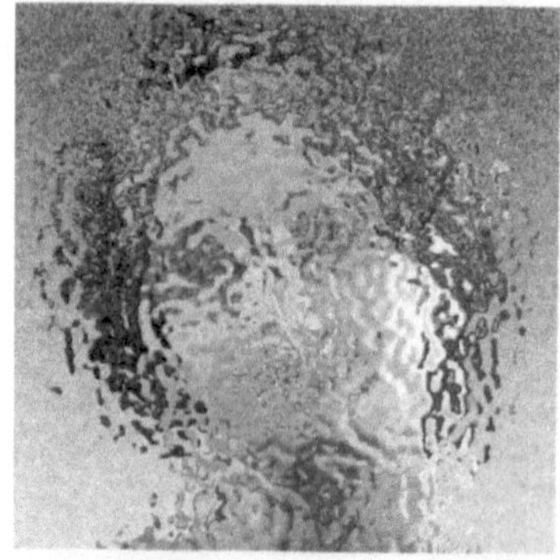
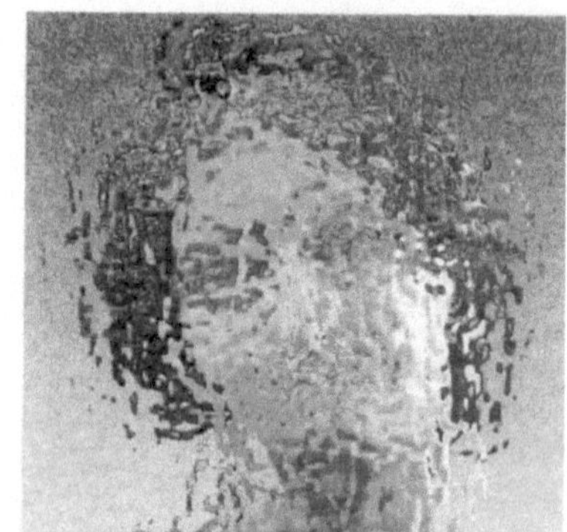

Wellengröße: 5,
Wellenstärke: 5 >

Wellengröße: 5,
Wellenstärke: 20 >>

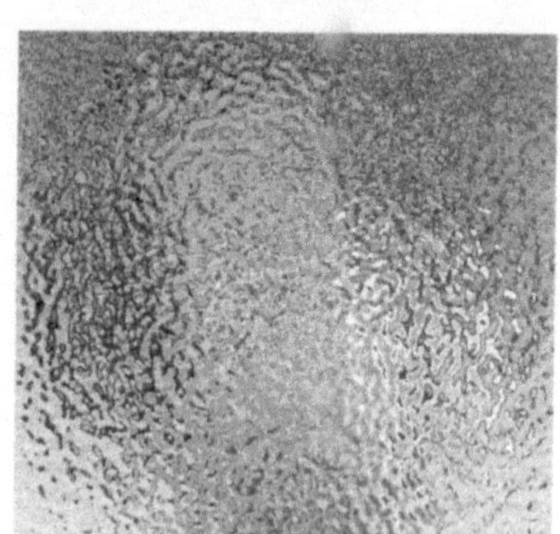

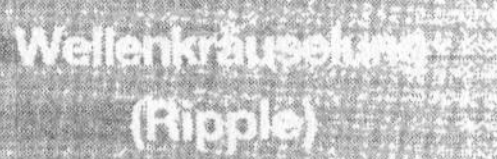

In ColorStudio lassen sich einstellen:
Wert: *-3,1* [-7,00 – 2,000]
Versatz: horizontal, vertikal, *beide*
Maskenwirkung: *Schwarz*, Grau, Weiß; von Maske abgeleitet;
der gesonderte ColorTalk-Filter „Amazing Ripples" hat eine
starke Diffusion zur Folge

**Kleinflächige
Verzerrung durch
Wellenüberlagerung**

(ColorStudio)

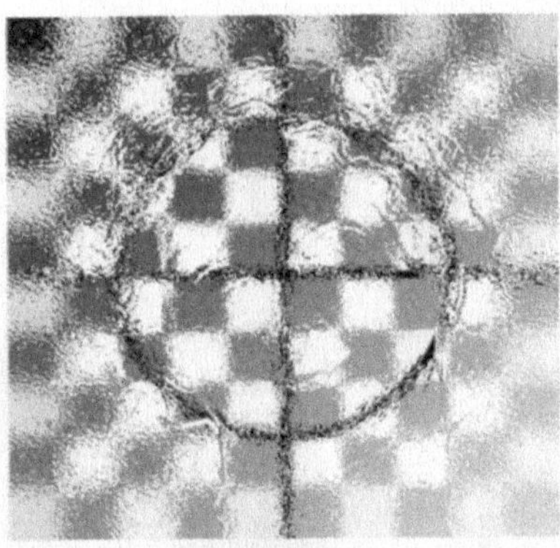

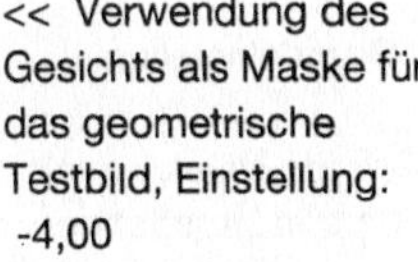

<< Verwendung des
Gesichts als Maske für
das geometrische
Testbild, Einstellung:
-4,00

< Verwendung des
geometrischen Test-
bilds als Maske für das
Gesicht; Einstellung:
2,000

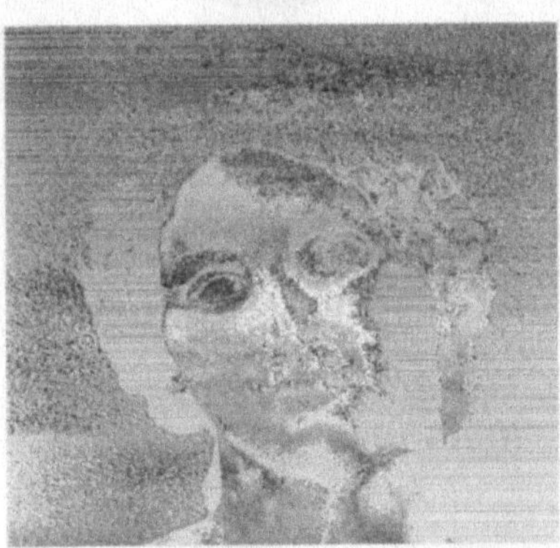
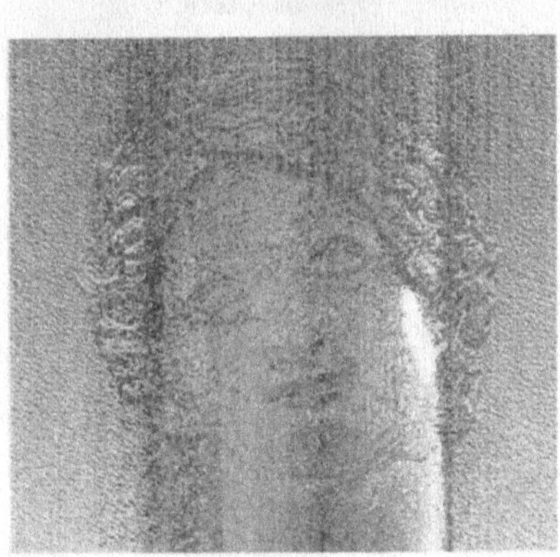

<< Wert:1, Versatz:
horizontal, Masken-
wirkung: Grau (keine
Maske)

< Wert: 1; Versatz:
vertikal; Masken-
wirkung: von Maske
abgeleitet (keine
Maske)

<< Wert: -2; Versatz:
beide; Maskenwirkung:
Schwarz (keine Maske)

< Anwendung des
ColorTalk-Filters
Amazing Ripples aus
ColorStudio-Unter-
menü

**Projektion einer
Auswahl auf eine
Kugeloberfläche**

(ColorStudio)

Ein Auswahlbereich kann so verzerrt werden, daß er die Oberfläche einer Kugel bildet. Das Werkzeug mit den vielfältigsten Einstellmöglichkeiten ist – neben Software mit echter 3D-Darstellung und Anwendung von Texture Shaders auf Oberflächen von Körpern – ColorStudio. Bei der Umwandlung läßt sich wählen zwischen Verwendung der Auswahl als Muster oder ihre Ausbreitung über die ganze Kugel, Kugeldrehung in zwei Richtungen und Beleuchtung durch zwei Lichtquellen.

Grundeinstellung >

Grundeinstellung mit
der Option „Ausdehnen
zur Füllung" >>

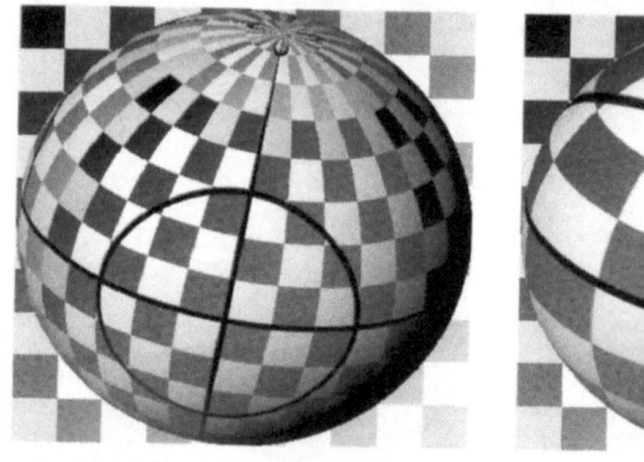

Grundeinstellung,
mit Optionen
„sampled" und „nicht-
schattiert" >

Roll: 60°, Aspect: 60°,
schattiert >>

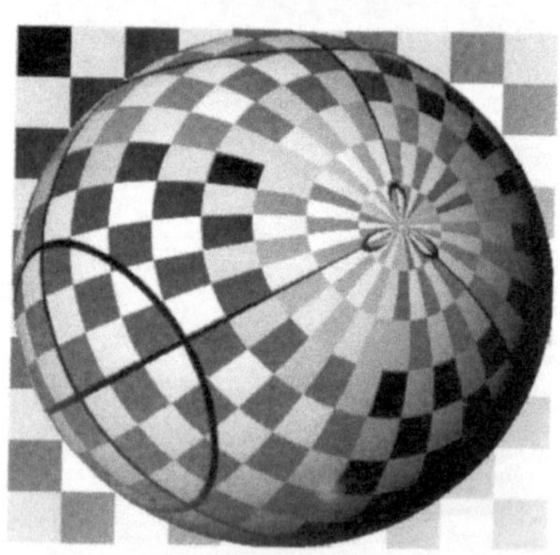

Roll: 60°, Aspect: 60°,
schattiert, zwei Licht-
quellen, eine davon
maximale Helligkeit >

Roll: 60, Aspect: 60,
schattiert, eine Licht-
quelle oben rechts mit
mittlerer Entfernung >>

Einstellungen in ColorStudio: (Auswahl muß in Zwischenabl.)
Achsenneigung senkrecht zur Bildebene (Roll) *10°* [frei]
Achsenneigung in der Bildebene (Aspect) *26°* [frei]
Darstellungsqualität: sampled/*interpoliert*, (*kein*) Ausdehnen
zur Füllung
Zwei plazierbare Lichtquellen mit Einstellung von Beleuch-
tungsstärke und Entfernung
(*nicht*) schattierte Darstellung

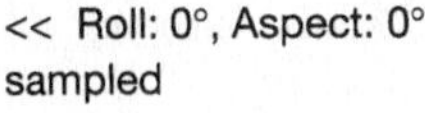

**Projektion einer
Auswahl auf eine
Kugeloberfläche**

(ColorStudio)

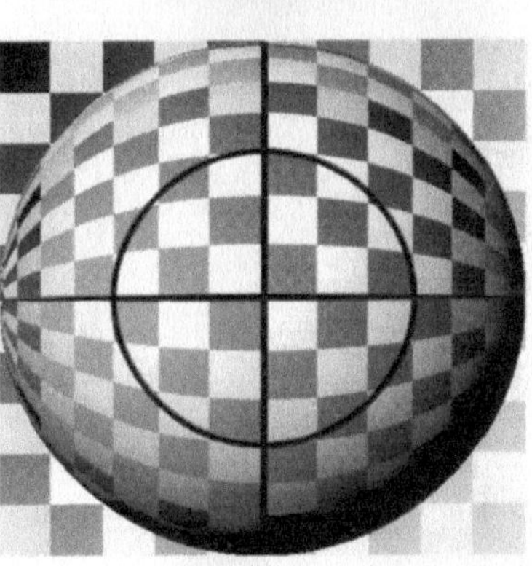

<< Roll: 0°, Aspect: 0°,
sampled

< Roll: 0°, Aspect: 90°,
interpoliert

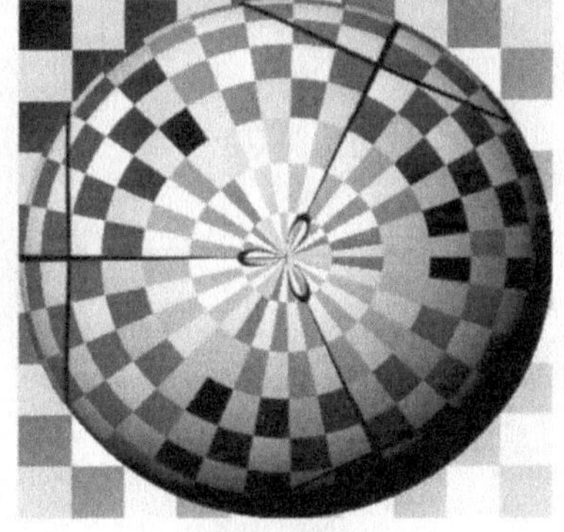

<< Roll: 90°, Aspect: 0°

< Roll: 90°, Aspect: 90°

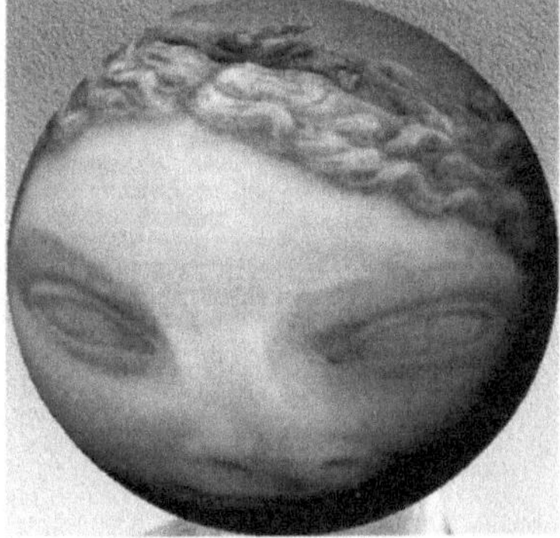

<< Anwendung der
Grundeinstellung auf
Gesicht, schattiert

< Anwendung der
Grundeinstellung auf
Gesicht, schattiert und
ausgedehnt zur Füllung

**Projektion einer
Auswahl auf eine
Kugeloberfläche**

(Photoshop)

Photoshop bietet neben der normalen Umwandlung (Spherize normal) die beiden Alternativen horizontal und vertikal in Ausprägungen von 100 bis -100. Dabei wird eher die Projektion auf eine halbe Säule – quer oder hoch ausgerichtet – simuliert. Schattierungs- und Glanzlichtoptionen sind nicht enthalten. (Ähnlich wirken die ColorTalk-Filter „Funhouse" („fat" und „thin").
Stärke: *100* [100 – -100]
Modus: *normal*, horizontal, vertikal

Grundeinstellung >

Grundeinstellung,
Modus: horizontal >>

Grundeinstellung,
Modus: vertikal >

Stärke: 50,
Modus: vertikal >>

Stärke: -50,
Modus: vertikal >

Stärke -100,
Modus: vertikal >>

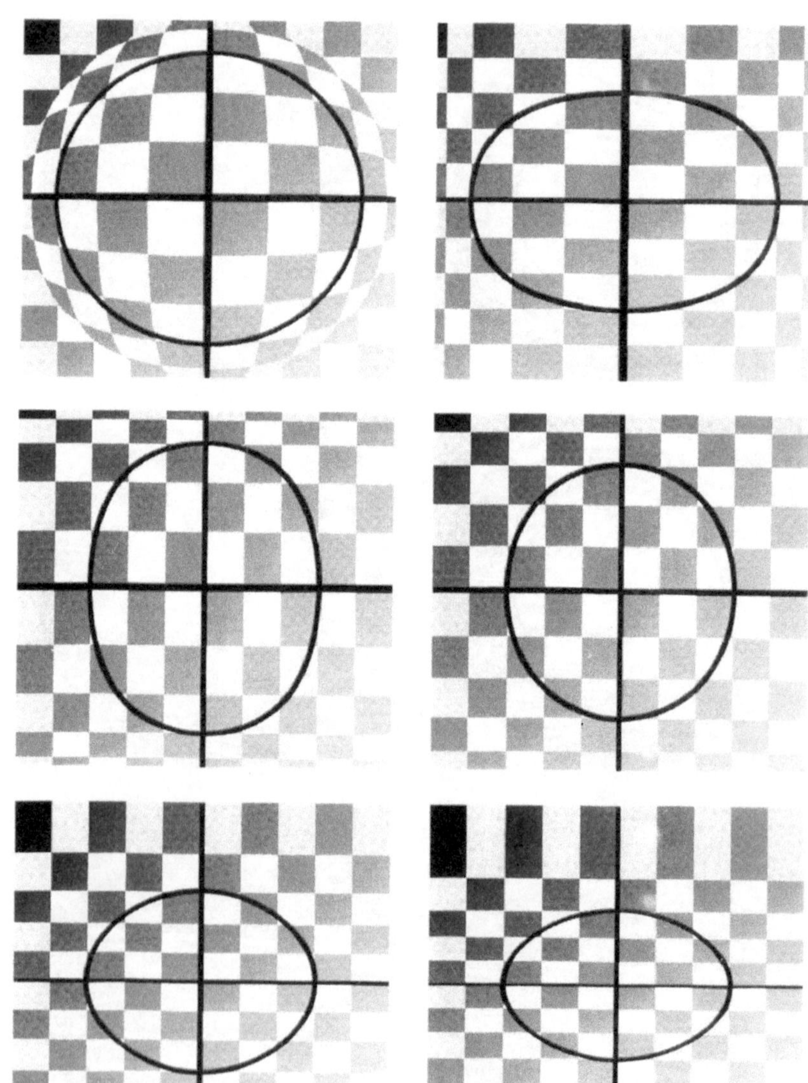

Als Importmodule für Photoshop enthalten die Filter aus Kai's Power Tools einen verbesserten Spherize-Filter. Es gibt drei Formen, die sich nicht weiter durch Parameter differenzieren lassen: Glass Lens normal, bright und soft. Die Version „bright" setzt ein Glanzlicht oben links und eine leichte Schattierung unten rechts; „normal" setzt an denselben Stellen eine leichte Aufhellung und eine starke Schattierung, „soft" schließlich ein etwas stärkeres Glanzlicht ohne Schattierung.

Projektion einer Auswahl auf eine Kugeloberfläche

(Photoshop; Kai's Power Tools für Photoshop)

<< Stärke: -100, Modus normal (Photoshop)

< Grundeinstellung auf Gesicht (Photoshop)

<< KPT-Importfilter: Glass Lens Bright

< KPT-Importfilter: Glass Lens Normal

<< KPT-Importfilter: Glass Lens Soft

< KPT-Importfilter: Glass Lens Bright, Anwendung auf Gesicht

Verwirbelung in unterschiedlichen Wellenformen

(ColorStudio)

Der Turbulenzfilter aus ColorStudio bewirkt eine von zahlreichen Parametern abhängige – und damit schwer voraussagbare – Verwirbelung der Auswahl, wobei unterschiedliche Wellenformen und -stärken eingesetzt werden können. Die Berechnung der Filterwirkung auf das Bild dauert im Vergleich zu der anderer Effekte sehr lange. Bei der Zuweisung von größeren Zahlen beim Parameter „Durchgänge" wird eine extrem hohe Speicherzuteilung benötigt.

Grundeinstellung >

Grundeinstellung, Wellenform: Dreieck >>

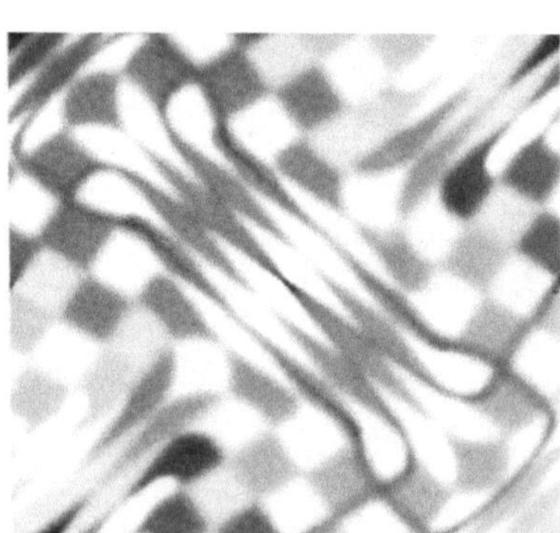

Grundeinstellung, Wellenform: quadratisch >

Grundeinstellung, Wellenform: zufallsverteilt >>

Grundeinstellung, Wiederholungsrate horizontal: 10 >

Grundeinstellung, Wiederholungsrate vertikal: 5 >>

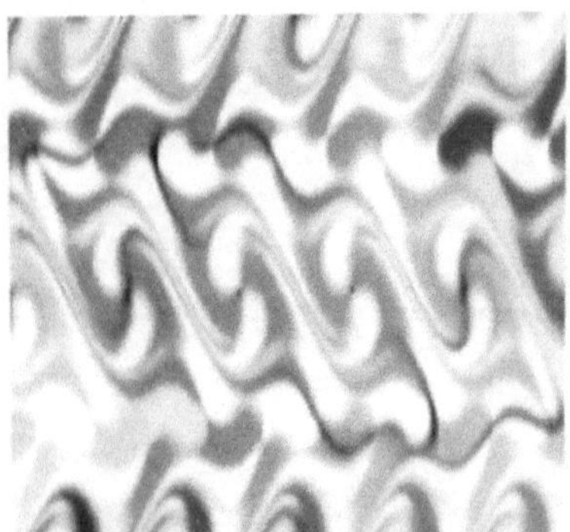

Anzahl der Durchgänge: *100* [1-1000]
Wellenform: *Sinus*, Dreieck, Quadrat, zufallsverteilt; getrennt horizontal/vertikal
Wiederholungsrate *1* [1 – 1000], getrennt horizontal/vertikal
Verzerrungsstärke *1* [1 – 1000], getrennt horizontal/vertikal
Delta Phase pro Durchgang: *0* [0 oder 1], getrennt horiz./vert.
Startphase *0* [0 oder 1], getrennt horizontal/vertikal
(*keine*) Zufallsphase, (kein) *Antialiasing*, (*keine*) fraktale Turb.

Verwirbelung in unterschiedlichen Wellenformen

(ColorStudio)

<< Grundeinstellung, Verzerrungsstärke horizontal: 10

< Grundeinstellung, Delta Phase pro Durchgang horizontal und vertikal: 1

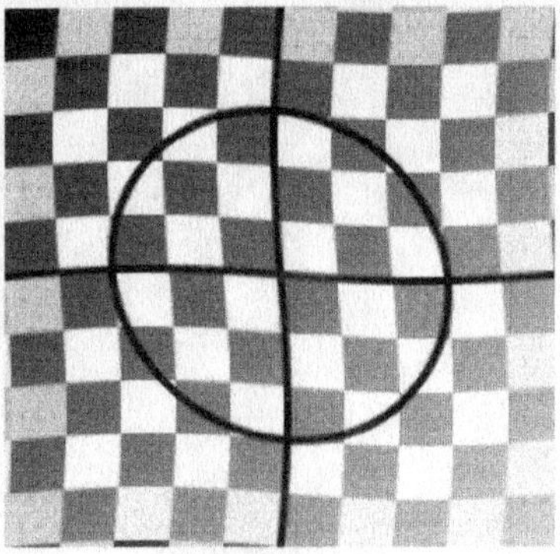

<< Grundeinstellung, Startphase horizontal und vertikal: 1

< Grundeinstellung, Anzahl der Durchgänge: 5

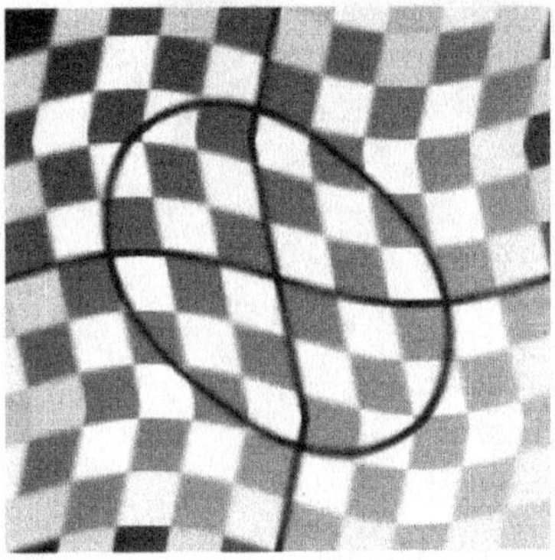

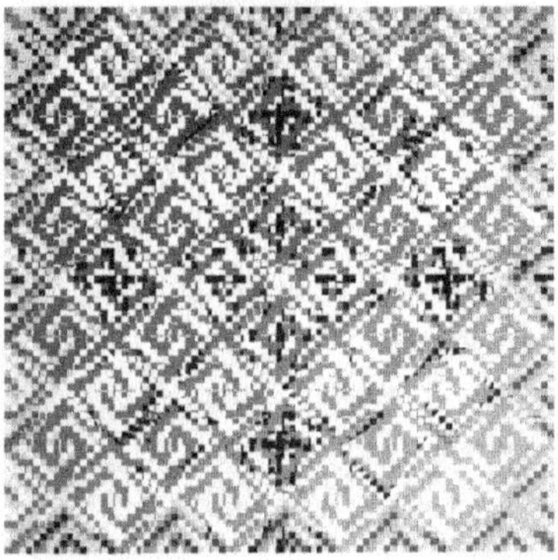

<< Anzahl der Durchgänge: 20, Wellenform horizontal: Dreieck, Zufallsphase, fraktale Turbulenz

< Anzahl der Durchgänge: 50, Wiederholungsrate sowie Verzerrungstärke horizontal und vertikal jeweils 5

**Zentrierte
Verwirbelung
einer Auswahl**

(Photoshop)

Im Unterschied zum zuvor dargestellten Turbulenzfilter, der durch wellenförmige Transformationen auf die gesamte Auswahl einwirkt, gibt es beim Wirbelfilter (Twirl) aus Photoshop nur einen einzigen definierbaren Parameter: die Angabe der Grade, um welche die Auswahl um ihren Mittelpunkt verwirbelt wird. Ähnlich wie bei echten Wirbeln wächst dabei die Rotationsgeschwindigkeit mit der Nähe zum Zentrum, so daß aus einer Geraden eine Spirale aufgedreht wird.

Grundeinstellung >

Drehwinkel: 45° >>

Drehwinkel: 90° >

Drehwinkel: 135° >

Drehwinkel: 180° >

Drehwinkel: 270° >>

Winkelangabe der Drehung in Grad: *50°*
Drehung im Uhrzeigersinn [1 – 999]
Drehung gegen den Uhrzeigersinn [-1 – -999]

**Zentrierte
Verwirbelung
einer Auswahl**

(Photoshop)

<< Drehwinkel: 360°

< Drehwinkel: 450°

<< Drehwinkel: 999°

< Drehwinkel: -200°

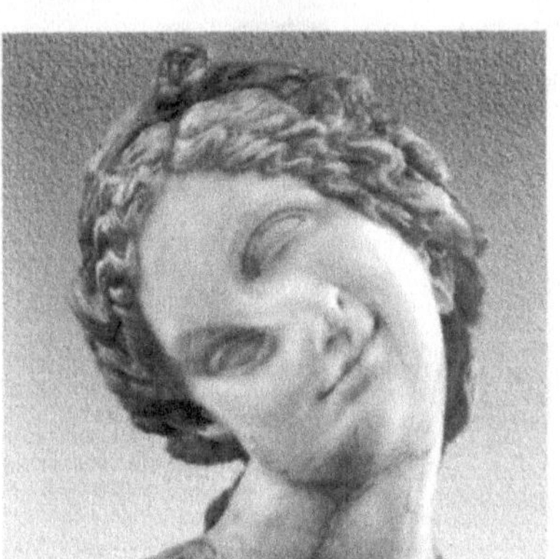

<< Drehwinkel: 50°

< Drehwinkel: -100°

Die Vielzahl der beim Welleneffekt einstellbaren Parameter führt zu einer praktisch unbegrenzten Menge erzeugbarer Kombinationen, von denen viele den Benutzer in ihrer Auswirkung immer wieder aufs neue überraschen. Insofern lassen sich auch nur schwer natürliche Bedingungen nennen, die von diesem Filter simuliert werden, da die Effekte von faltigem Textilien über Marmorierungen bis hin zu komplex miteinander verflochtenen Bildstreifen reichen.

Grundeinstellung >

Grundeinstellung,
Generatoren: 1 >>

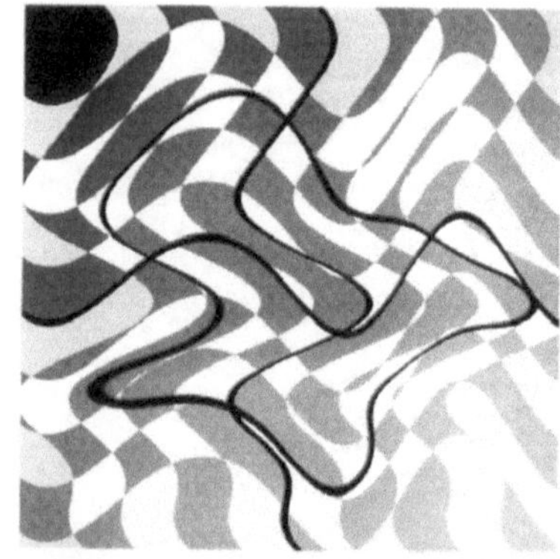
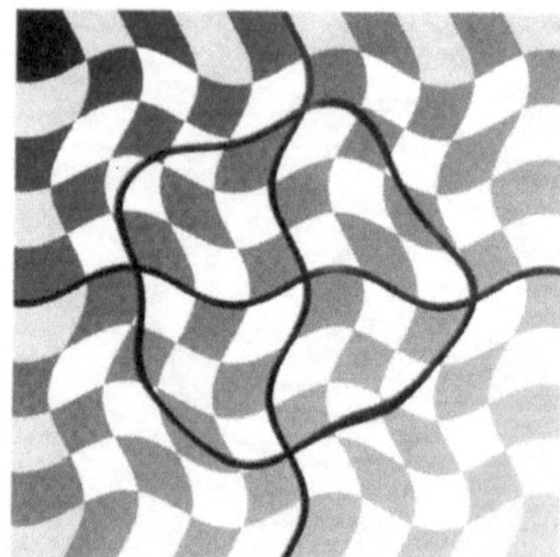

Grundeinstellung,
Generatoren: 50 >

Grundeinstellung,
Generatoren: 300 >>

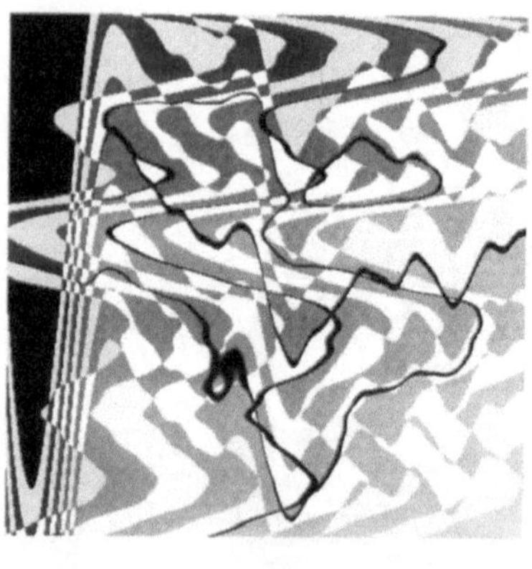

Grundeinstellung,
Generatoren: 600 >

Grundeinstellung,
Generatoren: 999 >>

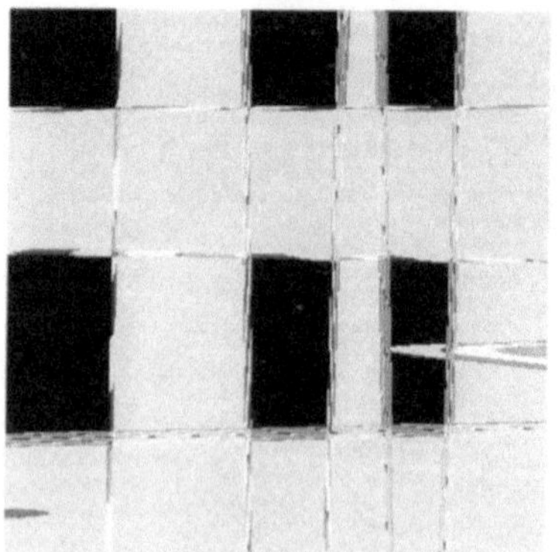
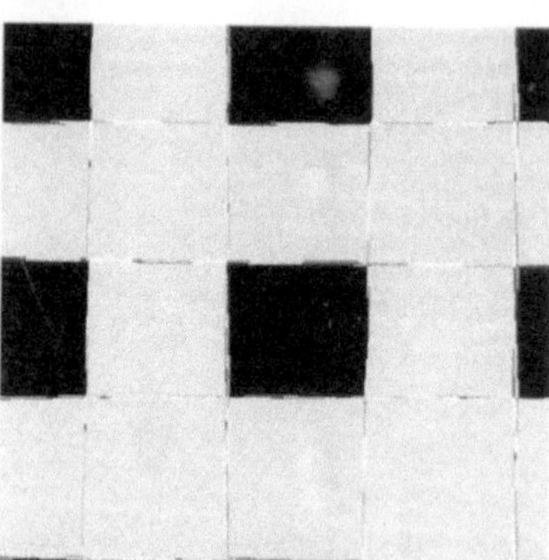

Anzahl der Generatoren: *5* [1 – 100]
Wellenlänge Minimum/Maximum: *10/120* [1 – 9 999]
Amplitue Minimum/Maximum: *5/35* [1 – 9 999]
Wellentyp: *Sinus*, Dreieck, Quadrat
Skalierung horizontal/vertikal: *100/100* [1 – 100 %]
(kein) *zufälliger Anfangspunkt*
Undefinierte Bereiche: durch verschobenen Teil ersetzen/
Kantenpixel wiederholen

**Großflächige wellen-
förmige Verzerrung
einer Auswahl**

**Änderung der
Wellenlänge**

(Photoshop)

<< Grundeinstellung,
Wellenlänge Minimum: 1

< Grundeinstellung,
Wellenlänge
Minimum: 500

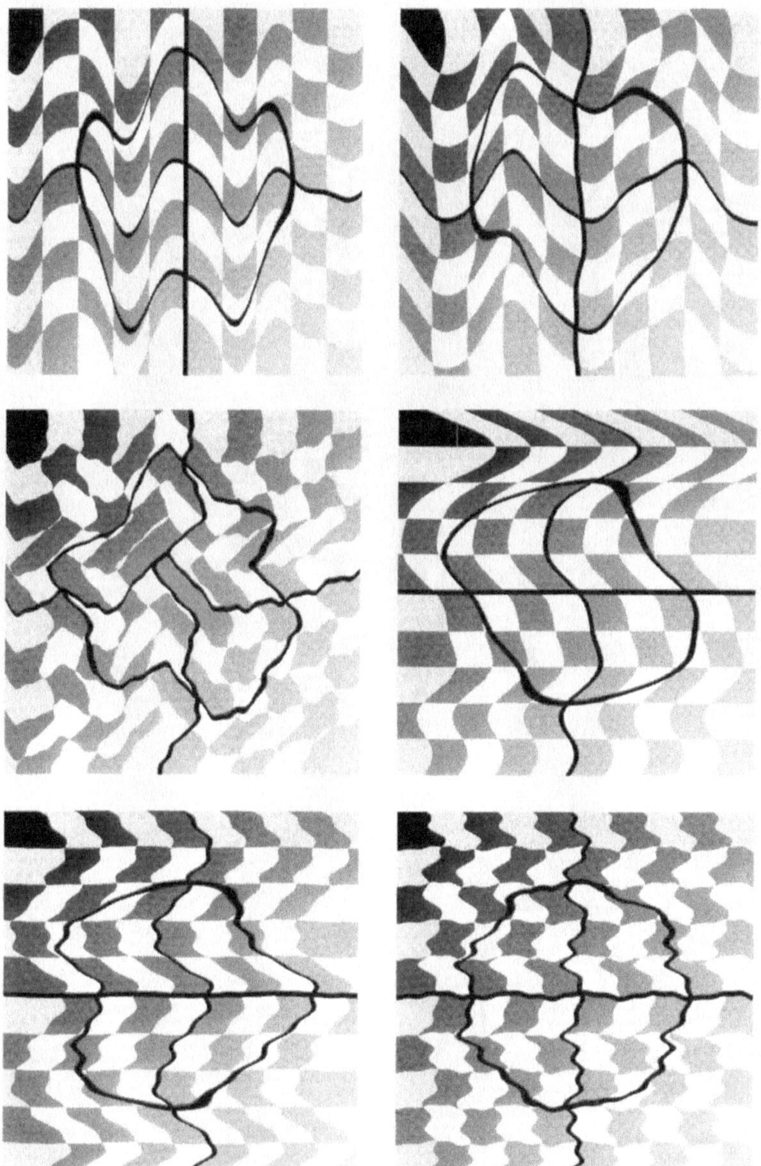

<< Grundeinstellung,
Wellenlänge
Minimum: 5 000

< Grundeinstellung,
Wellenlänge
Maximum: 10

< < Grundeinstellung,
Wellenlänge
Maximum: 500

< Grundeinstellung,
Wellenlänge Mini-
mum: 5, Maximum: 5

**Großflächige wellen-
förmige Verzerrung
einer Auswahl**

**Änderung der
Amplitude**

(Photoshop)

Amplitue Minimum *5* [1 – 9 999]
Amplitue Maximum: *35* [1 – 9 999]

Grundeinstellung,
Amplitude
Minimum: 1 >

Grundeinstellung,
Amplitude
Minimum: 35 >>

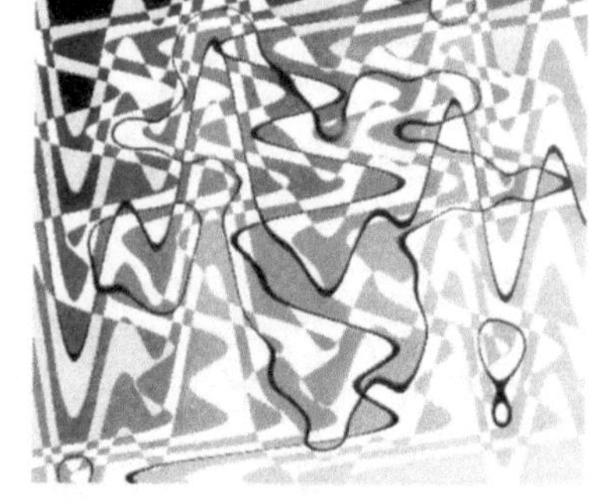

Grundeinstellung,
Amplitude
Minimum: 500 >

Grundeinstellung,
Amplitude
Maximum: 1 >>

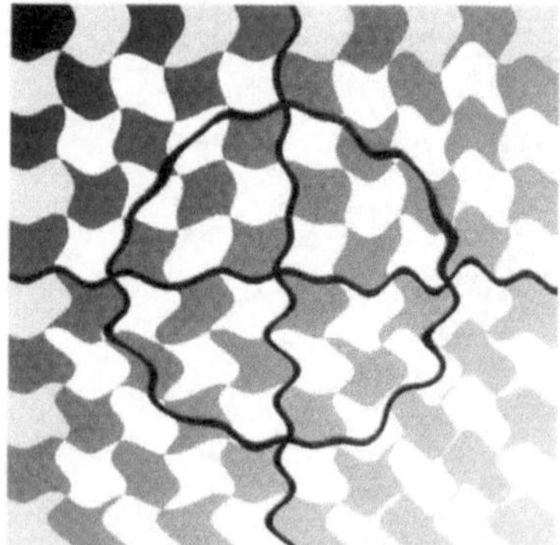

Grundeinstellung,
Amplitude
Maximum: 5 >

Grundeinstellung,
Amplitude
Maximum: 200 >>

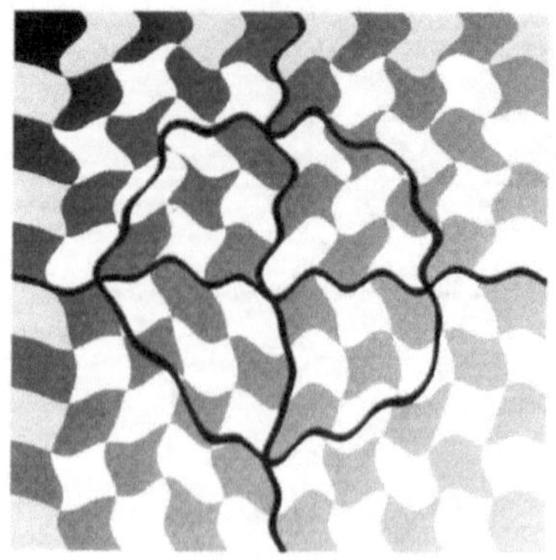
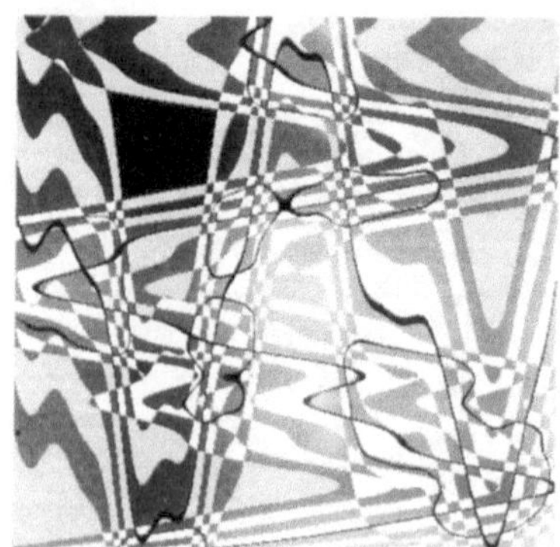

Skalierung horizontal *100* [1 – 100 %]
Skalierung horizontal *100* [1 – 100 %]

**Großflächige wellen-
förmige Verzerrung
einer Auswahl**

Skalierung

(Photoshop)

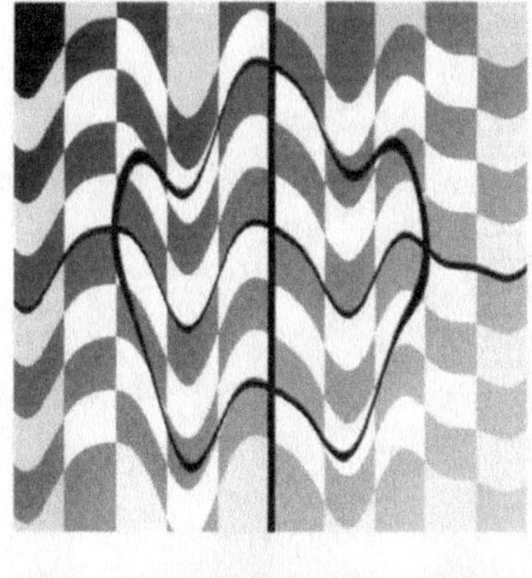

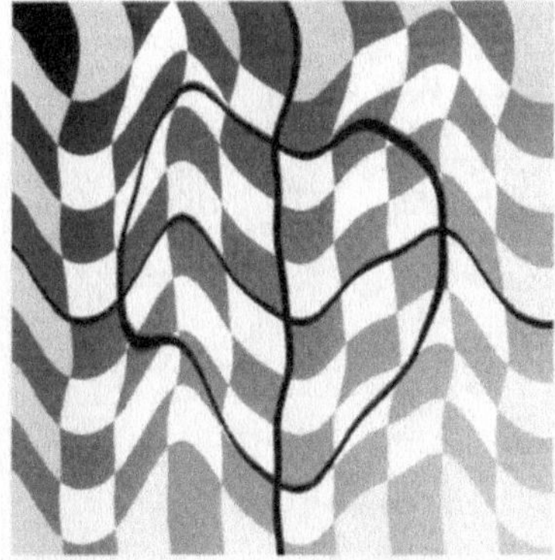

<< Grundeinstellung,
Skalierung
horizontal: 1 %

< Grundeinstellung,
Skalierung
horizontal: 25 %

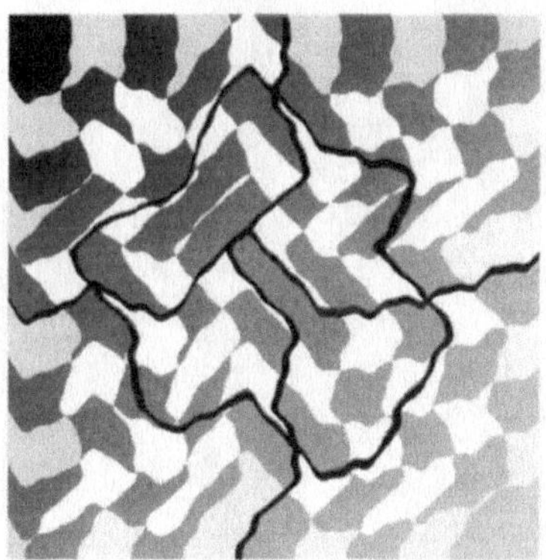

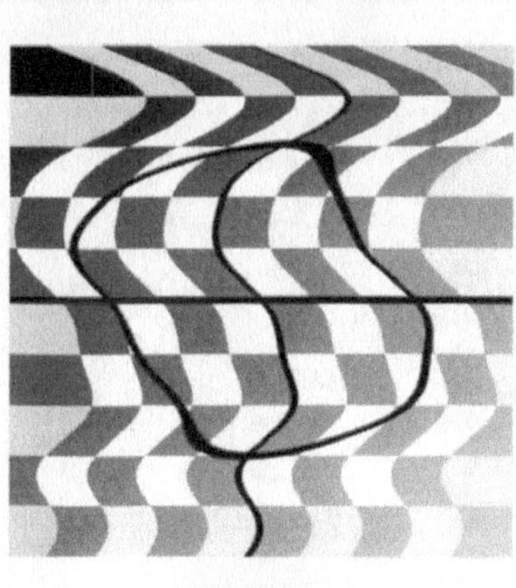

<< Grundeinstellung,
Skalierung
horizontal: 75 %

< Grundeinstellung,
Skalierung vertikal 1 %

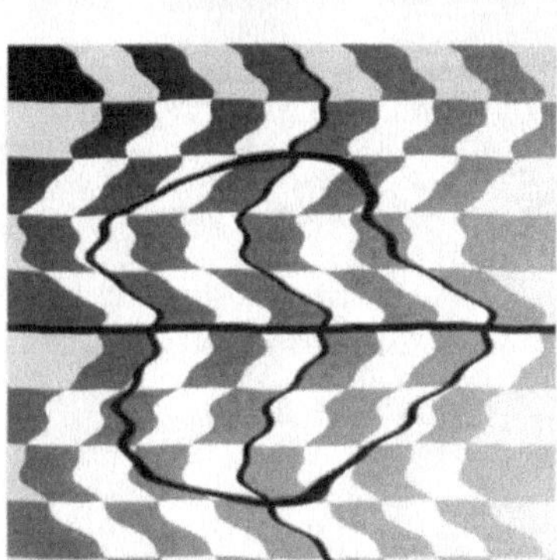

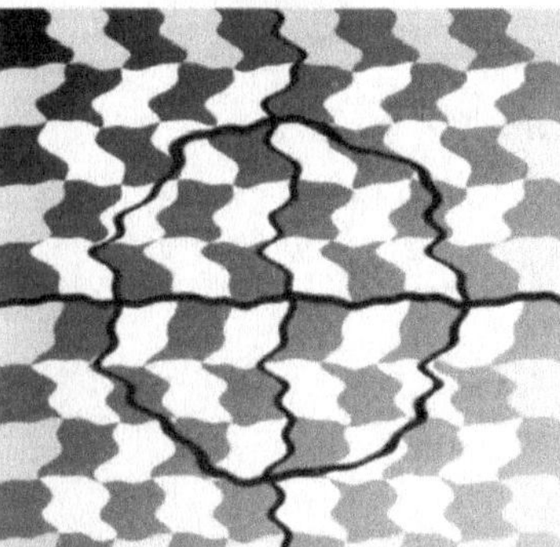

<< Grundeinstellung,
Skalierung vertikal 5 %

< Grundeinstellung,
Skalierung horizontal:
und vertikal je 20 %

**Großflächige wellen-
förmige Verzerrung
einer Auswahl**

Wellentyp

(Photoshop)

Wellentyp:
Sinus
Dreieck
Quadrat

Grundeinstellung,
Wellentyp: Dreieck >

Grundeinstellung,
Wellentyp: Dreieck,
Generatoren: 1 >>

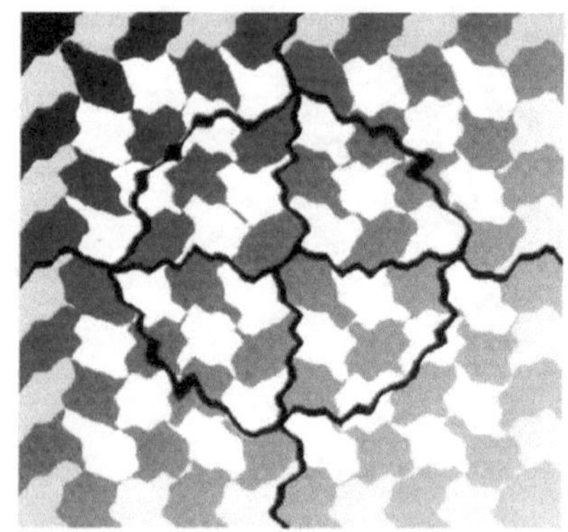
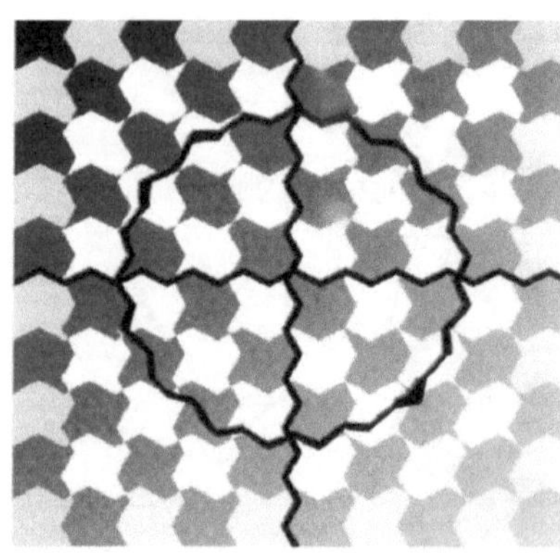

Grundeinstellung,
Wellentyp: Dreieck,
Wellenlänge: 2 >

Grundeinstellung,
Wellentyp: Quadrat >>

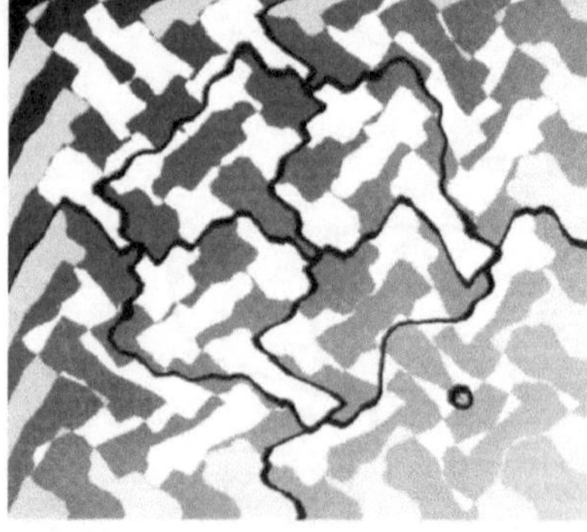
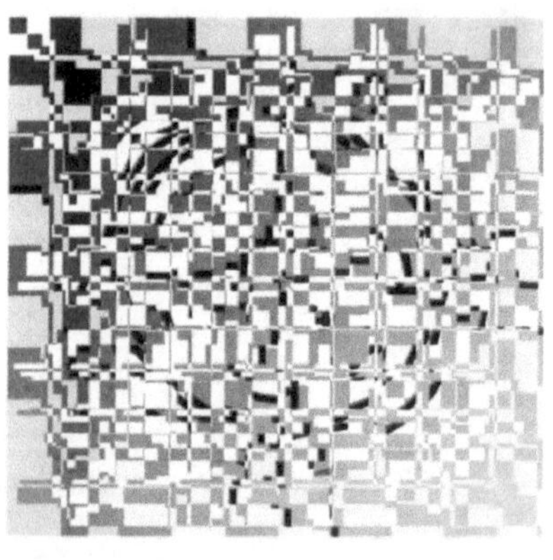

Grundeinstellung,
Wellentyp: Quadrat,
Amplitude: 1 >>

Grundeinstellung,
Wellentyp: Quadrat,
Skalierung horizontal
und vertikal je 10 % >

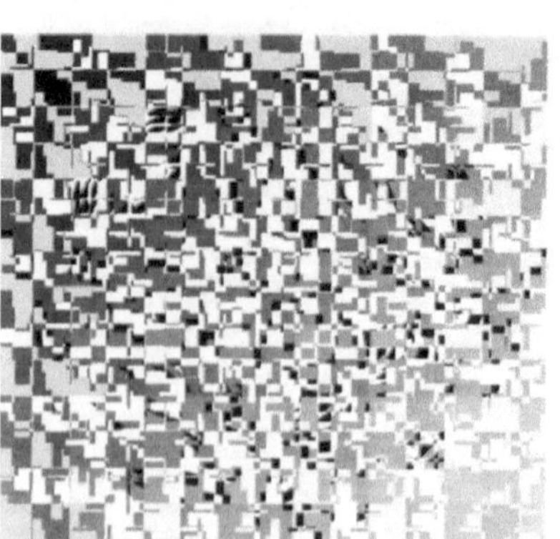
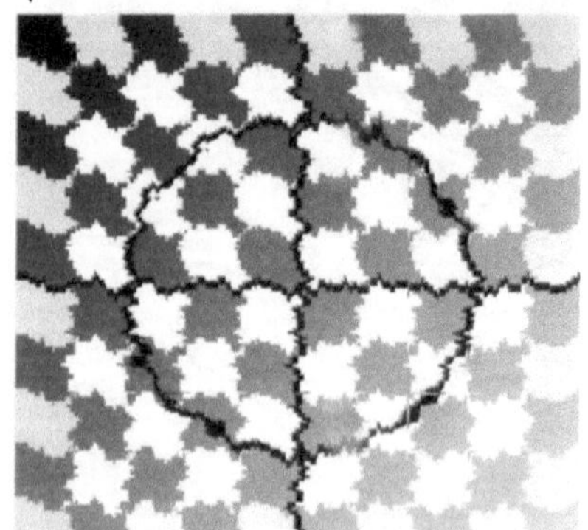

Undefinierte Bereiche:
durch verschobenen Teil ersetzen
Kantenpixel wiederholen

(kein) *zufälliger Anfangspunkt*

**Großflächige wellen-
förmige Verzerrung
einer Auswahl**

**Undefinierte Bereiche
Anfangspunkt**

(Photoshop)

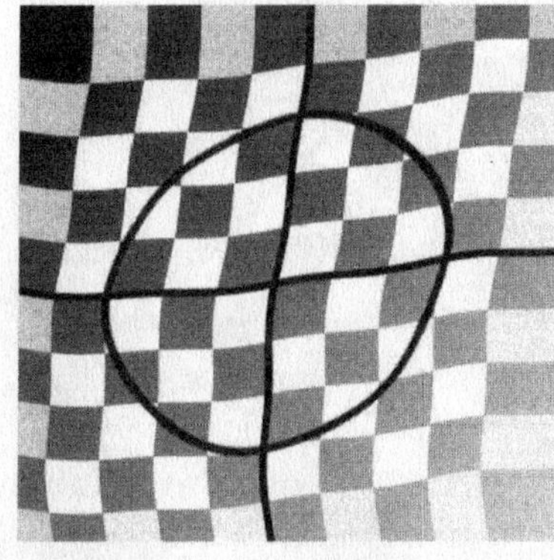

<< Grundeinstellung,
Generatoren: 3, Wel-
lenlänge Min.: 2, Max.:
500, Amplitude Min.: 2,
durch verschobenen
Teil ersetzen

< Grundeinstellung,
Generatoren: 3, Wel-
lenlänge Min.: 2, Max.:
500, Amplitude Min.: 2,
Kantenpixel wieder-
holen

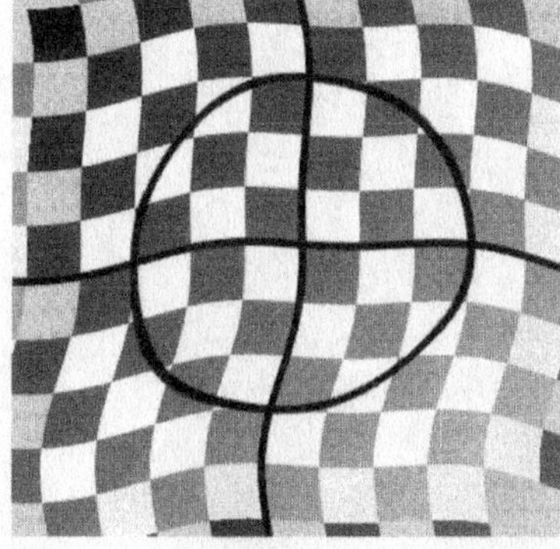

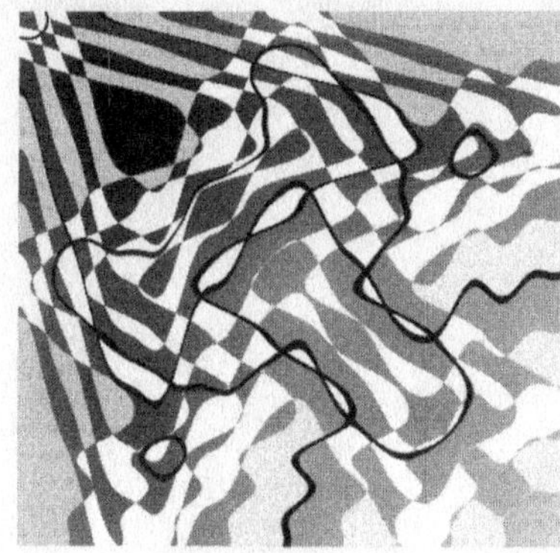

<< Grundeinstellung,
Generatoren: 10,
Wellenlänge Min.: 2,
Max.: 500, Amplitude
Min.: 2, zufälliger
Anfangspunkt

< Grundeinstellung,
Generatoren: 10,
Wellenlänge Min.: 2,
Max.: 500, Amplitude
Min.: 2, kein zufälliger
Anfangspunkt

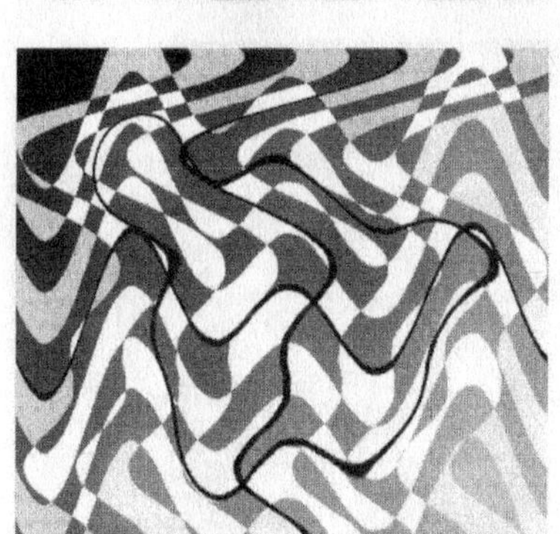

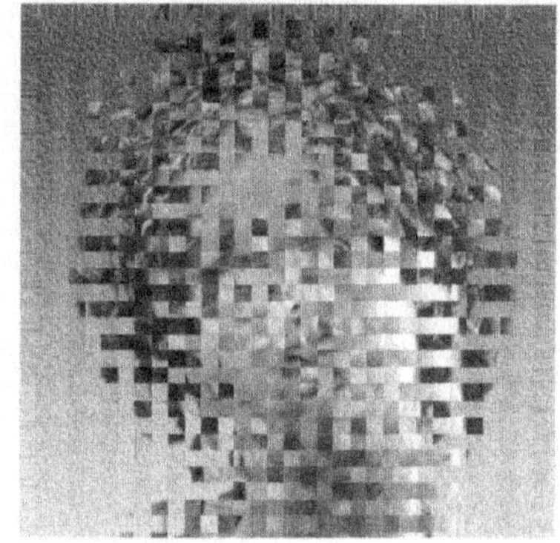

<< Grundeinstellung,
Generatoren: 1,
Wellenlänge Min. und
Max, Amplitude Min.
und Max. je 5

< Grundeinstellung,
Generatoren: 2,
Wellenlänge Min. und
Max: 25, Amplitude
Min. und Max: 10,
Wellentyp: Quadrat

**Simulation von
Spiegelung in
konzentrischen
Wasserwellen**

diagonal wellenförmig

(Photoshop)

Der radiale Welleneffektfilter erzeugt innerhalb einer – der Auswahl einbeschriebenen – Ellipse konzentrische Verzerrungsringe, ähnlich denen, die als Folge einer punktförmigen Störung auf einer Flüssigkeitsoberfläche entstehen (etwa, wenn ein Stein ins Wasser geworfen wird). Die Wirkung gleicht der Spiegelung in einer solchen Oberfläche bzw. dem Blick durch eine transparente Scheibe mit entsprechender Strukturierung. Selbst Interferenzen lassen sich so simulieren.

Grundeinstellung (diagonal wellenförmig) >

Grundeinstellung,
Stärke: 30 >>

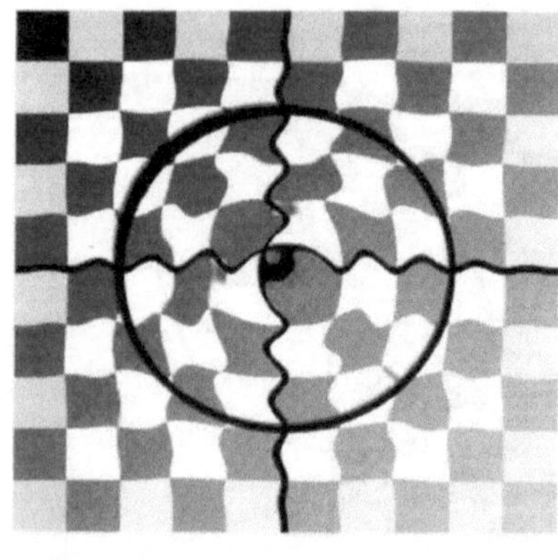

Grundeinstellung,
Stärke: 200 >

Grundeinstellung,
Wellen: 30 >>

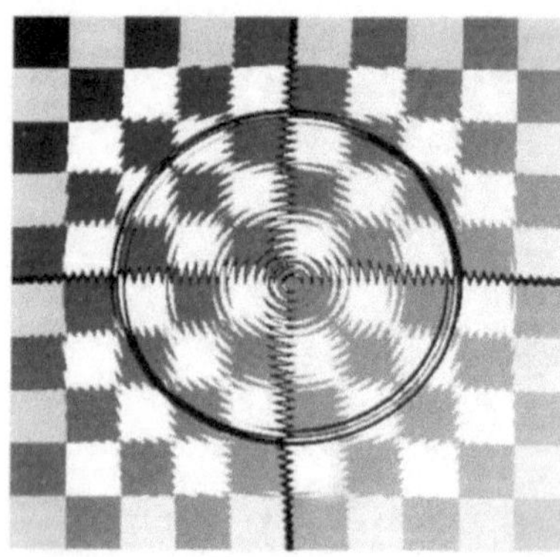

Grundeinstellung,
Wellen: 50 >

Grundeinstellung,
Interferenzsimulation
mit zwei sich überschneidenden Auswahlbereichen, Stärke:
20, Wellen: 20 >>

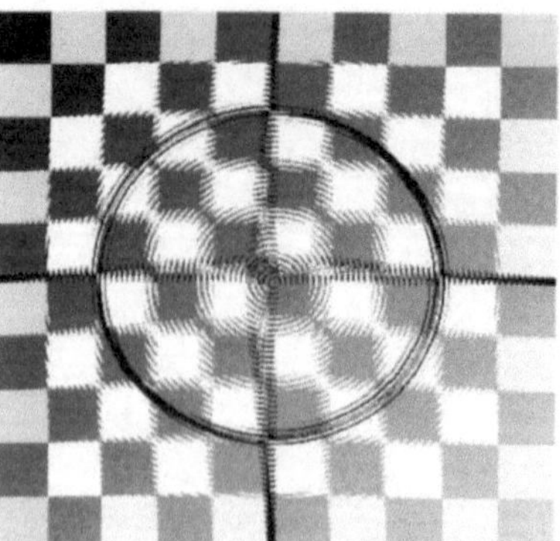

Grundeinstellungen Zigzag-Filter:
Verzerrungsstärke: *10* [0 – 999]
Anzahl der Richtungsänderungen zwischen Mittelpunkt und
Auswahlgrenzen: *5* [0 – 999]
Pixelversatz: *Diagonal wellenförmig* (nach links oben oder rechts
unten), konzentrisch aus der Mitte (zum Zentrum hin oder von
diesem weg), kreisförmig um die Mitte (um das Zentrum ge-
dreht)

**Simulation von
Spiegelung in
konzentrischen
Wasserwellen**

**konzentrisch aus der·
Mitte
(Photoshop)**

<< Grundeinstellung
(konzentrisch aus der
Mitte)

< Grundeinstellung,
Stärke: 30

<< Grundeinstellung,
Stärke: 200

< Grundeinstellung,
Wellen: 30

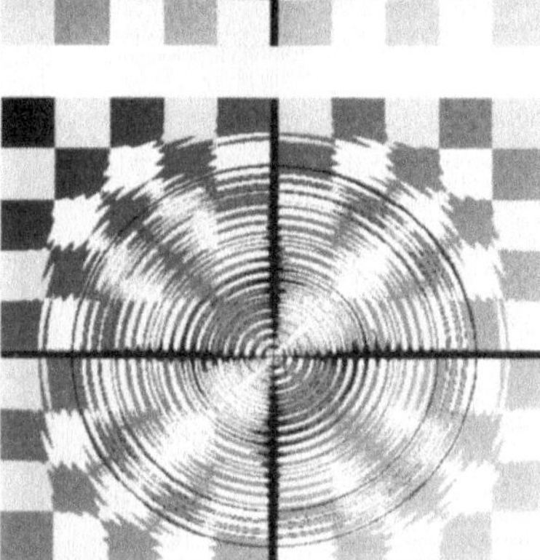

<< Grundeinstellung,
Wellen: 50

< Grundeinstellung,
Stärke: 50,
Wellen: 25

**Simulation von
Spiegelung in
konzentrischen
Wasserwellen**

**kreisförmig um
die Mitte
(Photoshop)**

Die Unterschiede der drei Filtervarianten (diagonal …, konzentrisch … sowie kreisförmig …) sind bei Beachtung des ausgeführten Pixelversatzes einfach vorauszusehen. Für die Simulation von konzentrischen Wasserwellen eignet sich die Variante „konzentrisch aus der Mitte" am besten. Eine seitliche Ansicht einer solchen Spiegelung ist am besten durch Anlage eines waagerecht ausgerichteten Auswahlrechtecks zu erzielen, dabei entstehen bei allen Versatzformen konzentrische Ellipsen.

Grundeinstellung
(kreisförmig um die
Mitte) >

Grundeinstellung,
Stärke: 20,
Wellen: 10 >>

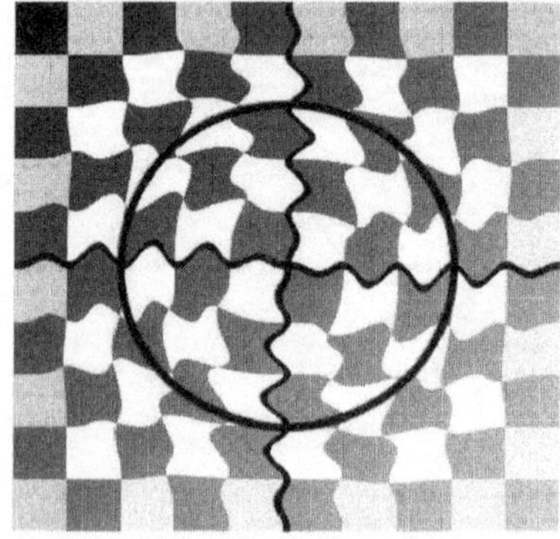 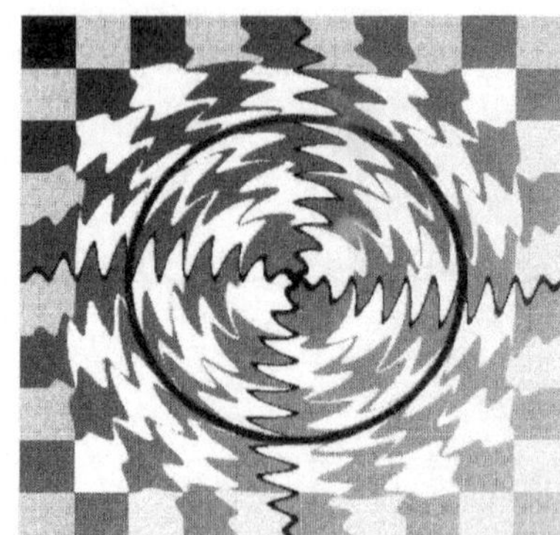

Grundeinstellung,
Stärke: 40,
Wellen: 10 >

Diagonal wellenförmig,
Stärke: 10,
Wellen: 20 >>

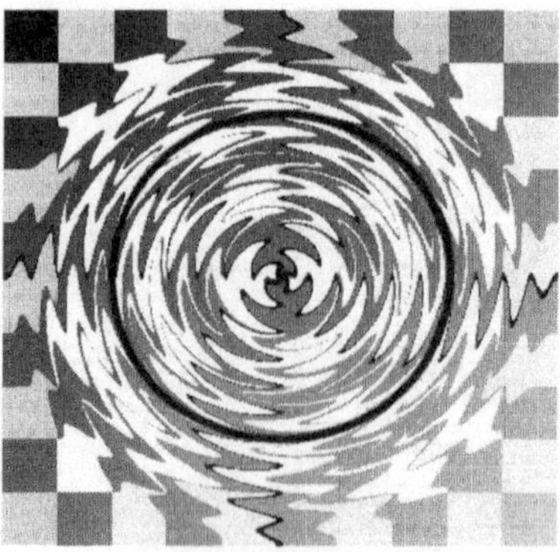 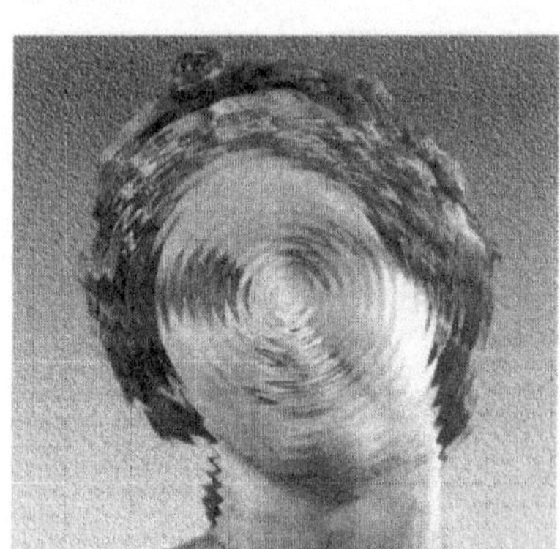

Konzentrisch
aus der Mitte,
Stärke: 10,
Wellen: 20 >

Kreisförmig um
die Mitte,
Stärke: 10,
Wellen: 20 >>

 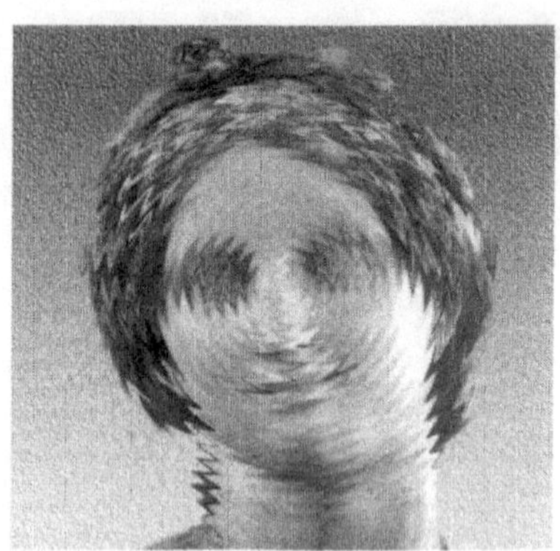

Dunkelkammer-techniken

Eine deutliche Arbeitserleichterung der elektronischen Bildbearbeitung haben jene Filter und Effekte gebracht, die es erlauben, am Monitor nahezu alle Arbeiten mit direkter Sichtkontrolle (Wysiwyg) auszuführen, die zuvor in der Dunkelkammer durch langwieriges Probieren mit unterschiedlichen Entwicklern, Einwirkungszeiten, Temperaturen usw. ausgeführt wurden.

Der Vorzug dieser direkten Kontrolle des Eingriffs mit der ständigen Möglichkeit, die Werte zu verändern oder Manipulationen rückgängig zu machen, ist kaum zu überschätzen.

Dies bedeutet nicht nur einen erheblichen Zeitgewinn (mit der angenehmen Alternative des Arbeitens ohne Chemikalien bei Tageslicht), sondern erlaubt zusätzlich eine Vielzahl von Ergebnissen, die mit herkömmlicher Labortechnik gar nicht, in anderen Fällen nur unter erheblichen Schwierigkeiten und nach langer Erfahrung zu erzielen waren.

Neben den wichtigsten Dunkelkammereingriffen wie Steuerung von Helligkeit, Kontrast, Farbsättigung, Ausfiltern von Farbkomponenten, Überblendungen, Beeinflussung der Gradationskurven, Tontrennung oder Steuerung der (Un-)Schärfe kommen viele Effekte hinzu, die sonst bereits beim Vorgang der fotografischen Aufnahme durch Filtereinsatz oder spezielle Verhaltensweisen des Fotografen eingeplant wurden – und die nun einem fertigen Bild nachträglich zugeordnet werden können.

Dazu gehören etwa solche Effekte wie Bewegungsunschärfen, die vor allem dann interessante Ergebnisse bringen, wenn nur ein zentrales Objekt bzw. nur der Hintergrund ausgewählt wurde; die Überlagerung eines Bildes mit Blendenflecken, die das deutliche Zeichen der fotografischen Aufnahme in ein Bild einsetzt oder die globale oder auf Konturen beschränkte Möglichkeit, ein Foto nachträglich schärfer zu machen (was sich übrigens bei der Bildbearbeitung in der Druckvorstufe in nahezu allen Fällen als sinnvoller Eingriff erwiesen hat).

Definition eigener Filterwirkungen aus einer numerischen Matrix

(Cirrus, Digital Darkroom, Enhance, Photoshop)

Konvolutionsfilter bestehen aus einer quadratischen Matrix einer ungeraden Anzahl von Feldern, in die numerische Werte eingegeben werden können; die Menge der Felder pro Quadratseite liegt meist bei 5, manche Programme bieten auch Variationen von 3, 7 oder 9. Das zentrale Feld repräsentiert das jeweils zentrale Pixel eines Berechnungsschritts; in alle Felder können positive oder negative Werte eingesetzt werden, welche die Gewichtung der Pixelveränderungen angeben. In Photoshop

Grundeinstellung:

–	–	–	–	–
–	–	-1	–	–
–	-1	5	-1	–
–	–	-1	–	–
–	–	–	–	–

Skal.: 1, Verschieb.: –

–	–	–	–	–
–	–	–	–	–
–	–	3	–	–
–	–	–	–	–
–	–	–	–	–

-1	1	-1	1	-1
1	–	–	–	1
-1	–	2	–	-1
1	–	–	–	1
-1	1	-1	1	-1

–	–	–	–	–
–	–	-8	–	–
–	–	1	–	–
–	–	8	–	–
–	–	–	–	–

–	–	–	–	–
–	–	999	–	–
–	–	2	–	–
–	–	–	–	–
–	–	–	–	–

Skalierung: 3

–	–	–	–	–
–	–	999	–	–
–	–	2	–	–
–	–	–	–	–
–	–	–	–	–

Skalierung: 500

wird der resultierende Effekt folgendermaßen errechnet: Das
Programm multipliziert den Helligkeitswert des aktuellen
Pixels mit dem Wert des zentralen Feldes, addiert die resultierenden Helligkeitswerte aller beteiligten Pixel, dividiert den
Wert durch die Eingabe im Feld „Skalierung" und addiert dazu
den Wert des Feldes „Verschiebung". Erfolgreiche Filterein-
stellungen können mit eigenen Namen gesichert und später
aufgerufen und wiederverwendet werden.

**Definition eigener
Filterwirkungen aus
einer numerischen
Matrix**

**(Cirrus, Digital
Darkroom, Enhance,
Photoshop)**

```
 -    -    -    -   8
 -    -    -    -   -
 -    -   1    -   8
 -    -    -    -   -
 -    -   32   -   8
Skal.: 200, Versch.: 100

 500  -    -    -   -
-500 10   -    -   -
 -    -   1    -   8
 -    -    -   0    -
 -    -    -    - 500
Skal.: 1, Versch.: 50

 500  -    -    -   -
-500 10   -    -   -
 -    -   1    -   8
 -    -    -  10 -500
 -    -    -    - 500
Skal.: 1, Versch.: 50

 10   -    -    -   -
 -   1   -2   3    -
 2   1   1   2   1
 -  -1   2  -10   -
 -    -    -    - -10
Skal.: 6, Versch.: 6

 10   -    -    -   -
 -   1   -2   3    -
 2   1   5   2   1
 -  -1   2  -10   -
 -    -    -    - -10
Skal.: 6, Versch.: 6

-9   -9   -9   -9   -9
 -  -999 -999 -999  -
 -    -  10    -   -
 -  999  999  999   -
99   99   99   99   99
Skalierung: 10
```

**Bestimmbarer
Pixelversatz zur
Simulation einer
Bewegung**

**Distanz
(ColorStudio,
Photoshop)**

Winkel: 0°,
Distanz: 10 Pixel >

Winkel: 0°,
Distanz: 20 Pixel >>

Winkel: 0°,
Distanz: 30 Pixel >

Winkel: 0°,
Distanz: 60 Pixel >>

Winkel: 0°,
Distanz: 150 Pixel >

Anwendung nur auf
den Kopf unter Aus-
lassung des Hinter-
grunds, Winkel: 0°,
Distanz: 30 Pixel >>

Bei der Zuordnung einer Bewegungsunschärfe (Motion blur)
wird ein Bild mit einer hinsichtlich Winkel und Auswirkung
definierbaren „Verschmierung" überlagert, die eine Bewegung
relativ zur aufnehmenden Kamera – bzw. eine Kamerabewegung
bei fixierten Objekten – simuliert. Besonders wirkungsvoll ist die
gezielte Anwendung auf Objekte im Vordergrund bzw. nur auf
den Hintergrund. Der Filter eignet sich auch für malerische Ver-
wischungseffekte wie bei noch feuchter Farbe.

ColorStudio Grundeinstellungen:
Winkel *0°* [frei]
Distanz *15* Pixel [1 – 100 Pixel]
(keine) Zentrierung

Photoshop Grundeinstellungen:
Winkel: *0°* [frei]
Distanz: *10* Pixel [1 – 999]

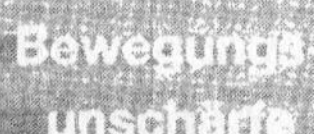

**Bestimmbarer
Pixelversatz zur
Simulation einer
Bewegung**

**Winkel
(ColorStudio,
 Photoshop)**

<< Winkel: 15°,
Distanz: 25 Pixel

< Winkel: 30°,
Distanz: 25 Pixel

<< Winkel: 45°,
Distanz: 25 Pixel

< Winkel: 66°,
Distanz: 25 Pixel

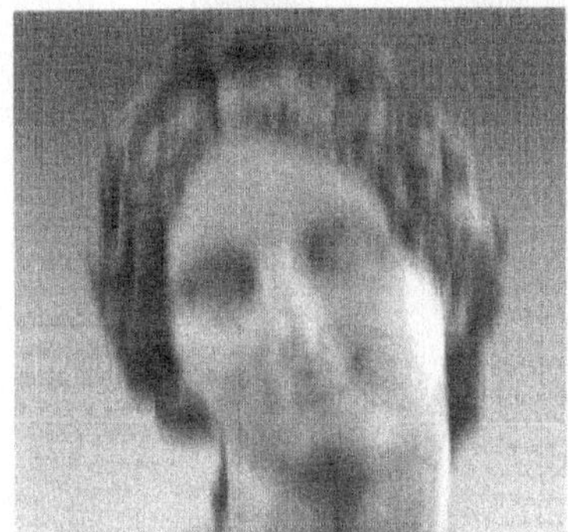

<< Winkel: 90°,
Distanz: 25 Pixel

< Anwendung nur auf
den Hintergrund unter
Auslassung des
Kopfes, Winkel: -45°,
Distanz: 15 Pixel

**Bewegungsunschärfe
kreis- oder
strahlenförmig**

kreisförmig

(Photoshop)

Der radiale Weichzeichner simuliert eine Bewegungsunschärfe des Bildes, die wahlweise durch Rotation des Objektes um die Achse Kameraobjektiv-Objekt oder durch eine Bewegung des Objekts entlang dieser Achse zustandekommt; alternativ wird eine Zoombewegung des Objektivs bei fixiertem Objekt simuliert. Die letztgenannte Anwendung (strahlenförmig) eignet sich daher besonders gut, um Fluchtbewegungen von Dargestellten zum oder vom Betrachter fort darzustellen.

Grundeinstellung,
kreisförmig,
Stärke: 10 >

Grundeinstellung,
kreisförmig,
Stärke: 20 >>

Grundeinstellung,
kreisförmig,
Stärke: 35 >

Grundeinstellung,
kreisförmig,
Stärke: 50 >>

Grundeinstellung,
kreisförmig,
Stärke: 15, Qualität:
Entwurf, Mittelpunkt:
oben links >

Grundeinstellung,
kreisförmig,
Stärke: 15, Qualität:
sehr gut, Mittelpunkt:
unten rechts >>

Grundeinstellungen:
Stärke: *10* [1 – 999]
Methode: *kreisförmig*, strahlenförmig
Qualität: Entwurf, *Gut*, Sehr gut („Sehr gut" ist nur bei großen
Auswahlbereichen sinnvoll)
Mittelpunkt: *mittig* [manuell frei verlagerbar]

**Bewegungsunschärfe
kreis- oder
strahlenförmig**

strahlenförmig

(Photoshop)

<< Grundeinstellung,
strahlenförmig,
Stärke: 10

< Grundeinstellung,
strahlenförmig,
Stärke: 20

<< Grundeinstellung,
strahlenförmig,
Stärke: 30

< Grundeinstellung,
strahlenförmig,
Stärke: 50

<< Grundeinstellung,
strahlenförmig,
Stärke: 100

< Grundeinstellung,
strahlenförmig,
Stärke: 100, Mittel-
punkt: links unten

Lokale Werte akzentuieren

(ColorStudio)

ColorStudio verfügt eine gesonderte Filterkategorie, ein Menü mit dem Namen ColorTalk, innerhalb dessen Liste zusätzliche Filter angeboten werden. Außerdem gibt es die Möglichkeit, diese Effekte aus Grundbausteinen (allerdings in ganz anderer Art als bei den Konvolutionsfiltern, vgl. S. 74 f.) selbst zu definieren. Einige Beispiele für ColorTalk-Filter sind auf dieser Seite abgebildet: Einstellungen für lokales Minimum und Maximum, lokalen Durchschnitt, Kontrasterhöhung und harte Umsetzung.

Lokales
Maximum >

Lokaler
Durchschnitt >>

Lokales
Minimum >

Lokaler Durchschnitt
von Minimum und
Maximum >>

ColorTalk-Filter
Starker Kontrast >

ColorTalk-Filter
Harte Umsetzung zur
Akzentuierung der
Höhen und Tiefen bei
Ausgleich der Mittel-
töne >>

Der Hochpass-Filter (vgl. auch S. 96) dient zur selektiven Bild-
schärfung in solchen Bereichen, in denen sich hohe Kontrastwerte
finden, während kontrastarme Flächen unterdrückt werden. Je
geringer der eingegebene Wirkungsradius, um so stärker erscheint der Effekt.
Pixel-Radius: 4,000 [k.A.]
Farbkomponenten: Alle, selektiv: R, G, B
nur Farbwert, nur Sättigung, nur Leuchtkraft

Hochpass-Filter

(ColorStudio)

<< Grundeinstellung,
Wert: 4

< Grundeinstellung,
Wert: 1

<< Grundeinstellung,
Wert: 10

< Grundeinstellung,
Wert: 30

<< Grundeinstellung,
Wert: 50

< Grundeinstellung,
Wert: 100

**Simulation eines
Effektfilters mit
Mehrfachabbildung
des Motivs**

Radialfelder

(Photoshop)

cMulti ist ein Importmodul von Drittanbietern (Andromeda) für Photoshop; seine Funktion besteht darin, speziell geschliffene Vorsatzfilter für Kameraobjektive zu simulieren, die ein Bild in mehrere Felder aufsplitten, die um einen zentralen, unverändert bleibenden Bereich gruppiert sind. Während bei Vorsatzfiltern dieser Art die Bildwirkung von der Art des Schliffs abhängt, lassen sich beim digitalen Filter zahlreiche Parameter wie Feldzahl und -form, Größe, Deckung usw. definieren.

Grundeinstellung >

Grundeinstellung, zentraler Radius: 77 >>

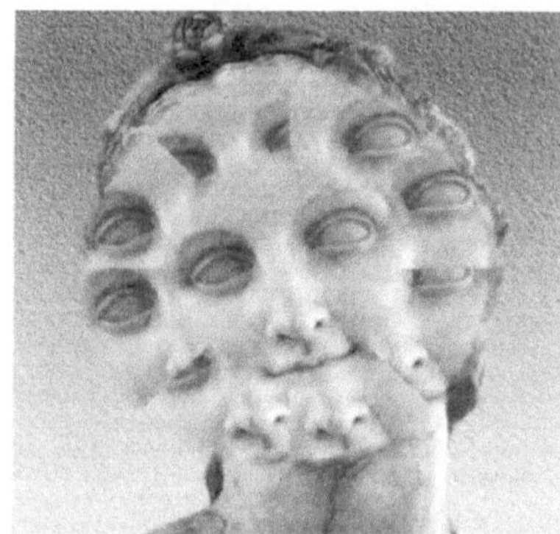

Grundeinstellung, zentraler Radius: 61,
Feldgröße: 100 >

Zentraler Radius: 61,
Feldgröße: 100,
Feldzahl: 10,
Verlaufsbreite: 20 >>

Zentraler Radius: 28,
Feldgröße: 100,
Feldzahl: 20,
Intensität: 75 >

Zentraler Radius: 28,
Feldgröße: 100,
Feldzahl: 3, Intensität:
75, Mittelpunkt
verlagert >>

Grundeinstellungen:
Intensität (Deckung): *100* [0 – 100]
Feldform: *radial*, quadratisch
Radius Zentralbereich: *50* [10 – 100]
Feldgröße: *50* [10 – 100]
Anzahl der Felder: *8* [1 – 20]
Verlaufsbreite: *8* [0 – 20] / (*nicht*) zwischen Feldern
manuelle Verlagerung des Mittelpunktes, Previewfenster

**Simulation eines
Effektfilters mit
Mehrfachabbildung
des Motivs**

Rechteckfelder

(Photoshop)

<< Zentraler Radius:
28, Feldgröße: 100,
Feldzahl: 3, Intensität:
75, Mittelpunkt ver-
lagert, Verlaufsbreite
auch zwischen den
Feldern

< Quadratfelder,
Radius: 10, Feldzahl: 5,
Verlaufsbreite: 20,
Intensität: 100

<< Quadratfelder,
Radius: 10, Feldzahl: 7,
Verlaufsbreite: 20,
Intensität: 80

< Quadratfelder,
Radius: 50, Feldgröße:
50, Feldzahl: 12,
Verlaufsbreite: 10,
Intensität: 90

<< Quadratfelder,
Radius: 50, Feldgröße:
50, Feldzahl: 20,
Verlaufsbreite: 5,
Intensität: 100

< Quadratfelder,
Radius: 10, Feldgröße:
100, Feldzahl: 20,
Verlaufsbreite: 20,
Intensität: 80

**Simulation des
Lichteinfalls in ein
Objektiv mit
Brechung an den
Linsengruppen**

(Photoshop)

Je nach Anzahl und Position der Linsen in einem Kameraobjektiv kommt es zu Brechungen von im Bild sichtbaren starken Lichtquellen, die im Sucherbild und auf dem Foto als Lichtflecke erscheinen. Die Größe und Verteilung dieser Flecke hängt von der Art des Objektivs ab. Während solche Bildstörungen in der Praxis eher vermieden werden, ist es Aufgabe dieses Filters, sie bewußt zu plazieren, um einem Bild deutlich den Charakter einer fotografischen Aufnahme zu verleihen.

Grundeinstellung >

Grundeinstellung,
50 – 300 mm
Zoomobjektiv,
Helligkeit: 150 >>

Grundeinstellung,
50 – 300 mm
Zoomobjektiv,
Helligkeit: 175 >

Grundeinstellung,
50 – 300 mm
Zoomobjektiv,
Helligkeit: 200 >>

Grundeinstellung,
35 mm Objektiv,
Helligkeit: 50 >

Grundeinstellung,
35 mm Objektiv,
Helligkeit: 100 >>

Grundeinstellungen:
Helligkeit: *100* [0 – 300]
Mittelpunkt der Lichtbrechung: *links oben* [manuell frei zu verlagern]
Objektivart: *50 – 300 mm Zoom* (Normal bis starkes Teleobjektiv), 35 mm (Weitwinkelobjektiv), 105 mm (Teleobjektiv)

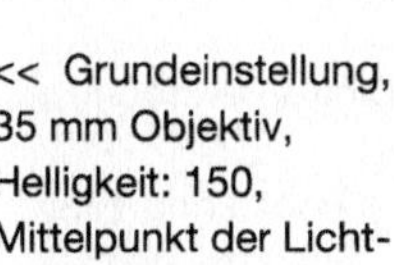

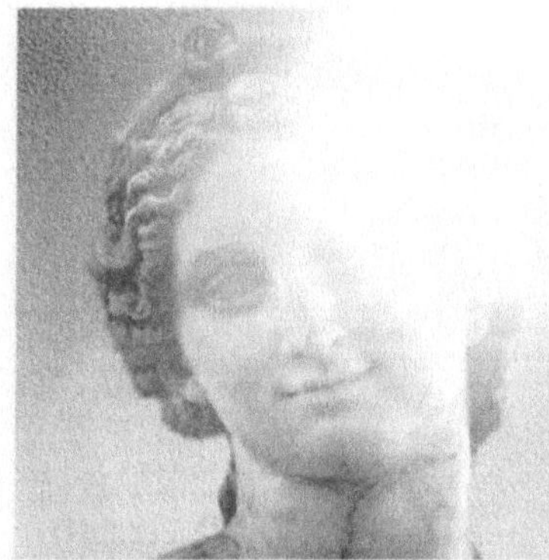

<< Grundeinstellung, 35 mm Objektiv, Helligkeit: 150, Mittelpunkt der Lichtbrechung: rechts oben

< Grundeinstellung, 35 mm Objektiv, Helligkeit: 200, Mittelpunkt der Lichtbrechung: rechts oben

<< Grundeinstellung, 105 mm Objektiv, Helligkeit: 50, Mittelpunkt der Lichtbrechung: rechts oben

< Grundeinstellung, 105 mm Objektiv, Helligkeit: 100, Mittelpunkt der Lichtbrechung: rechts oben

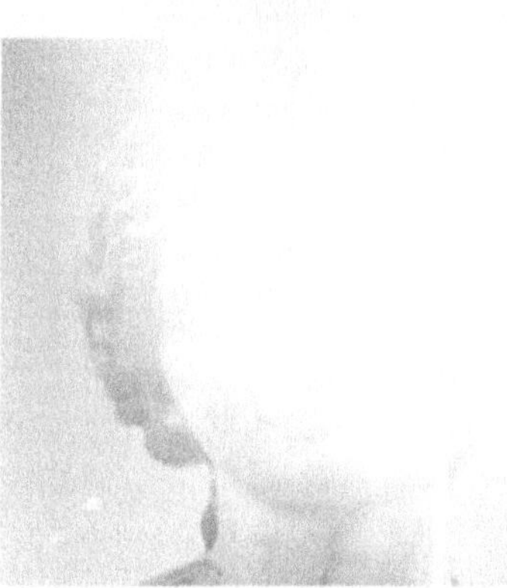

<< Grundeinstellung, 105 mm Objektiv, Helligkeit: 200, Mittelpunkt der Lichtbrechung: rechts oben

< Grundeinstellung, 105 mm Objektiv, Helligkeit: 200, Mittelpunkt der Lichtbrechung: rechts oben

**Simulation eines stark
verzerrenden Weit-
winkelobjektivs mit
extrem kurzer Brenn-
weite**

**(Digital Darkroom, Co-
lorStudio, Photoshop)**

Weitweinkelobjektive mit extrem kurzer Brennweite werden Fisch-augenobjektive (Fisheye) genannt, da das aufgenommene Bild der Sicht durch die stark konvexe Linse von Fischen ähnelt. Ein eigenständiger, allerdings bezüglich seiner Interpolation nicht befriedigender Filter dieses Namens wird nur in Digital Dark-room angeboten. Ähnliche Wirkungen sind möglich, wenn man den Spherize-Filter aus ColorStudio (am besten ohne Schattie-rung) oder den aus Photoshop verwendet.

Digital Darkroom >

Photoshop-Filter
Spherize, normal,
Stärke: 25 >>

Photoshop-Filter
Spherize, normal,
Stärke: 50 >

Photoshop-Filter
Spherize, normal,
Stärke: 100 >>

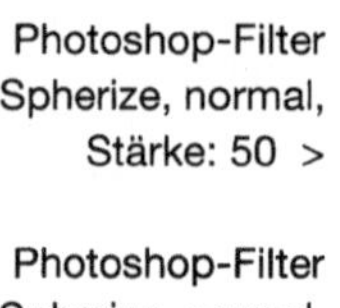

ColorStudio-Filter
Spherize, Muster-
füllung, ohne
Schattierung >

ColorStudio-Filter
Spherize, ausdehnen
zur Füllung, leichte
Schattierung >>

Gitterfilter (Star Lens) im Bereich fotografischer Aufnahmetechnik dienen zur Akzentuierung von Lichtreflexen und spalten diese in sternförmige Glanzlichter mit mehreren Strahlen auf. Die Anzahl dieser Strahlen und die Winkel zwischen ihnen hängen von dem Gitter lichtbrechender Linien ab, die in das Filterglas geritzt bzw. geätzt sind. Digitale Gitterfilter ahmen die optischen Eigenschaften dieser Filter nach und führen zu einem leichten Verschwimmen des Bildes.

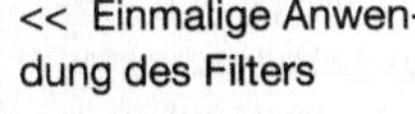

Simulation eines fotografischen Filters mit lichtbrechenden Einritzungen

(ColorStudio, ImageStudio)

<< Einmalige Anwendung des Filters

< Zweimalige Anwendung des Filters

<< Dreimalige Anwendung des Filters

< Einmalige Anwendung des Filters

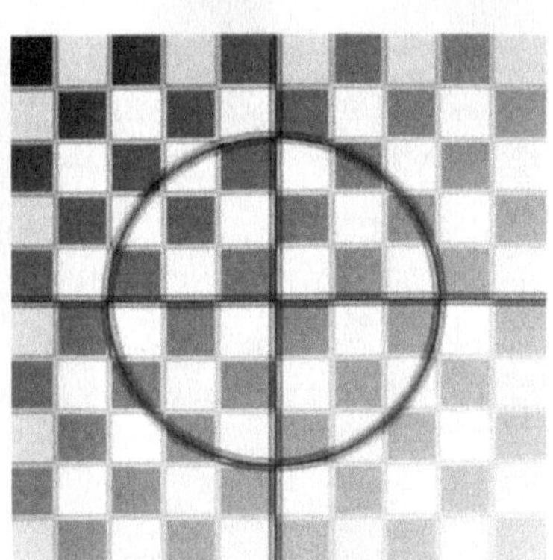
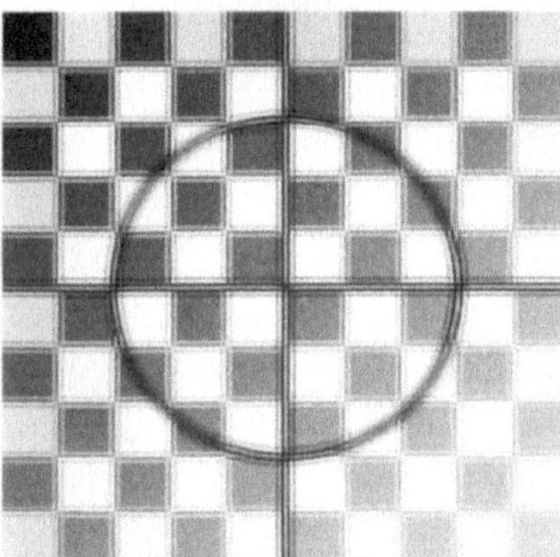

<< Einmalige Anwendung des Filters

< Zweimalige Anwendung des Filters

Aufhellende und abdunkelnde Einstellung des Verlaufs der Schwärzungskurve

(ColorStudio, Digital Darkroom, Image-Studio, Photoshop ...)

In der Fotografie bezeichnet Gradation die Grau- oder Tonwertabstufung und kennzeichnet den Verlauf bzw. die Steigung (Gamma) der Schwärzungskurve, die die Kontrastwiedergabe von Filmmaterial ausmacht. Bei der digitalen Bildverarbeitung ist vor allem das Verhältnis der Eingangs- zu den (manipulierten) Ausgangswerten von Bedeutung. Bei einem 8-Bit-Graustufenbild mit 256 Helligkeitsabstufungen steht der Wert 0 für keine Helligkeit, also Schwarz, der Wert 256 für höchste Helligkeit, also Weiß. In der

Vertikales Anheben des Schwarzpunktes von 0 auf 70 >

Vertikales Anheben des Schwarzpunktes von 0 auf 128 >>

Vertikales Absenken des Weißpunktes von 256 auf 190 >

Vertikales Absenken des Weißpunktes von 256 auf 128 >>

Vertikales Anheben des mittleren Graupunktes (128) auf 190 >

Vertikales Absenken des mittleren Graupunktes (128) auf 64 >>

ursprünglichen Gradationskurve, wie sie etwa dem Ergebnis des Scannens entspricht, sind Eingangs- und Ausgangswerte identisch: 0 ist 0 zugeordnet, 256 dem Wert 256. Diese Entsprechung wird durch eine Gerade visualisiert, die meist durch manuelles Verschieben von Werten in Steigung oder Gesamtverlauf neu definiert wird. So ist jedem Eingangswert ein (beliebiger) Ausgangswert zuzuordnen; 0 > 256 und 256 > 0 ergibt eine Kurvenumkehrung mit negativem Bild.

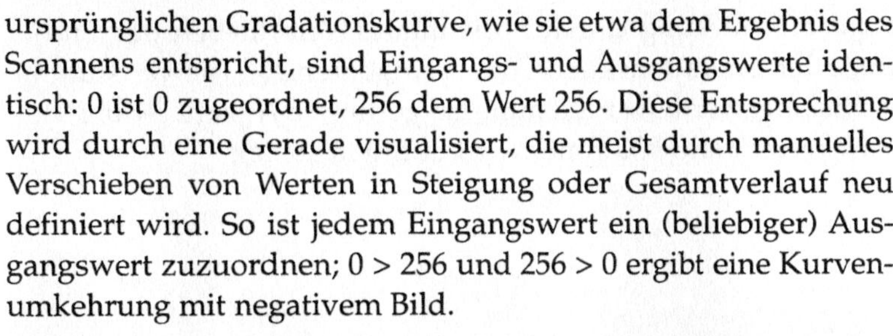

Kontrastabschwächende Einstellung des Verlaufs der Schwärzungskurve

(ColorStudio, Digital Darkroom, ImageStudio, Photoshop ...)

<< Umkehrung des Kurvenverlaufs, dem Wert 0 ist 256 zugeordnet, dem Wert 256 0; Negativ

< Im Kontrast abgescwächte Negativwirkung; 0 ist vertikal auf 190 verschoben, 256 auf 64

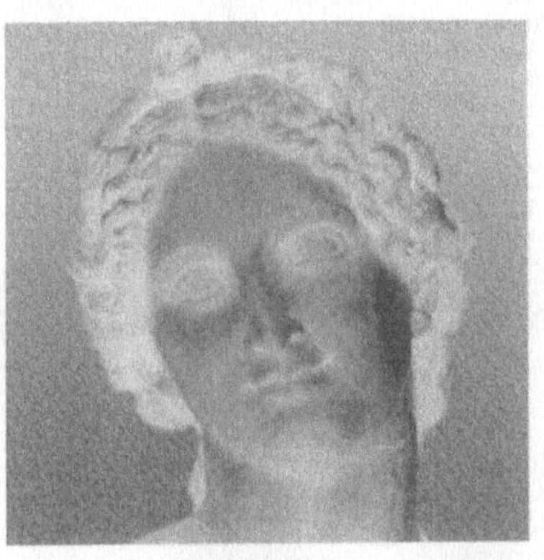
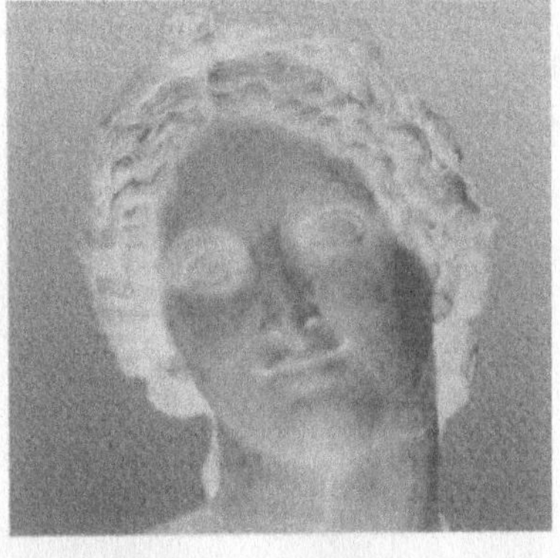

<< Leichte Kontrastabschwächung und Aufhellung im dunklen Bereich; 0 ist vertikal auf 64 verschoben

<< Leichte Kontrastabschwächung und Abdunklung im hellen Bereich; 256 ist vertikal auf 190 verschoben

<< Kontrastabschwächung durch vertikales Verschieben von 0 auf 64 und 256 auf 190

< Starke Kontrastabschwächung durch vertikales Verschieben von 0 auf 100 und 256 auf 150

Kontrastverstärkende Einstellung des Verlaufs der Schwärzungskurve

(ColorStudio, Digital Darkroom, ImageStudio, Photoshop ...)

Kontrastverstärkung durch horizontales Verschieben der Endpunkte der Gradationskurve, die verfügbaren 256 Tonwertstufen der Eingangswerte werden auf eine geringere Anzahl reduziert, der Kurvenverlauf (Gamma) wird dadurch steiler.

Kontrastverstärkung und Abdunklung im dunklen Bereich durch horizontales Verschieben des Wertes 0 auf 64 >

Kontrastverstärkung und Abdunklung im dunklen Bereich durch horizontales Verschieben des Wertes 0 auf 128 >>

Kontrastverstärkung und Aufhellung im hellen Bereich durch horizontales Verschieben des Wertes 256 auf 190 >

Kontrastverstärkung und Aufhellung im hellen Bereich durch horizontales Verschieben des Wertes 256 auf 128 >>

Kontrastverstärkung durch horizontales Verschieben des Wertes 256 auf 190 und des Wertes 0 auf 64 >

Kontrastverstärkung durch horizontales Verschieben des Wertes 256 auf 150 und des Wertes 0 auf 100 >>

Die Gradationskurve läßt sich nicht nur als stetig ansteigende
oder abfallende Gerade behandeln, deren Steigung durch horizontales oder vertikales Verlagern der Endpunkte manipuliert
werden kann, sondern auch als Kurve, die in verschiedenen Richtungen gebogen werden kann. So bewirkt etwa das vertikale
Anheben des mittleren Grauwertes (128) eine im mittleren Bereich
akzentuierte Aufhellung bei Beibehaltung der Schwarz- und Weißpunkte, das Absenken eine Abdunklung.

**Einstellung des
Verlaufs der
Schwärzungskurve**

**(ColorStudio, Digital
Darkroom, Image-
Studio, Photoshop ...)**

<< Vertikale Verlage-
rung des Grauwertes
128 auf den Wert 160

< Vertikale Verlage-
rung des Grauwertes
128 auf den Wert 190

<< Vertikale Verlage-
rung des Grauwertes
128 auf den Wert 220

< Vertikale Verlage-
rung des Grauwertes
128 auf den Wert 90

<< Vertikale Verlage-
rung des Grauwertes
128 auf den Wert 64

< Vertikale Verlage-
rung des Grauwertes
128 auf den Wert 45

Einstellung des Verlaufs der Schwärzungskurve

(ColorStudio, Digital Darkroom, ImageStudio, Photoshop ...)

Mitunter wird in den Programmen zwischen Gradations- und Effektkurven unterschieden. Erstere haben immer einen durchgängigen Verlauf, bei letzteren kann jedem der 256 Eingangswerte separat ein Ausgangswert zugeordnet werden, die Kurve kann also im Extremfall aus 256 unverbundenen Einzelpunkten bestehen. Damit nähern sich die Bildeffekte der Pseudosolarisation (vgl. S. 104).

V-förmige, geglättete Kurve, in der die Helligkeitswerte von 0 bis 128 umgekehrt sind >

V-förmige, geglättete Kurve, in der die Helligkeitswerte von 128 bis 256 umgekehrt sind >>

N-förmige, geglättete Kurve mit den Wertzuordnungen 0/0, 78/228, 180/33 und 256/256 >

Umgekehrte N-förmige, geglättete Kurve mit den Wertzuordnungen 0/256, 78/28, 175/227 und 256/0 >>

M-förmige, geglättete Kurve mit den Wertzuordnungen 0/0, 54/217, 128/32, 201/216, 256/0 >

W-förmige, geglättete Kurve mit den Wertzuordnungen 0/256, 55/37, 128/224, 201/38, 256/256 >>

Um in Effektkurven, die aus unverbundenen Kurvensegmenten
bestehen, bei Tonsprüngen keine unerwünschten Tontrennungen
zu erzeugen (vgl. S. 113), bieten manche Programme nach dem
manuellen Neuzeichnen der Kurve die Option „Glätten" an. Damit werden die separaten Segmente miteinander verbunden, so
daß zusätzliche Tonwerte in das Histogramm eingefügt werden.
(Ein Histogramm zeigt als Säulendiagramm die Häufigkeits-
verteilung der in einem Bild enthaltenen Tonwerte.

**Einstellung des
Verlaufs der
Schwärzungskurve**

**(ColorStudio, Digital
Darkroom, ImageStu-
dio, Photoshop ...)**

<< Manuelle Neu-
zeichnung der Effekt-
kurve in Art einer fünf-
stufigen Tontrennung,
erste Stufe 51, letzte
Stufe 230, ungeglättet

< Einstellungen wie
beim ersten Bild dieser
Seite, einmal geglättet

<< Einstellungen wie
beim ersten Bild dieser
Seite, zweimal
geglättet

< Einstellungen wie
beim ersten Bild dieser
Seite, dreimal geglättet

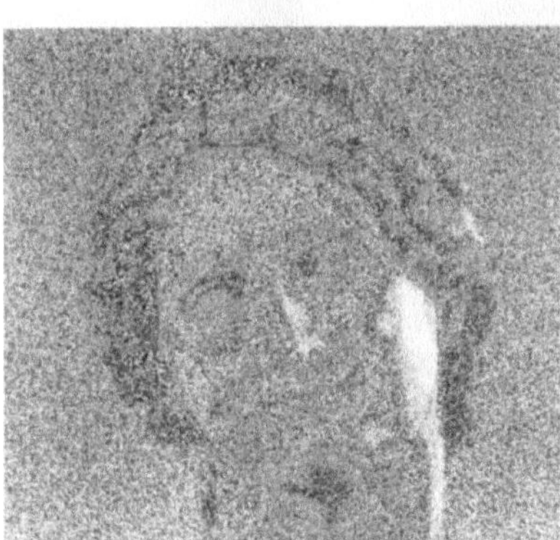

<< Isolierte Verteilung
der Zuordnung von
Eingangs- und Aus-
gangswerten mit
Orientierung am
Kurvenverlauf der
Grundeinstellung

< Dasselbe Bild,
einmal geglättet

**Gleichmäßiges
Abdunkeln aller
Helligkeitswerte
eines Bildes**

Bei der Helligkeitsregelung eines Bildes über spezielle – manuell mit Schiebereglern oder durch numerische Eingabe beeinflußte – Helligkeitsregler werden alle Pixel des Bildes einheitlich um einen bestimmten Betrag aufgehellt oder abgedunkelt. Bezogen auf den

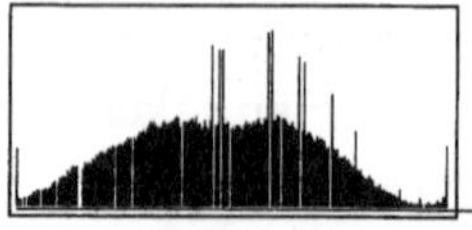
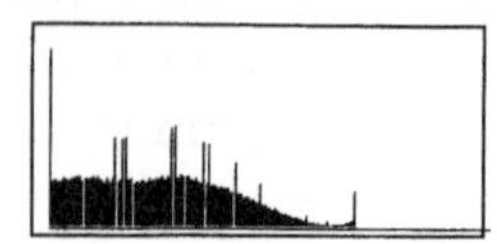

**Abdunkeln um den
Faktor 15 (Einstellun-
gen Photoshop) >**

**Abdunkeln um den
Faktor 30 (Einstellun-
gen Photoshop) >>**

**Abdunkeln um den
Faktor 45 (Einstellun-
gen Photoshop) >**

**Abdunkeln um den
Faktor 60 (Einstellun-
gen Photoshop) >>**

**Abdunkeln um den
Faktor 75 (Einstellun-
gen Photoshop) >**

**Abdunkeln um den
Faktor 90 (Einstellun-
gen Photoshop) >>**

Verlauf der Gradationskurve entspricht das einer Parallelver-
schiebung der Kurve nach unten (beim Abdunkeln) bzw. nach
oben (beim Aufhellen); die gezeigten Histogramme entsprechen
dem jeweils ersten bzw. letzten Bild einer Seite.

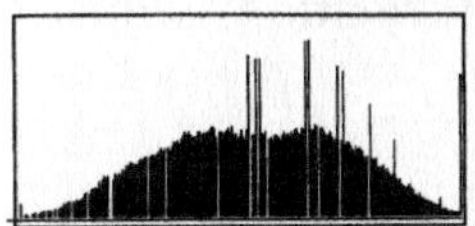

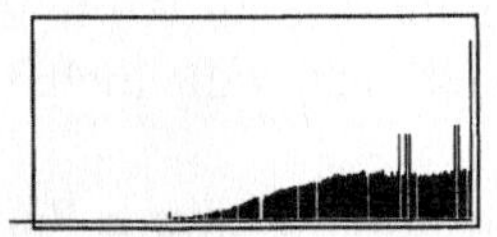

**Gleichmäßiges
Aufhellen aller
Helligkeitswerte
eines Bildes**

<< Aufhellen um den
Faktor 15 (Einstellun-
gen Photoshop)

< Aufhellen um den
Faktor 30 (Einstellun-
gen Photoshop)

<< Aufhellen um den
Faktor 45 (Einstellun-
gen Photoshop)

< Aufhellen um den
Faktor 60 (Einstellun-
gen Photoshop)

<< Aufhellen um den
Faktor 75 (Einstellun-
gen Photoshop)

< Aufhellen um den
Faktor 90 (Einstellun-
gen Photoshop)

**Akzentuierung kleiner
Pixelgruppen,
Abschwächung von
Flächen**

(Photoshop)

Der Photoshop-Filter „Grauschleier auf Flächen anwenden" bewirkt eine Informationsreduzierung innerhalb von Bildbereichen ohne stärkere Kontrastsprünge; je größer der eingegebene Pixelradius ist, um so größer das Umfeld, das unverändert erhalten bleibt. Kleine Werte ziehen einen starken Informationsverlust nach sich. (vgl. auch: Hochpass, S. 81)

Grundeinstellung: Radius: *10,0 Pixel* [0,1 – 100,0 Pixel]

Grundeinstellung:
Radius: 10,0 Pixel >

Radius: 1,0 Pixel >>

Radius: 5,0 Pixel >

Radius: 7,5 Pixel >>

Radius: 50,0 Pixel >

Radius: 100,0 Pixel >>

Beim Invertieren eines Bildes ensteht sein Negativ – bei Graustufenbildern werden die Helligkeitswerte umgedreht, bei Farbbildern werden zusätzlich die Komplementärfarben verwendet. (Auf diese Weise läßt sich aus einem Schwarzweißnegativ, das in einem Diascanner digitalisiert wurde, leicht ein Positiv herstellen.) Wie bei einem Positiv können durch Manipulationen der Gradationskurven oder der Helligkeitsregler mehr oder weniger helle Negative (dunkle Positive) gemacht werden.

**Negativdarstellung
eines Bildes**

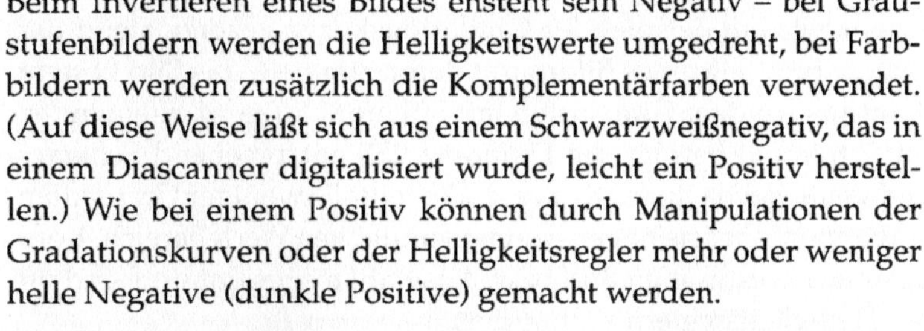

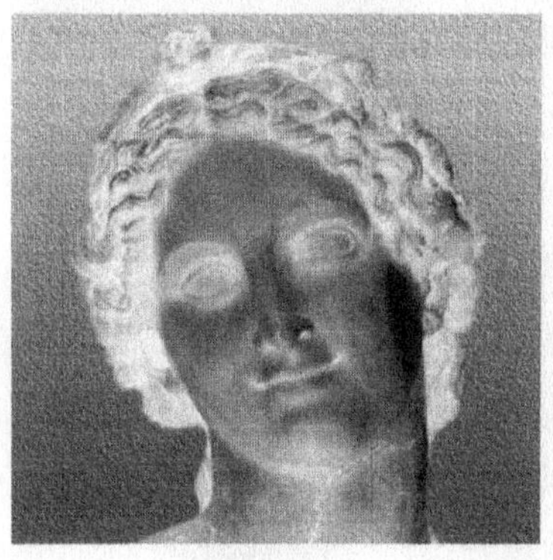

<< Negativdarstellung
eines Bildes

< Negativdarstellung
eines Bildes

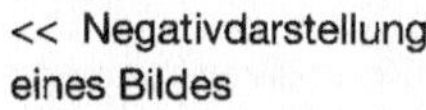

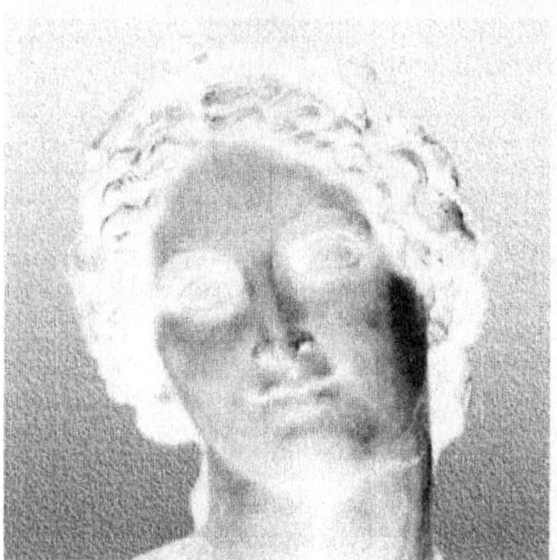

<< Über die Gradationskurve aufgehellte
Negativdarstellung
eines Bildes

< Über die Gradationskurve aufgehellte
Negativdarstellung
eines Bildes

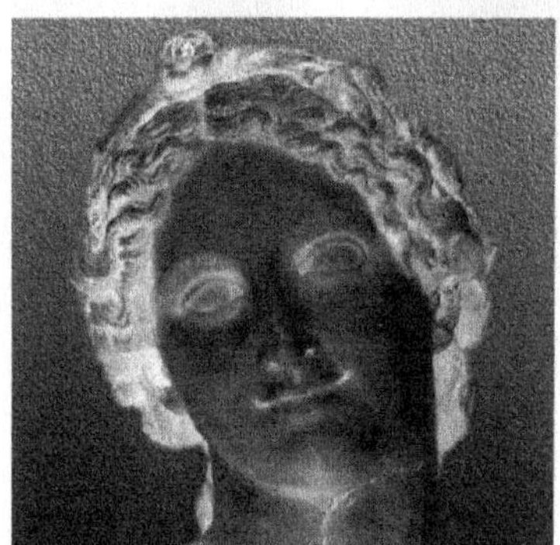

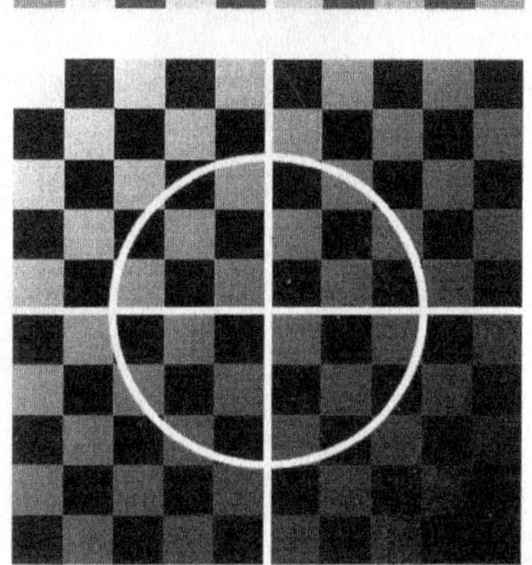

<< Über die Gradationskurve abgedunkelte
Negativdarstellung
eines Bildes

< Über die Gradationskurve abgedunkelte
Negativdarstellung
eines Bildes

Einstellung des Verhältnisses von hellsten zu dunkelsten Bildstellen

Wie bereits am Beispiel der Gradationskurve gezeigt, steigt der Kontrastumfang eines Bildes mit deren Steilheit, das Bild besteht dann aus weniger Graustufen mit höherer Differenz zueinander. Im Extremfall beträgt die Differenz 255 entsprechend Schwarz und Weiß. Bei flacherer Kurve sind ebenfalls weniger Graustufen vorhanden, aber sie liegen in einem ähnlichen Wertebereich. Kontrastregler bestimmen Bild bzw. Auswahl insgesamt und sind oft mit Helligkeitsreglern verbunden.

Kontrastreduzierung um den Wert 25 (Photoshop) >

Kontrastreduzierung um den Wert 50 (Photoshop) >>

Kontrastreduzierung um den Wert 75 (Photoshop) >

Kontraststeigerung um den Wert 25 (Photoshop) >>

Kontraststeigerung um den Wert 50 (Photoshop) >

Kontraststeigerung um den Wert 75 (Photoshop) >>

Der Photoshop-Filter „Konturen finden" verfügt über keine Einstellparameter, sondern basiert auf einem Standard-Algorithmus. Im Filter „Konturwerte finden" dagegen läßt sich der Schwellenwert sowie eine Markierung der Bereiche mit Tonwerten oberhalb bzw. unterhalb der eingegebenen Schwelle definieren. Der Filter generiert dort helle Konturlinien auf schwarzem Grund; bei Farbbildern sind auch die Konturlinien farbig.
Einstellung: Stufe: *128* [0 – 256]; *unterhalb*, oberhalb

Akzentuieren von Konturen

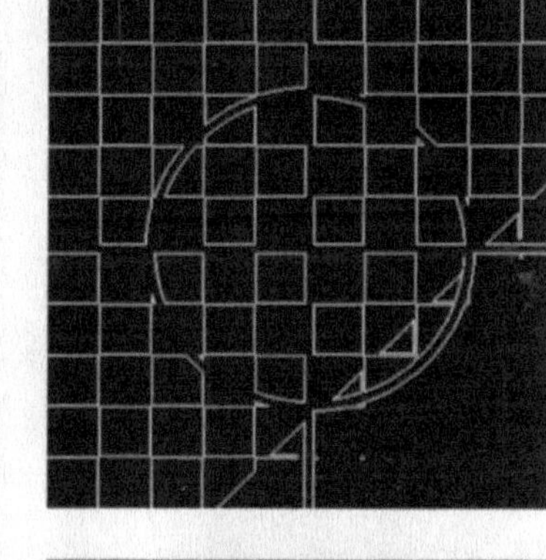

<< Photoshop-Filter „Konturen finden"

< Photoshop-Filter „Konturen finden"

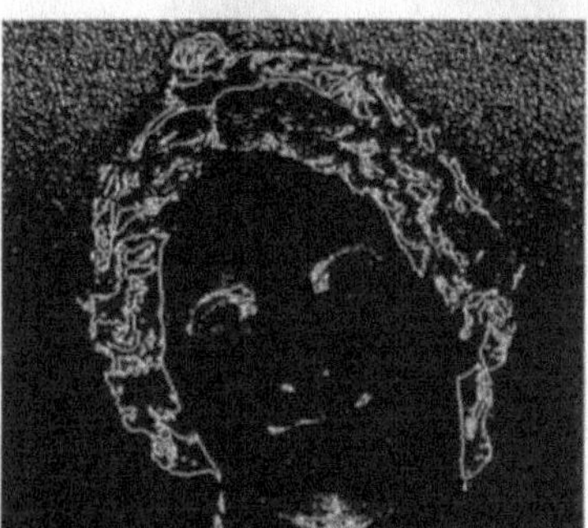

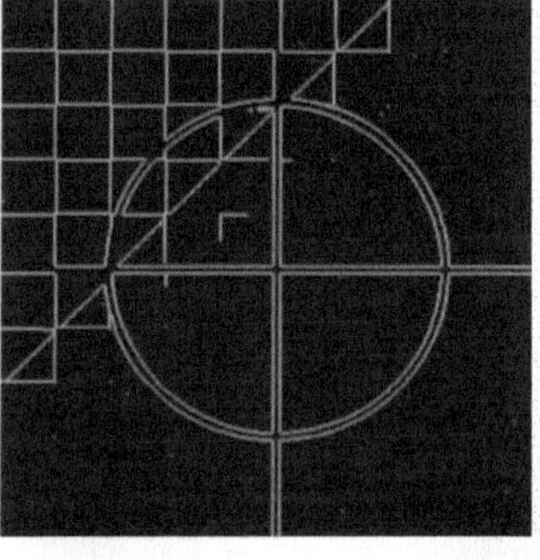

<< Konturwerte finden, Grundeinstellung

< Konturwerte finden, Grundeinstellung

<< Konturwerte finden, Stufe: 66, oberhalb

< Konturwerte finden, Stufe: 66, oberhalb

Hervorheben von Konturkanten

(ColorStudio)

Erzeugung von Konturen (Trace edges) an den Grenzen von Kontrastsprüngen. Wird ein Konturenfilter mehrfach hintereinander angewendet, so erzeugt er um bereits vorhandene Konturen weitere.

Einmalige Anwendung des Filters >

Zweimalige Anwendung des Filters >>

Dreimalige Anwendung des Filters >

Einmalige Anwendung des Filters >>

Zweimalige Anwendung des Filters >

Dreizehnmalige Anwendung des Filters >>

Die mit Kai's Power Tool zur Photoshop-Ergänzung gelieferten Filter verstehen sich als differenzierte Weiterentwicklung. Alle drei besitzen keine Einstellparameter, ihre jeweilige Wirkung erklärt sich aus ihren Bezeichnungen: Der erste findet Konturen und invertiert das Bild, der zweite erzeugt hellgraue Konturen auf einem weitgehend weißen Untergrund, der dritte findet Konturen, erzeugt dabei aber keine harten und bei Einzelpixeln rechteckige Konturen, sondern weich gerundete.

Hervorheben von Konturen mit Hinzufügung weiterer Effekte

(Kai's Power Tools für Photoshop, Digital Darkroom)

<< Konturen finden und invertieren (KPT)

< Konturen finden und hellgrauer Zeichenkohle-Effekt (KPT)

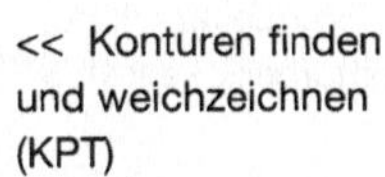

<< Konturen finden und weichzeichnen (KPT)

< Dicke Kanten abdunkeln (Digital Darkroom)

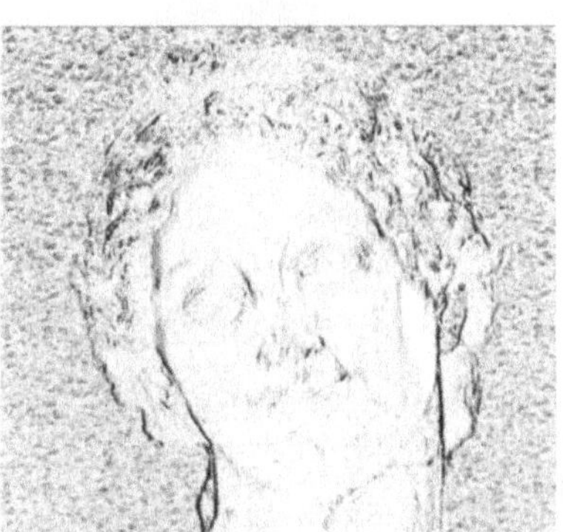

<< Dicke waagerechte Kanten abdunkeln (Digital Darkroom)

< Dicke senkrechte Kanten abdunkeln (Digital Darkroom)

Nachzeichnung von Konturkanten

(Gallery Effects)

Kontrastkanten eines Bildes werden von diesem Effektfilter in wählbarer Breite und Helligkeit umrandet. Die Wirkung ist eher eine malerische als eine, die üblicherweise mit fotografischen Mitteln hervorgebracht wird.

Konturbreite: *2* [1 – 14]
Konturhelligkeit: *38* [0 – 50] (Schwarz – Weiß)
Weichzeichnereffekt: *5* [1 – 15]

Grundeinstellung >

Grundeinstellung,
Konturbreite: 4 >>

Grundeinstellung,
Konturhelligkeit: 0 >

Grundeinstellung,
Konturhelligkeit: 20 >>

Grundeinstellung,
Weichzeichner-
effekt: 1 >

Grundeinstellung,
Weichzeichner-
effekt: 15 >>

Der ColorTalk-Filter „Pillowshading" aus ColorStudio erzeugt in der Auswahl eine rechteckige zentrierte Aufhellung. Diese wird zunächst nur als Grauverlauf sichtbar, kann jedoch auch auf der Bild- oder Maskenebene eingesetzt werden, um eine mittenbetonte Aufhellung (bzw. nach Invertierung mittenbetonte Abdunklung) zu erreichen. (vgl. Shine, Starshine und Black Star auf S. 112)

Kissenförmige zentrierte Aufhellung des Auswahlbereichs

(ColorStudio/ ColorTalk)

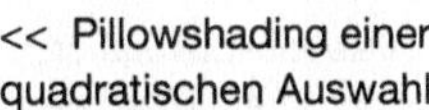

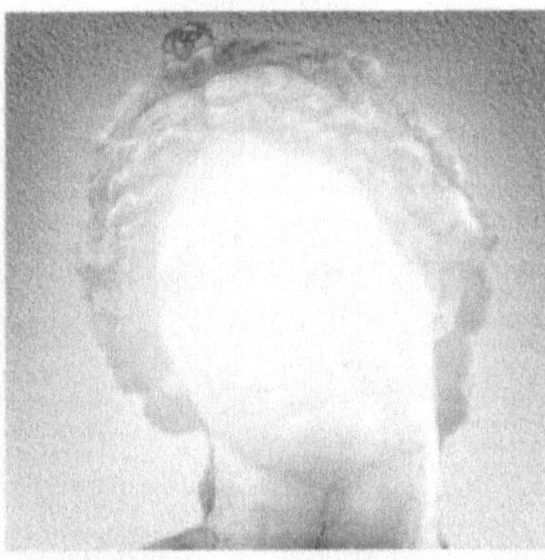

<< Pillowshading einer quadratischen Auswahl

< Bild als Maske verwendet (Optionen: Bild/Kopie weiß maskiert)

<< Testbild als Maske verwendet, Kopie weiß maskiert

< Bild als Maske verwendet (Optionen: Bild schwarz maskiert/ Kopie weiß maskiert)

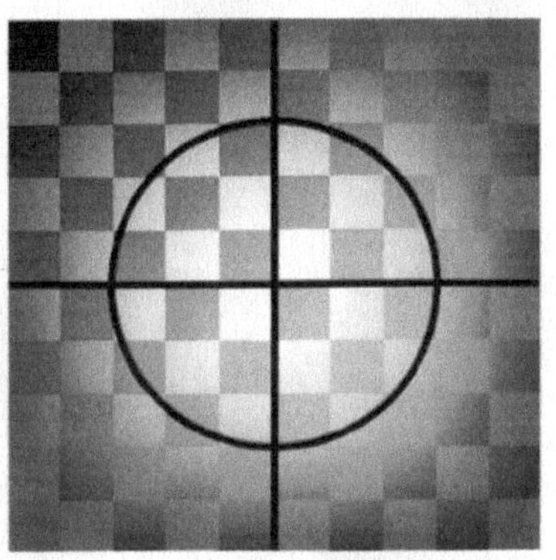

<< Testbild als Maske verwendet, Kopie schwarz maskiert

< Bild als Maske verwendet (Optionen: Bild und Kopie weiß maskiert)

**Freie Manipulation
der Gradations- oder
Effektkurve**

In der Dunkelkammer entsteht die Pseudosolarisation, nach ihrem Entdecker auch Sabatier-Effekt genannt, bei einer diffusen Zwischenbelichtung während der Positiventwicklung. Sie ist in der Dunkelkammer in identischer Weise praktisch kaum zu wiederholen, da das Ergebnis von zu vielen Variablen abhängt, die nur schwer zu steuern sind. Vergleichbare Bildwirkungen lassen sich demgegenüber durch manuelle Eingriffe in Gradations- und vor allem Effektkurven, die in ihrem Verlauf gespeichert und bei

Pseudosolarisation
durch freie Manipu-
lation der Effektkurve in
Photoshop >

Pseudosolarisation
durch freie Manipu-
lation der Effektkurve in
Photoshop >>

Pseudosolarisation
durch freie Manipu-
lation der Effektkurve in
Photoshop >

Pseudosolarisation
durch freie Manipu-
lation der Effektkurve in
Photoshop >>

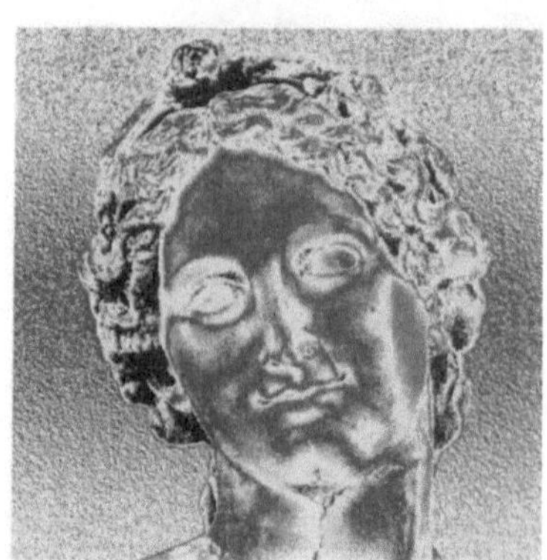

Pseudosolarisation
durch freie Manipu-
lation der Effektkurve in
Photoshop >

Pseudosolarisation
durch freie Manipu-
lation der Effektkurve in
Photoshop >>

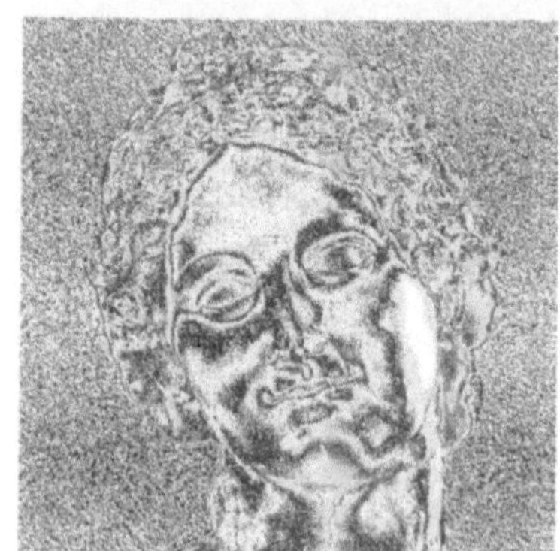

Bedarf wieder aufgerufen werden können, leicht erzeugen und wiederholen. Sie kommen durch manuelles Neuzeichnen der Kurven zustande, das heißt durch eine willkürliche oder gezielt gesteuerte Neuzuordnung von Eingangs- und Ausgangswerten (vgl. S. 92 f.). Hilfreich dabei sind die Möglichkeiten der automatischen Kurvenglättung sowie die in Echtzeit sichtbare Umsetzung der veränderten Parameter auf das Bild. Photoshop hat einen eigenen Solarisations-Filter.

Freie Manipulation der Gradations- oder Effektkurve

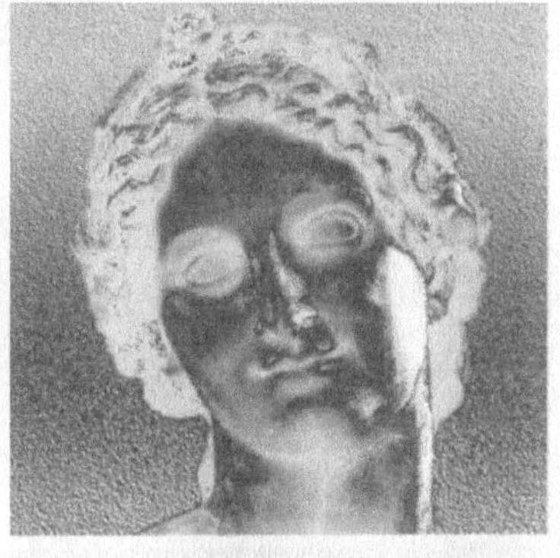

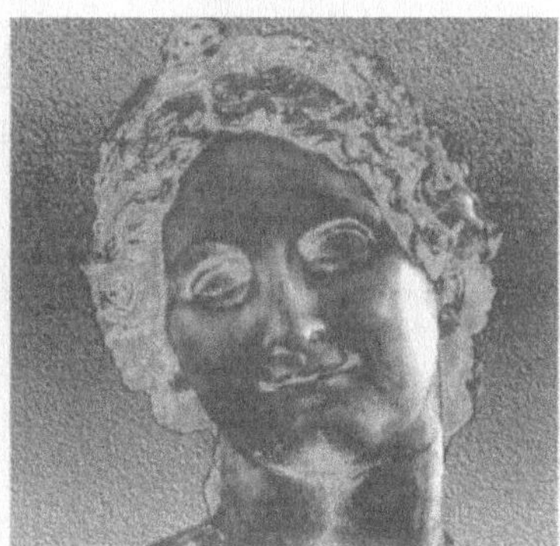

<< Pseudosolarisation durch freie Manipulation der Effektkurve in Photoshop

< Pseudosolarisation durch freie Manipulation der Effektkurve in Photoshop

<< Pseudosolarisation durch freie Manipulation der Effektkurve in Photoshop

< Pseudosolarisation durch freie Manipulation der Effektkurve in Photoshop

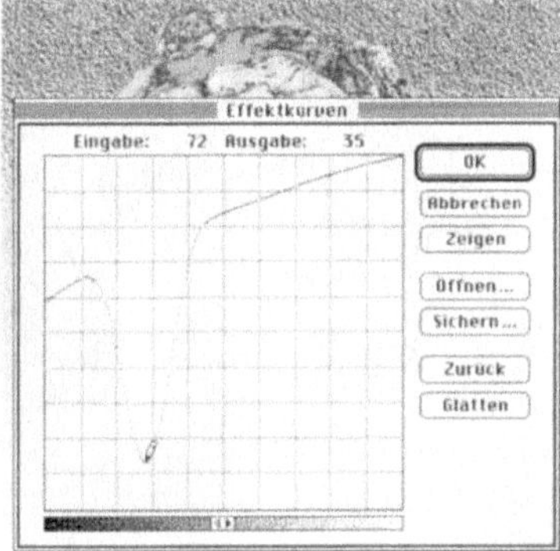

<< Pseudosolarisation durch freie Manipulation der Effektkurve in Photoshop

< Einblendung der verwendeten Effektkurve des links gezeigten Bildes

Umwandlung eines Halbtonbilds in eine Bitmapdatei

(Photoshop)

Übliche Druckraster basieren bei der Wiedergabe von Halbton-bildern auf einem regelmäßigen Rasternetz, das – wie im Falle dieses Buches – aus unterschiedlich großen schwarzen Punkten in einem Winkel von 45° basiert. Die Technik des Runzelkorndrucks ist dagegen ein fotografisches Verfahren, bei dem mit einer struk-turierten Bildoberfläche gedruckt wird, die aus einem geschrumpf-ten Gelatinefilm besteht (daher: Runzelkorn). Im weiteren Sinne handelt es sich hierbei um ein frequenzmoduliertes Raster; d.h.

Umwandlung in ein Bitmap-Dokument durch Diffusion Dither mit Runzelkorneffekt bei 85 lpcm (entspricht der sonst verwendeten Halbton-Rasterweite) >

Umwandlung in ein Bitmap-Dokument durch Diffusion Dither mit Runzelkorneffekt bei 144 lpi >>

Umwandlung in ein Bitmap-Dokument durch Diffusion Dither mit Runzelkorneffekt bei 72 lpi >

Umwandlung in ein Bitmap-Dokument durch Diffusion Dither mit Runzelkorneffekt bei 300 dpi >>

Umwandlung in ein Bitmap-Dokument durch Pattern Dither bei 200 dpi >

Umwandlung in ein Bitmap-Dokument mit Schwellenwert 50% bei 200 dpi >>

Stellen mit stärkerer Schwärzung weisen mehr und dichter druk-
kende Punktelemente auf als solche mit geringerer Schwärzung.
Dies läßt sich durch die Umwandlung eines digitalen Graustufenbildes in eine Bitmap mit 1 Bit Farbtiefe durch die Umwandlungs-
option „Diffusion dither" simulieren. Andere Verfahren der
Bitmapumwandlung (Pattern Dither, Schwellenwert, eigenes
Muster, Rasterumwandlung) aus Photoshop sind hier ebenfalls
dokumentiert.

**Umwandlung eines
Halbtonbilds in eine
Bitmapdatei**

(Photoshop)

<< Umwandlung in ein
Bitmap-Dokument
durch Verwendung
eines eigenen Füll-
musters bei 200 dpi

< Umwandlung in ein
Bitmap-Dokument
durch Verwendung
eines Bitmap-
Punktrasters (20 lpi)

<< Umwandlung in ein
Bitmap-Dokument
durch Verwendung
eines Bitmap-
Ellipsenrasters (20 lpi)

< Umwandlung in ein
Bitmap-Dokument
durch Verwendung
eines Bitmap-
Linienrasters (20 lpi)

<< Umwandlung in ein
Bitmap-Dokument
durch Verwendung
eines Bitmap-
Quadratrasters (20 lpi)

< Umwandlung in ein
Bitmap-Dokument
durch Verwendung
eines Bitmap-
Kreuzrasters (20 lpi)

**Globale Erhöhung der
Bildschärfe**

Filter zum Scharfzeichnen dienen einer nachträglichen Erhöhung der Bildschärfe. Es ist bei der digitalen Bildbearbeitung bei nahezu jedem gescannten Foto für den durchschnittlichen Gebrauch sinnvoll, es wenigstens einmal mit diesem Filter zu überarbeiten, gegebenenfalls kann auch die mehrfache Anwendung das Ergebnis verbessern. Die Filterwirkung sollte allerdings nicht so ausgeprägt sein, daß die Bildschärfe übertrieben wird oder die akzentuierte Pixelstruktur im Druck sichtbar wird.

Einmalige Anwendung
des Filters „Scharf-
zeichnen" >

Zweimalige Anwen-
dung des Filters
„Scharfzeichnen" >>

Dreimalige Anwendung
des Filters „Scharf-
zeichnen" >

Einmalige Anwendung
des Filters „Stark
Scharfzeichnen" >>

Zweimalige Anwen-
dung des Filters „Stark
Scharfzeichnen" >

Dreimalige Anwendung
des Filters „Stark
Scharfzeichnen" >>

Um die unerwünschte Erzeugung von sichtbaren Pixelstrukturen in Flächen mit geringen Kontrast- oder Farbunterschieden zu vermeiden, kann es sinnvoll sein, das Schärfen auf die Bereiche mit starken Randkontrasten oder Farbsprüngen einzugrenzen. Wie die Abbildungsreihe zeigt, gibt es auch hier eine Grenze, jenseits derer die Wirkung für den üblichen Gebrauch zu stark wird und Pixelgruppen herausbrechen.

Schärfen von Konturen eines Bildes

(Photoshop)

<< Einmalige Anwendung des Filters

< Zweimalige Anwendung des Filters

<< Dreimalige Anwendung des Filters

< Viermalige Anwendung des Filters

<< Fünfmalige Anwendung des Filters

< Sechsmalige Anwendung des Filters

Einstellbare Akzentuierung von Bildbereichen mit Dichteunterschieden

(Photoshop)

Dieser Filter dient zur Akzentuierung der Schärfe in Bildbereichen, in denen deutliche Unterschiede der Dichte bzw. Farbe vorhanden sind. Besonders Details, die sich durch ihre Farbe bzw. ihren Grauton von ihrer Umgebung abheben, können mit Hilfe dieses Filters hervorgehoben werden. Die Schärfung hängt von den numerischen Eingaben in den Parameterfeldern ab: Stärke, Radius und Schwellenwert. Wichtig dabei ist besonders die Größe des beeinflußten Feldes um ein aktuell berechnetes Pixel; je größer

Grundeinstellung >

Grundeinstellung, Stärke: 200 % >>

Grundeinstellung, Stärke: 350 % >

Grundeinstellung, Stärke: 500 % >>

Grundeinstellung, Radius: 1 Pixel >

Grundeinstellung, Radius: 6 Pixel >>

der eingegebene Radius ist, um so größer die Fläche, die zunächst weichgezeichnet und dann von den Ursprungswerten subtrahiert, also im Ergebnis scharfgezeichnet wird. Dadurch werden auch Flächen mit geringeren Dichteunterschieden in die Operation einbezogen.

Stärke. *80 %* [0 – 500 %]
Radius: *3,0 Pixel* [0,1 – 99,9 Pixel]
Schwellenwert: *0* [0 - 255 Stufen]

**Einstellbare
Akzentuierung von
Bildbereichen mit
Dichteunterschieden**

(Photoshop)

<< Grundeinstellung,
Radius: 20 Pixel

< Grundeinstellung,
Radius: 99 Pixel

<< Grundeinstellung,
Schwellenwert:
2 Stufen

< Grundeinstellung,
Schwellenwert:
5 Stufen

<< Stärke: 300 %,
Radius: 10,0 Pixel,
Schwellenwert: 0

< Stärke: 300 %,
Radius: 30,0 Pixel,
Schwellenwert: 0

**Mittenbetonte
Aufhellung bzw.
Abdunklung**

**(ColorStudio/
ColorTalk)**

Ähnlich wie „Pillowshading" erzeugen die ColorTalk-Filter „Shine" und „Starshine" mittenbetonte Aufhellungen, „Black Star" führt zu einer mittenbetonten Abdunklung. Dabei wirkt der Filter „Shine" als radialer Verlauf, die Helligkeit nimmt also von innen nach außen kontinuierlich ab; „Star Shine" dagegen erzeugt einen vierstrahligen, orthogonal ausgerichteten Stern mit leichtem Halo-Effekt. „Black Star" ist dessen abdunkelnde Umkehrung, wirkt auf ein Bild sinnvoll jedoch nur über die Maskenebene.

ColorTalk-Filter „Shine"
auf schwarzem
Grund >

ColorTalk-Filter „Shine"
auf Bild angewandt >>

 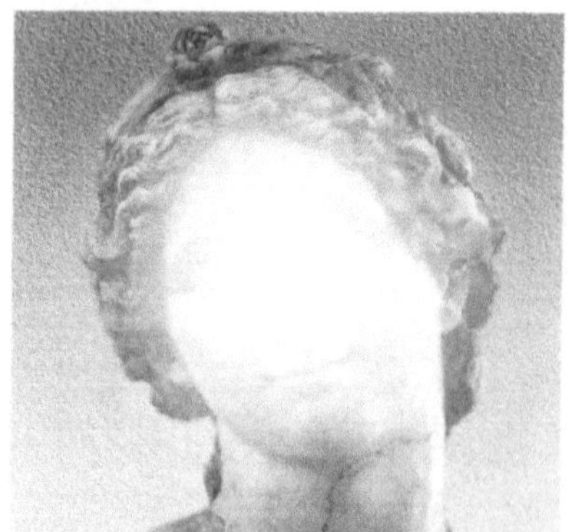

ColorTalk-Filter „Star-
shine" auf schwarzem
Grund >

ColorTalk-Filter
„Starshine" auf Bild
angewandt >>

ColorTalk-Filter „Black
Star" auf hellem
Grund >

ColorTalk-Filter „Black
Star" auf Bild ange-
wandt >>

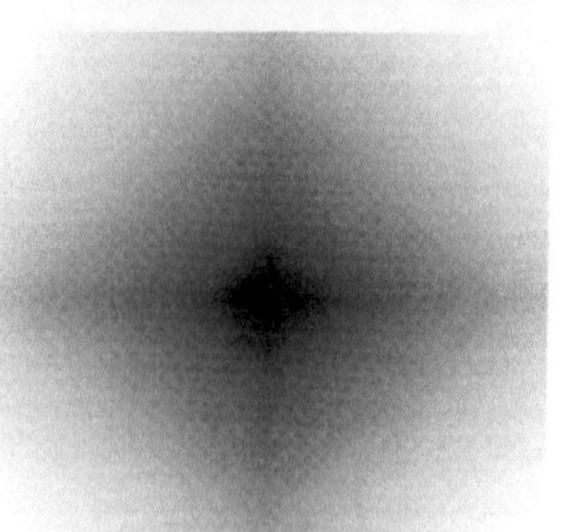 

Im Bereich der Foto-Grafik ist das Verfahren zur Tontrennung sehr aufwendig. Dabei werden auf Kopierfilme mit unterschiedlicher Härte verschiedene Tonwertauszüge kopiert und bis zur gewünschten Dichte entwickelt, anschließend paßgenau montiert und auf Papier belichtet. Bei der digitalen Bildbearbeitung wird lediglich im Feld für Tontrennung die Zahl der gewünschten Tonstufen numerisch eingegeben, bei farbigen Bildern betrifft diese Zahl die einzelnen Farbkomponenten.

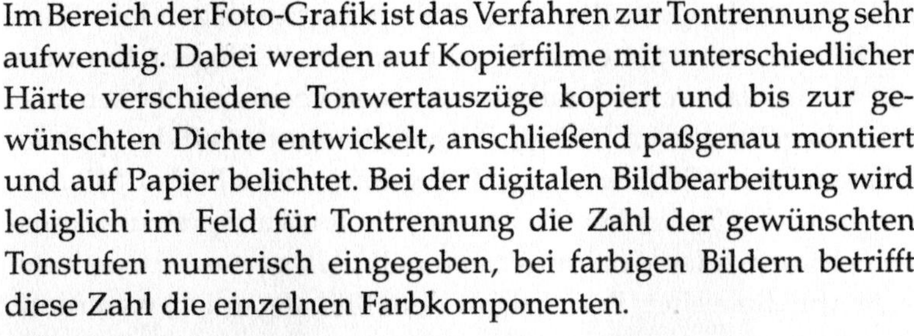

Reduzierung der in einem Bild enthaltenen Tonwerte oder Farben

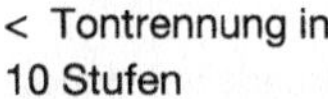

<< Tontrennung in 16 Stufen

< Tontrennung in 10 Stufen

<< Tontrennung in 8 Stufen

< Tontrennung in 5 Stufen

<< Tontrennung in 4 Stufen

< Tontrennung in 3 Stufen

**Kombinierte Bearbei-
tung von Helligkeit,
Kontrast, Schwarz-
und Weißpunkt**

(Photoshop)

Viele Einstellungen, die man bei der grundlegenden Bildbearbeitung durch getrennte Regelungen von Helligkeit, Kontrast
und Manipulation der Gradationskurven vornimmt, lassen sich
durch Regelungen im Dialog „Tonwertkontrolle" effektiver vor-
nehmen. Dieses Feld zeigt das Histogramm eines Bildes. Mit den
Regeln an den Enden der Einstellung für Tonwertspreizung kann
der Schwarz- oder Weißpunkt manuell verlagert oder durch direkte Abnahme eines Punktes aus dem Bild abgeglichen werden.

Grundeinstellung,
Schwarzpunkt auf den
Wert 64 verschoben >

Grundeinstellung,
Weißpunkt auf den
Wert 190 ver-
schoben >>

Grundeinstellung,
Weißposition des
Tonwertumfang-
Reglers auf den Wert
190 verschoben >

Grundeinstellung,
Schwarzposition des
Tonwertumfang-
Reglers auf den Wert
64 verschoben >

Schwarzpunkt und
Schwarzposition des
Tonwertumfang-
Reglers auf den Wert
64 verschoben >

Weißpunkt und
Weißposition des
Tonwertumfang-
Reglers auf den Wert
190 verschoben >>

Dies entspricht einer Kontrastverstärkung. Der mittlere Regler bestimmt den Gammawert, seine Verschiebung führt zu einer Anhebung oder Absenkung der mittleren Grau- bzw. Farbwerte bei Erhaltung der Schwarz- und Weißpunkte – dies entspricht einer Manipulation der Gradationskurve durch Verschiebung im Mittelbereich. Die Regler für die Einstellung des Tonwertumfangs führen zu einer Kontrastreduzierung durch Aufhellung bzw. Abdunklung.

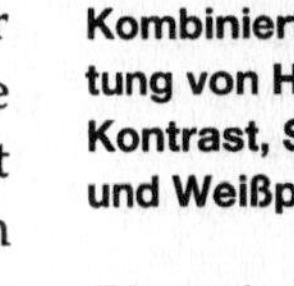

Kombinierte Bearbeitung von Helligkeit, Kontrast, Schwarz- und Weißpunkt

(Photoshop)

<< Verschiebung des Gammawertes von 1,00 auf 1,50

< Verschiebung des Gammawertes von 1,00 auf 2,00

<< Verschiebung des Gammawertes von 1,00 auf 3,00

< Verschiebung des Gammawertes von 1,00 auf 0,80

<< Verschiebung des Gammawertes von 1,00 auf 0,65

< Verschiebung des Gammawertes von 1,00 auf 0,50

**Kombinierte Bearbei-
tung von Helligkeit,
Kontrast, Schwarz-
und Weißpunkt**

(Photoshop)

Kombinierte Bildbearbeitung durch Verlagerung der Schwarz-
und Weißpunkte bei der Tonwertspreizung und beim Tonwert-
umfang sowie Neupositionierung des Gammawertes. Alle Werte,
die nach der Neufestsetzung unterhalb des neuen Schwarzpunktes
liegen, werden schwarz dargestellt; alle Werte, die oberhalb des
neuen Weißpunktes liegen, werden weiß dargestellt. Die Werte
dazwischen werden entsprechend ihrer Position neu über die
ganze Tonwertbreite verteilt.

Festsetzung des
Schwarzpunktes
auf 64, Verlagerung des
Gammawertes
auf 2,5 >

Festsetzung des
Weißpunktes
auf 190, Verlagerung
des Gammawertes
auf 0,5 >>

Festsetzung des
Schwarz- auf 64, des
Weißpunktes auf 190,
Verlagerung des
Gammawertes
auf 2,0 >

Festsetzung des
Schwarz- auf 64, des
Weißpunktes auf 190,
Verlagerung des
Gammawertes
auf 0,5 >>

Verlagerung des
Schwarzpunktes des
Tonwertumfangs auf 64
und des Gammareglers
auf 0,4 >

Verlagerung des
Weißpunktes des
Tonwertumfangs auf
190 und des Gamma-
reglers auf 1,5 >>

Eine automatische Tonwertkorrektur führt Photoshop unter dem Menübefehl „Tonwertangleichung" aus. Dabei werden die innerhalb der Auswahl vorhandenen Helligkeitsverteilungen der Pixel gleichmäßiger über die im Histogramm dargestellte Kurve verteilt, wobei der Kontrast angehoben wird.

ImageStudio bietet unter „Gradation abnehmen" die Möglichkeit, die Tonwertverhältnisse innerhalb eines Auswahlbereichs auf das Gesamtbild zu übertragen.

Gleichmäßige Verteilung der Tonwerte im Histogramm

(Photoshop, ImageStudio)

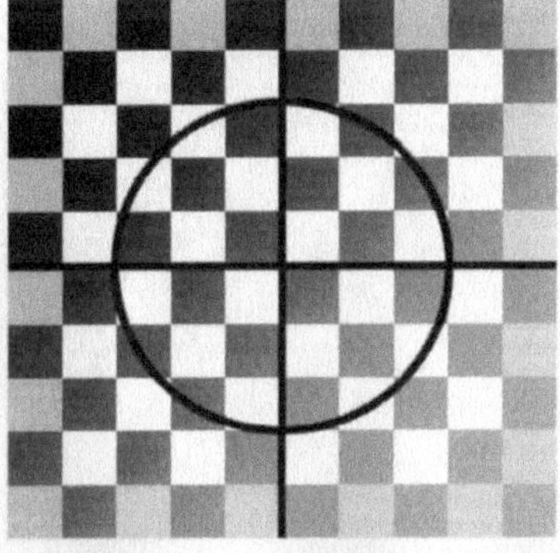

<< Automatische Tonwertangleichung in Photoshop

< Automatische Tonwertangleichung in Photoshop

<< Übernahme der Tonwertverhältnisse innerhalb der gekennzeichneten Auswahl auf das Gesamtbild (ImageStudio)

< Übernahme der Tonwertverhältnisse innerhalb der gekennzeichneten Auswahl auf das Gesamtbild (Image-Studio)

<< Übernahme der Tonwertverhältnisse innerhalb der gekennzeichneten Auswahl auf das Gesamtbild (ImageStudio)

< Übernahme der Tonwertverhältnisse innerhalb der gekennzeichneten Auswahl auf das Gesamtbild (Image-Studio)

117

Simulation einer unscharfen (eher einer verwackelten) Fotografie

(ImageStudio, Photoshop)

Die Bezeichnung dieses ImageStudio-Filters ist nicht ganz exakt, weil seine Wirkung weitgehend eher der entspricht, die beim Verwackeln einer fotografischen Aufnahme zustandekommt. Während das Bild belichtet wird, bildet sich das Objekt durch Bewegungen der Kamera an verschiedenen Stellen des Films ab.

Beim Photoshop-Filter „Verwacklungseffekt" wird dieselbe Wirkung (mit verbesserter Interpolation) vor allem an dem neu eingefügten 1-Pixel-breiten Dreieck des Testbilds deutlich.

Einmalige Anwendung des Unscharfeffekts >

Zweimalige Anwendung des Unscharfeffekts >>

Dreimalige Anwendung des Unscharfeffekts >

Viermalige Anwendung des Unscharfeffekts >>

Einmalige Anwendung des Verwacklungseffekts >

Zweimalige Anwendung des Verwacklungseffekts >>

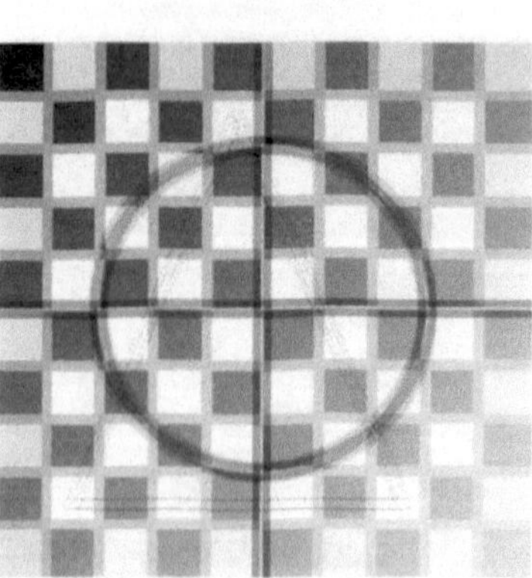
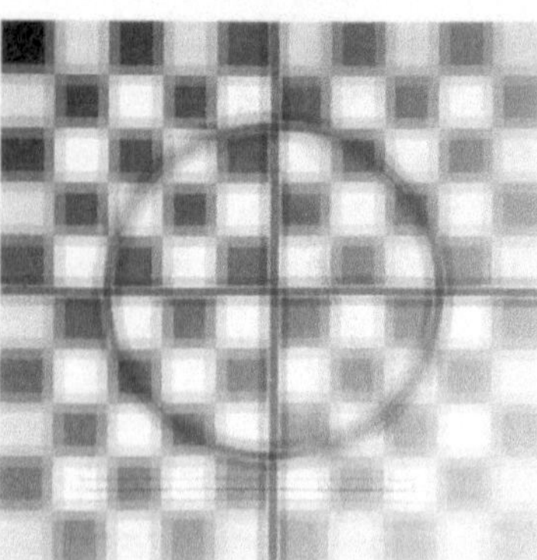

Der Verwacklungs-Filter aus Photoshop erzeugt vier Kopien einer Auswahl, hellt sie leicht auf und setzt sie zueinander verschoben wieder ein. Abgesehen vom verbesserten Interpolations-Algorithmus ist die Wirkung dieselbe wie beim auf der gegenüberliegenden Seite dokumentierten ImageStudio-Filter.

**Simulation einer
verwackelten
Fotografie**

(Photoshop)

<< Einmalige Anwendung des Verwacklungseffekts

< Zweimalige Anwendung des Verwacklungseffekts

<< Dreimalige Anwendung des Verwacklungseffekts

< Viermalige Anwendung des Verwacklungseffekts

<< Fünfmalige Anwendung des Verwacklungseffekts

< Sechsmalige Anwendung des Verwacklungseffekts

**Versetzen der Pixel
innerhalb eines
definierbaren
Rahmens in einer
Auswahl**

(Photoshop)

Der Filter „Verschiebungseffekt" bewirkt innerhalb der Auswahl einen Versatz aller Pixel um die eingegebenen Werte, wobei der über die Auswahlgrenzen verschobene Teil gelöscht wird. Der durch das Verschieben freigewordene Bereich kann auf drei Arten aufgefüllt werden.

Hilfreich ist dieser Filter auch dabei, eine Auswahl zu einem repetitiven, also allseitig bruchlos anschließenden, Füllmuster für eine Fläche umzugestalten (vgl. nächste Seite).

Verschieben eines
Bildes um einen Wert
von je 50 Pixel nach
unten und rechts;
Hintergrund einfügen >

Verschieben eines
Bildes um einen Wert
von je 50 Pixel nach
oben und links; Hinter-
grund einfügen >>

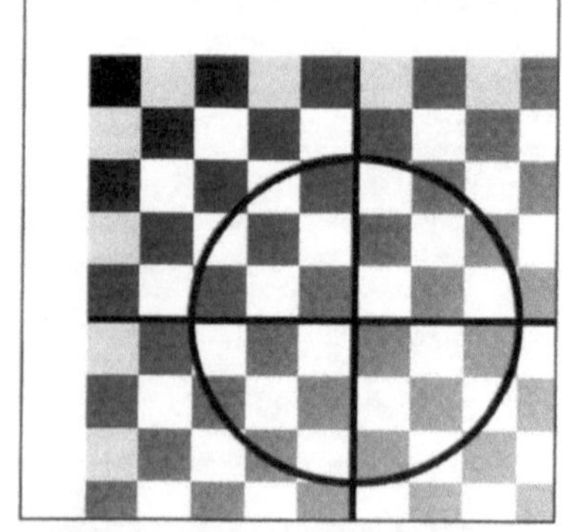 

Verschieben eines
Bildes um einen Wert
von je 50 Pixel nach
unten und rechts;
Kantenpixel wieder-
holen >

Verschieben eines
Bildes um einen Wert
von je 50 Pixel nach
oben und links; Kanten-
pixel wiederholen >>

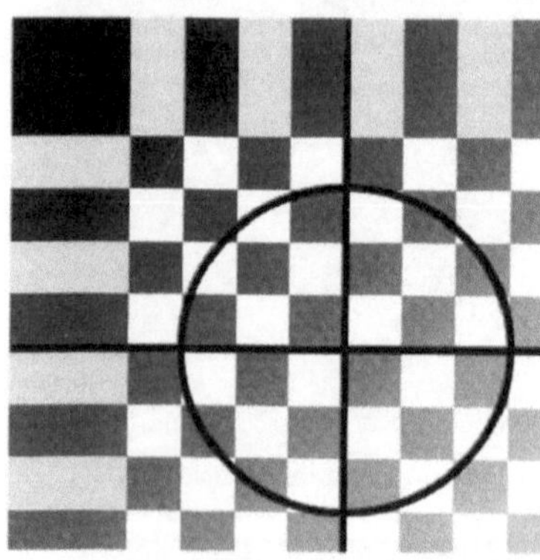 

Verschieben eines
Bildes um einen Wert
von je 50 Pixel nach
unten und rechts;
durch Verschobenes
ersetzen >

Verschieben eines Bil-
des um einen Wert von
je 50 Pixel nach oben
und links; durch
Verschobenes
ersetzen >>

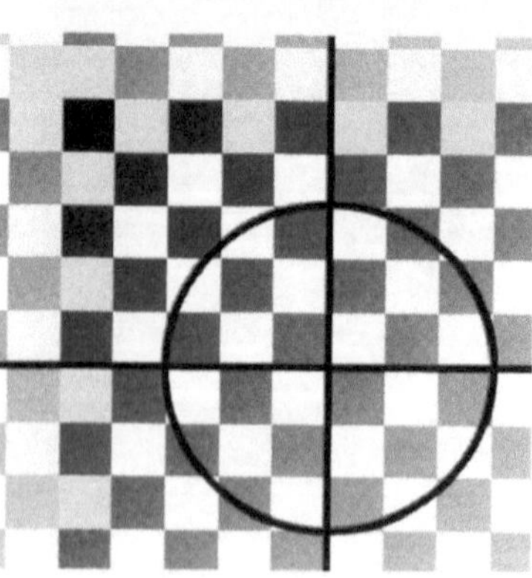 

Versatz horizontal: n Pixel nach rechts (negatives Vorzeichen: nach links)
Versatz horizontal: n Pixel nach unten (negatives Vorzeichen: nach oben)
Undefinierte Bereiche:
Mit Hintergrundfarbe auffüllen
Kantenpixel wiederholen
Durch den verschobenen Teil ersetzen

Versetzen der Pixel innerhalb eines definierbaren Rahmens in einer Auswahl

(Photoshop)

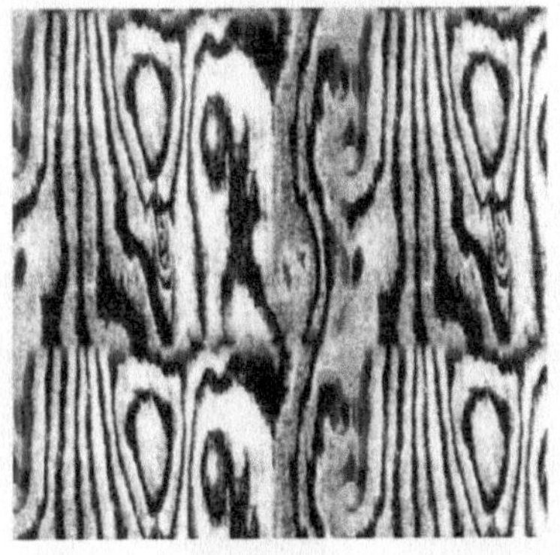

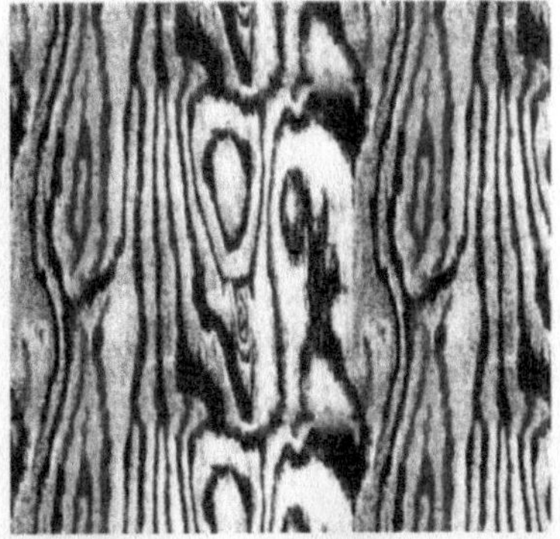

<< Füllung einer Fläche mit einem nicht-repetitiven Füllmuster (aus den Newton-Textures von Gallery Effects)

< Füllung einer Fläche mit demselben Füll-muster, das sich durch Verschieben und Retusche nun für glatten Anschluß eignet

<< Verschieben des Testbildes nach links über die Auswahl hinaus mit der Option „Kantenpixel wieder-holen"

< Verschieben des Testbildes nach links über die Auswahl hinaus mit der Option „Kantenpixel wieder-holen"

<< Siebenmalige Anwendung des Verschiebungseffekts

< Erzeugung eines Rahmens durch Ver-schieben nach rechts unten (Option: Kanten-pixel wiederholen, Ver-satz 50 Pixel), dann nach links oben (die-selbe Option, Ver-satz 25 Pixel)

**Angleichen von
Pixelgruppen mit
harten Kontrast-
kanten zum Umfeld**

**einfaches
Weichzeichnen**

Weichzeichnerfilter gibt es in allen Bildbearbeitungsprogrammen, Unterschiede in der Wirkung beruhen auf den jeweils angewandten Interpolationen, die vor allem bei mehrfacher Anwendung bei manchen Programmen zu unbefriedigenden Ergebnissen führen. Es ist schwierig, von der Bildveränderung her zwischen Filtern zum Weichzeichnen (Soften) und solchen zur Erzeugung von Unschärfe (Blur) zu unterscheiden. In der Regel bewahren Weichzeichnerfilter in stärkerem Maße als Unschärfefilter Kontra-

Einmalige Anwendung
des Weichzeichner-Filters aus Photoshop >

Zweimalige Anwendung des Weichzeichner-Filters aus Photoshop >>

Dreimalige Anwendung
des Weichzeichner-Filters aus Photoshop >

Viermalige Anwendung
des Weichzeichner-Filters aus Photoshop >>

Fünfmalige Anwendung
des Weichzeichner-Filters aus Photoshop >

Fünfmalige Anwendung
des Weichzeichner-Filters aus Photoshop >>

ste an den Kanten von Pixelgruppen, während letztere auch in solchen Fällen die Kontraste nebeneinanderliegender Pixel herabsetzen und dadurch eine groß-flächigere Weichzeichnerwirkung erreichen.

Viele Programme verfügen neben der einfachen Wirkung, die auch mehrfach aufeinanderfolgend angewandt werden kann, zusätzlich über eine verstärkte, die in einem Schritt etwa die drei- bis vierfache Weichzeichnerwirkung nach sich zieht.

Angleichen von Pixelgruppen mit harten Kontrastkanten zum Umfeld

verstärktes Weichzeichnen

<< Einmalige Anwendung des „Stärker-Weichzeichnen-Filters" aus Photoshop

< Zweimalige Anwendung des „Stärker-Weichzeichnen-Filters" aus Photoshop

<< Dreimalige Anwendung des „Stärker-Weichzeichnen-Filters" aus Photoshop

< Viermalige Anwendung des „Stärker-Weichzeichnen-Filters" aus Photoshop

<< Fünfmalige Anwendung des „Stärker-Weichzeichnen-Filters" aus Photoshop

< Fünfmalige Anwendung des „Stärker-Weichzeichnen-Filters" aus Photoshop

**Störungen entfernen
unter Beibehalten von
Kontrastkonturen**

(Photoshop)

Filter, die Störungen entfernen, wirken in der Art von Weichzeichnerfiltern, arbeiten aber in gewisser Weise differenzierter. Ihre Spezialität ist es, Einzelpixel oder kleine Pixelgruppen, die verstreut in größeren Flächen mit anderen Tonwerten liegen, auszusondern und den Werten ihrer Umgebung anzupassen. Dabei werden starke Kontrastkanten kaum beeinflußt, während kleinflächig strukturierte Bereiche (hier etwa Hintergrund und Lokken) den Effekt besonders deutlich zeigen.

Einmalige Anwendung
des Filters: Störungen
entfernen >

Zweimalige Anwendung
des Filters: Störungen
entfernen >>

Dreimalige Anwendung
des Filters: Störungen
entfernen >

Viermalige Anwendung
des Filters: Störungen
entfernen >>

Fünfmalige Anwendung
des Filters: Störungen
entfernen >

Sechsmalige Anwendung des Filters: Störungen entfernen >>

Digital Darkroom unterscheidet bei einem Filter vergleichbarer Wirkung zwischen „Ausbessern" und „Ausbessern – Kanten bewahren". In älteren Versionen wurde dieser Filter als „Reinigen" bezeichnet. Bei der ersten Variante ist die Auswirkung großflächiger; starke Kontrastgrenzen werden weitgehend in den Weichzeichnungsprozeß einbezogen; bei der zweiten Variante werden auch hier solche Konturen vor dem Aufweichen geschützt.

Störungen entfernen unter Miterfassen oder Beibehalten von Kontrastkonturen

(Digital Darkroom)

<< Einmalige Anwendung des Ausbessern-Filters

< Zweimalige Anwendung des Ausbessern-Filters

<< Dreimalige Anwendung des Ausbessern-Filters

< Einmalige Anwendung des Ausbessern-Filters (Kanten bewahren)

<< Zweimalige Anwendung des Ausbessern-Filters (Kanten bewahren)

< Dreimalige Anwendung des Ausbessern-Filters (Kanten bewahren)

**Starkes Weich-
zeichnen einer
Auswahl**

(Photoshop)

Der Gaußsche Weichzeichner erleichtert das schnelle Weichzeichnen in sehr starker Ausprägung, da er numerisch definiert wird
und es somit unnötig macht, mehrere Operationen nacheinander
auf dieselbe Auswahl anzuwenden. Der in das numerische Feld
einzugebende Wert definiert den Radius, innerhalb dessen Pixel
in den Berechnungsvorgang einbezogen werden.

Grundeinstellung: Radius: *1,0 Pixel* [0,1 – 100,0]

Grundeinstellung:
Radius: 1,0 Pixel >

Radius: 2,0 Pixel >>

Radius: 4,0 Pixel >

Radius: 8,0 Pixel >>

Radius: 16,0 Pixel >

Radius: 32,0 Pixel >>

Der Super-Weichzeichner aus ColorStudio wirkt im Ergebnis in
ähnlicher Weise. In der Anwendung bei RGB-Bildern unterscheidet er sich von der Photoshop-Version vor allem durch das gezielte Bearbeiten von Farbkomponenten.

Radius: *4,000* [k.A.]
Wirkung auf: *alle*, nur Rot, nur Grün, nur Blau
nur Farbton, nur Sättigung, nur Leuchtkraft

**Starkes Weich-
zeichnen einer
Auswahl**

(ColorStudio)

<< Grundeinstellung:
Radius: 1,0 Pixel

< Radius: 2,0 Pixel

<< Radius: 4,0 Pixel

< Radius: 8,0 Pixel

<< Radius: 16,0 Pixel

< Radius: 32,0 Pixel

Weichzeichnen ohne Berücksichtigung von Konturen

(ColorStudio)

Manche Bildbearbeitungsprogramme unterscheiden beim Weichzeichnen von Auswahlen zwischen Weichzeichnerfiltern im engeren Sinne (soften) und solchen, die eine ähnliche Auswirkung haben, aber – etwa in ColorStudio – auch starke Kontrastkanten in die Operation einbeziehen (blur, Unschärfe-Filter). Ähnlich wie bei anderen Effekten wird auch hier eine verstärkte Version angeboten (starker Unschärfe-Filter), welche die gewünschte Wirkung schneller erzeugt.

Einmalige Anwendung des Unschärfe-Filters >

Zweimalige Anwendung des Unschärfe-Filters >>

Dreimalige Anwendung des Unschärfe-Filters >

Einmalige Anwendung des starken Unschärfe-Filters >>

Zweimalige Anwendung des starken Unschärfe-Filters >

Dreimalige Anwendung des starken Unschärfe-Filters >>

Farbeffekte

Die Verwendung von Farbe zur Darstellung am Monitor ist nicht neu. Für die Bildverarbeitung interessant geworden ist der Umgang mit Farbe aber erst, seit es Speicherformate für eine Farbtiefe von 24 Bit pro Pixel gibt (256 Stufen für die Farbkanäle Rot, Grün und Blau, was 16,7 Millionen Farben entspricht), seit Scanner diese Informationen in angemessener Auflösung digitalisieren können und seit CMYK-Umwandlung, -bearbeitung und -separation auf Rechnern unterhalb der Workstation-Klasse möglich sind.

Das Arbeiten mit Farbe dient im wesentlichen deren Manipulation zum Zweck der Korrektur oder der gezielten Akzentuierung; also einerseits der Reduzierung von Verfälschungen, die während der fotografischen Aufnahme, Entwicklung oder Digitalisierung entstanden sind, andererseits der Erzeugung oder Hervorhebung von eigenständigen farbbezogenen Bildkomponenten.

Da es hier nicht um den Gebrauch von digitalen Mal- oder Retuschewerkzeugen geht, sondern ausschließlich um Effekte, die Auswahlbereichen oder Bildern global zugeordnet werden, beziehen sich die letztgenannten Eingriffe etwa auf Falschfarben, Farbfilter und vor allem auf den breiten Bereich der Erzeugung von Farbverläufen, die als eigenständige Bildkomponenten oder als Mittel zur überlagernden Bildveränderung in der Praxis eine wichtige Rolle spielen.

Farbkorrekturen hingegen – sowohl solche, die die Farbgebung weitgehend der aufgenommenen Szene anzugleichen versuchen als auch jene, die bewußt bestimmte Komponenten verstärken wollen – haben es mit ähnlichen Verfahren zu tun wie den im letzten Kapitel bezüglich der Laborarbeit im Schwarzweiß-Bereich beschriebenen: Manipulation von Gradations- und Effektkurven, Regelung der Farbbalance, Farbaustausch, aber auch transparente Überlagerungen oder Tontrennung.

**Austausch der in
einem Bild vor-
handenen Farben
gegen andere**

**(ColorStudio,
Photoshop, Image)**

Im engeren Sinne bedeuten Falschfarben (willkürliche) Zuordnungen von Farbwerten zu Tonwerten eines (kontrastarmen) Graustufenbildes, um Details des Abgebildeten deutlicher hervortreten zu lassen. In Photoshop läßt sich etwa ein Graustufenbild in indizierte Farben (8 Bit) mit einer wähl- oder selbst gestaltbaren Palette umwandeln, ähnlich arbeitet Image. ColorStudio bietet differenzierte Regler für Original- und Austauschfarben der Modelle RGB, CMY(K) und HSV.

Farbversion des
Testbilds mit dem Kopf
der Flora-Büste >

Umwandlung in indi-
zierte Farben in Photo-
shop, Zuordnung der
Farbtabelle „Feuer" >>

Umwandlung in
indizierte Farben in
Photoshop, Zuordnung
der Farbtabelle
„Regenbogen" >

Umwandlung der zuvor
verwendeten Graustu-
fenversion des Bildes in
indizierte Farben mit
Zuordnung der
Farbtabelle „Feuer" >>

Austausch des
Grünbereichs (Original)
gegen Rottöne (Aus-
tauschfarben) in der
ColorStudio-Palette
„Farbaustausch" >

Manipulation der
Gradationskurven in
der ColorStudio-Palette
„Farbkorrektur" >>

Zur differenzierten Regelung der einzelnen Farbkomponenten –
meist RGB, aber oft auch auf CMYK umdefinierbar – bieten die
Bildbearbeitungsprogramme unterschiedliche Einstellungsmög-
lichkeiten. So lassen sich etwa in Photoshop unter dem Menü
„Farbton / Sättigung" für die Farben insgesamt oder separat (R, G,
B, C, Y, M) Farbton (zu den benachbarten Tonwerten), Sättigung
und Leuchtkraft (Werte -100 bis +100) verändern. Andere Programme wie ColorStudio bieten vergleichbare Eingriffe.

**Gezielte Zugriffe auf
die Ausprägung der
Komponenten:
Farbton, Sättigung
und Leuchtkraft**

<< Variation von Rot:
Farbton: -60 (Magenta),
Sättigung: +100,
Leuchtkraft: + 100

< Variation von Gelb:
Farbton: -60 (Rot),
Sättigung: +100,
Leuchtkraft: +100

<< Variation von Grün:
Farbton: +60 (Cyan),
Sättigung: +100,
Leuchtkraft: +100

< Einstellung der
Kolorierungsoption:
Farbton -144 (Blau),
Sättigung: 100,
Leuchtkraft: 0

<< Variation aller
Farbkomponenten,
Farbton: -144,
Sättigung und Leucht-
kraft: 0

< Variation aller
Farbkomponenten,
Farbton: -144,
Sättigung: +100,
Leuchtkraft: +15

Nachbearbeitung der RGB-Farbkomponenten in Tiefen, Mitteltönen und Lichtern

Zur schnellen Korrektur von Farbstichen gescannter Bilder eignet sich das Feld „Farbbalance" (etwa in Photoshop) besonders gut. Hier gibt es für jede der drei RGB-Farbkomponenten einen Schieberegler, der – jeweils selektiv für Tiefen, Mitteltöne und Lichter – eine Verstärkung oder Abschwächung der bearbeiteten Komponente erlaubt. Dabei entspricht eine Verschiebung nach rechts einer Verstärkung der Komponente [0 – 100], nach links (Cyan, Magenta, Gelb) einer Abschwächung.

Grundeinstellung des Photoshop-Werkzeugs, Schieberegler Rot für Mitteltöne auf -100 (Cyan) >

Grundeinstellung, Schieberegler Rot für Mitteltöne auf +100 (Rot) >>

Grundeinstellung, Schieberegler Grün für Mitteltöne auf -100 (Magenta) >

Grundeinstellung, Schieberegler Grün für Mitteltöne auf +100 (Grün) >>

Grundeinstellung, Schieberegler Blau für Mitteltöne auf -100 (Gelb) >

Grundeinstellung, Schieberegler Blau für Mitteltöne auf +100 (Blau) >>

Die hier gezeigten Beispiele zeigen die Farbbalance-Auswirkungen zur besseren Verdeutlichung an Extrembeispielen. In der Praxis der Bildnachbearbeitung zum Zweck der ausgleichenden Bearbeitung von Farbstichen werden solche Einstellungen kaum angewandt; es geht dabei mehr um geringfügige Verschiebungen der Regler, um die störenden Komponenten zu unterdrücken bzw. um wichtig erscheinende Farben – auch innerhalb gezielter Auswahlen – hervorzuheben.

Nachbearbeitung der RGB-Farbkomponenten in Tiefen, Mitteltönen und Lichtern

(Photoshop)

<< Abschwächung von Rot in den Tiefen auf -100 (Cyan)

< Abschwächung von Rot in den Lichtern auf -100 (Cyan)

<< Verstärkung von Blau in den Tiefen auf +100 (Blau)

< Verstärkung von Blau in den Lichtern auf +100 (Blau)

<< Verstärkung von Grün in den Tiefen auf +100 (Grün)

< Verstärkung von Grün in den Lichtern auf +100 (Grün)

**Tönen einer Auswahl
in Art eines Farbfilters**

Farbfilter werden in der Fotografie bei Aufnahme und Entwicklung eingesetzt, um bestimmte Spektralbereiche zu unterstützen und gleichzeitig andere zu unterdrücken. Die Steuerung digitaler Tönungen unterschiedet sich zwischen den Programmen, am einfachsten ist die Füllung der Auswahl mit einer Farbe in solchen Programmen, dies es erlauben, den Prozentsatz der resultierenden Deckung zu definieren und zwischen normaler und kolorierender Wirkung zu unterscheiden.

Füllen der Fläche mit
Rot, Wirkung: normal,
Deckung: 15 % >

Füllen der Fläche mit
Rot, Wirkung: kolorie-
ren, Deckung: 15 % >>

Füllen der Fläche mit
Rot, Wirkung: normal,
Deckung: 25 % >

Füllen der Fläche mit
Rot, Wirkung: kolorie-
ren, Deckung: 25 % >>

Füllen der Fläche mit
Rot, Wirkung: normal,
Deckung: 50 % >

Füllen der Fläche mit
Rot, Wirkung: kolorie-
ren, Deckung: 50 % >>

Die Farb- oder Bit-Tiefe einer digitalen Bilddatei gibt Auskunft darüber, mit wievielen Bit jedes Pixel definiert ist. Bei den für angemessene Farbwiedergabe nötigen 24 Bit/Pixel sind den drei RGB-Komponenten jeweils 8 Bit, entsprechend 256 Stufen, zugeordnet. Für gewisse Farbeffekte (oder zur Reduzierung des benötigten Speicherbedarfs) lassen sich Bilder z.B. in Photoshop in indizierte Farbbilder umwandeln (definierbar: Farbtiefe, Anzahl der verwendeten Farben, Farbauswahl, Dither-Modus)

Farbinformation pro Pixel; Umwandlung in niedrigere Bit-Tiefe mit gleichzeitiger Verringerung der Dateigröße

(Photoshop)

<< Umgewandelt in 8 Bit/Pixel (256 Farben) ohne Dither

< Umgewandelt in 8 Bit/Pixel mit Pattern Dither

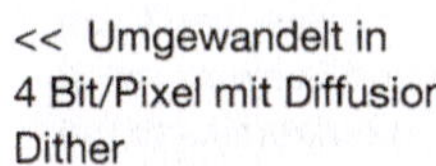

<< Umgewandelt in 4 Bit/Pixel mit Diffusion Dither

< Umgewandelt in 4 Bit/Pixel ohne Dither

<< Umgewandelt in 10 Farben mit Diffusion Dither

< Umgewandelt in 6 Farben mit Diffusion Dither

**Konstruktion von
Farbverläufen**

(ColorStudio)

Eine wichtige Funktion von Bildbearbeitungs- und Malprogrammen ist das automatische Erzeugen von Farb- (oder Graustufen-)Verläufen innerhalb einer Auswahl. Erzeugungsschnelligkeit und Glätte dieser Verläufe sind mit manuellen Mitteln, etwa dem Airbrush, nicht zu erreichen. Während die Programme in ihrer Anfangszeit nur einfache Operationen (zwei Farbpositionen, orthogonale Verlaufsrichtung) anboten, haben sich die Möglichkeiten der Konstruktion inzwischen vervielfacht.

Verlauf zwischen Cyan
und Schwarz vertikal >

Verlauf zwischen Cyan
und Schwarz in frei
definierter Richtung >>

Verlauf zwischen Cyan
und Schwarz radial
(Zentrum kann frei
gewählt werden) >

Elliptischer Verlauf
zwischen Cyan und
Schwarz; Zentrum und
Achsenlage sowie
-länge können frei
gewählt werden >>

Dreieickiger Verlauf
zwischen Cyan,
Schwarz und Gelb; die
Positionen der drei
Farben können frei
gewählt werden >

Radial gedrehter
Verlauf; Mittelpunkt
und Schließungswinkel
können frei gewählt
werden >>

Im Verlaufswerkzeug von Photoshop lassen sich einstellen: Farbbereich: *RGB/CMYK* (Farbstufen zwischen Endpositionen), HSB im oder gegen Uhrzeigersinn (Farbtöne zwischen Endpositionen); Verlaufstyp: *Linear*, Kreisförmig; Deckkraft: *100 %* [0 – 100 %]; Halbe Farbänderung bei 50 % [13 – 87 %]; Startpunkt des Kreisverlaufs: *0 %* [0 – 99 %] (Verlaufsbereich ohne Änderung der zentralen Farbe); Modus: *normal*, kolorieren, abdunkeln, aufhellen

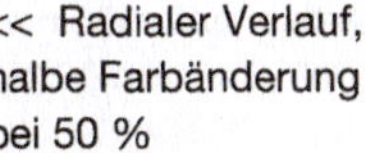

Konstruktion von radialen Farbverläufen

(Photoshop)

<< Radialer Verlauf, halbe Farbänderung bei 50 %

< Radialer Verlauf, halbe Farbänderung bei 25 %

<< Radialer Verlauf, halbe Farbänderung bei 75 %

< Radialer Verlauf, halbe Farbänderung bei 50 %, Deckung: 50 %, Einstellung: normal

<< Radialer Verlauf, halbe Farbänderung bei 50 %, Deckung: 50 %, Einstellung: kolorieren

< Radialer Verlauf, halbe Farbänderung bei 50 %, Deckung: 50 %, Einstellung: abdunkeln

Konstruktion von Farbverläufen

(Oasis)

Der mit einem Preview-Fenster (vorher / nachher) ausgestattete Verlaufs-Generator von Oasis ermöglicht folgende Eingabeparameter: Form: *linear*, radial, auswahlbezogen; Startpunkt des Verlaufs; Zahl der Verlaufswiederholungen: *1* [1 – 10]; Deckung: *100* % [0 – 100 %]. Verlaufswiederholung und Wahl des Startpunkts sind bei anderer Software nicht zu finden.

Farbverlauf mit einer Deckung von 50 % ohne Verlaufswiederholung >

Farbverlauf mit den Positionen Cyan-Schwarz-Cyan bei einer Deckung von 50 % mit drei Verlaufswiederholungen >>

Farbverlauf mit den Positionen Cyan-Schwarz-Cyan bei einer Deckung von 25 % mit sechs Verlaufswiederholungen >

Farbverlauf mit der Deckung: 30 %, Form: auswahlbezogen, acht Verlaufswiederholungen >>

Dreimal nacheinander angewandte radiale Verlaufsfüllung mit sechs Verlaufswiederholungen und jeweils 15 % Deckung >

Dieselbe Einstellung mit zehn linearen Verlaufswiederholungen >>

Das KPT-Importmodul „Gradient Designer" für Photoshop ist einer der vielfältigsten Verlaufsgeneratoren. Zur Auswahl stehen: lineare, radiale, radial gedrehte und rechteckige Ver-laufsformen; normale, gespiegelte, verdoppelte und gespiegelt verdoppelte Folge der Farbpositionen; freie Drehung der Verlaufsrichtung; 512 ansteuerbare Verlaufspositionen einschließlich des Wertes „transparent"; Zugriff auf zahlreiche gespeicherte Varianten, Speicherung eigener Verlaufsvarianten.

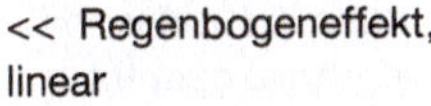

Konstruktion von Farbverläufen

(Kai's Power Tools für Photoshop)

linear, radial

<< Regenbogeneffekt, linear

< Verlauf „Multicolor nichtlinear", linear

<< Verlauf „Meer, türkis", linear

< Verlauf „Dämmerung", radial

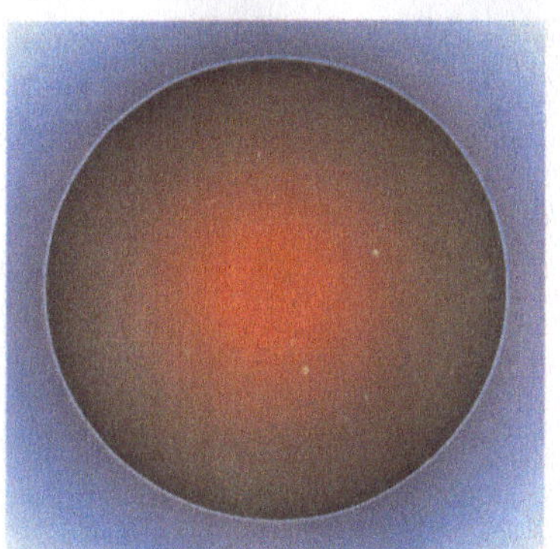

<< Eigener Verlauf „Rote Kugel auf Blau", radial

< Eigener radialer Verlauf „Rote Kugel auf Blau" umgekehrt ergibt „Blaue Kugel auf Rot"

Konstruktion von Farbverläufen

(Kai's Power Tools für Photoshop)

radial gedreht, rechteckig

Verlauf „Kupfer und Zink", radial gedreht >

Verlauf „Metall-Torus", radial gedreht >>

Die im „Gradient-Designer" von Kai's Power Tools mitgelieferten Verlaufsformen, die in nach Kategorien unterteilten Menüs verfügbar sind, bieten bereits eine breite Auswahl. Wegen der großen Zahl ansteuerbarer Verlaufspositionen können sie dem jeweiligen Nutzungszweck einfach angepaßt werden und bei Bedarf unter neuen Namen und Kategorien gespeichert werden.

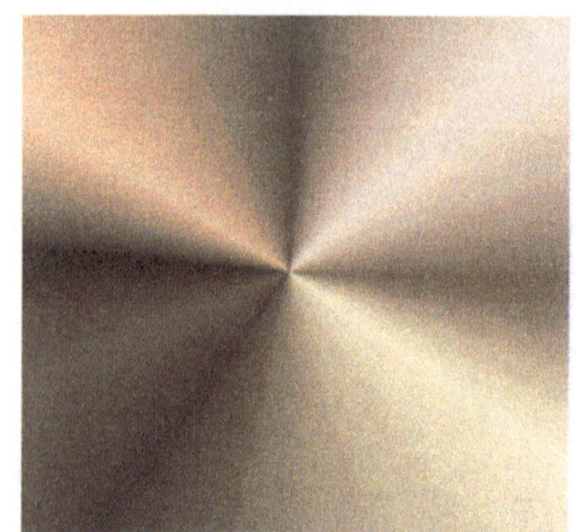

Regenbogen-Verlauf einfach, radial gedreht

Eigener Verlauf „Straße und Pipeline", radial gedreht >

Verlauf „Santa Fe", rechteckig >

Verlauf „Holz-Schattierungen", rechteckig >>

Die bemerkenswerteste Funktion der KPT-Verlaufskonstruktion ist die Möglichkeit, als Position den Wert „transparent" einzusetzen – dies ließ sich bisher auf weniger ausgefeilte Weise nur in Studio/32 realisieren, in anderen Programmen unter Zuhilfenahme von komplizierten Maskierungsoperationen. Da der Wert „transparent" innerhalb eines Verlaufes in KPT mehrfach gesetzt werden kann, sind auf diese Weise recht komplexe Überlagerungsvariationen möglich.

<< Verlauf „Blauer Rahmen mit Tönung", rechteckig

< Verlauf „Roter Rahmen mit Schatten", rechteckig

<< Verlauf „Sepia getönte Schattierung", verdoppelt, radial gedreht

< Verlauf „Wahrhaft blauer Rahmen, rund", radial

<< eigener Rahmen mit zentraler Transparenz, rechteckig

< eigener Rahmen mit konzentrischen gelben Ringen, radial

In ColorStudio werden die Farbeinstellungen in der Farbkorrektur-Palette vorgenommen, die sich zwischen drei Bearbeitungsformen umschalten läßt: RGB-Helligkeit und -Kontrast, manuelle RGB-Kurvenmanipulation sowie freies Neuzeichnen der RGB-Gradationskurven. Hier werden Beispiele gezeigt für die erste Form, bei der die Kurven nicht direkt, sondern mit Anzeige ihrer Verlagerung über Schieberegler für Helligkeit und Kontrast (zwischen -50 und +50) manipuliert werden.

Absenkung der Rot-Helligkeit auf -25, Anhebung des Rot-Kontrasts auf +25 >

Anhebung der Rot-Helligkeit auf +25, Anhebung des Rot-Kontrasts auf +25 >>

Anhebung der Grün-Helligkeit auf +50, Beibehaltung des Grün-Kontrasts bei 0 >

Absenkung der Grün-Helligkeit auf -25, Anhebung des Grün-Kontrasts auf +25 >>

Anhebung der Blau-Helligkeit auf +25, Beibehaltung des Blau-Kontrasts bei 0 >

Absenkung der Blau-Helligkeit auf -25, Anhebung des Blau-Kontrasts auf +50 >>

Auf den Verlauf der einzelnen RGB- oder CMYK-Gradationskur-
ven kann auf unterschiedliche Weise zugegriffen werden. Die
direkteste Methode ist die der Manipulation ihrer Gradations-
und Effektkurven. Aber auch die anderen zuvor beschriebenen
Methoden wie Veränderungen von Helligkeit und Kontrast, Ton-
wertkorrekturen und anderes haben vergleichbare Bildwirkungen
zur Folge. Gewählt werden sollte immer das Werkzeug, das den
beabsichtigten Eingriff am unmittelbarsten erlaubt.

**Variationen durch
Manipulation der
Gradationskurven der
Farbkomponenten**

(Photoshop)

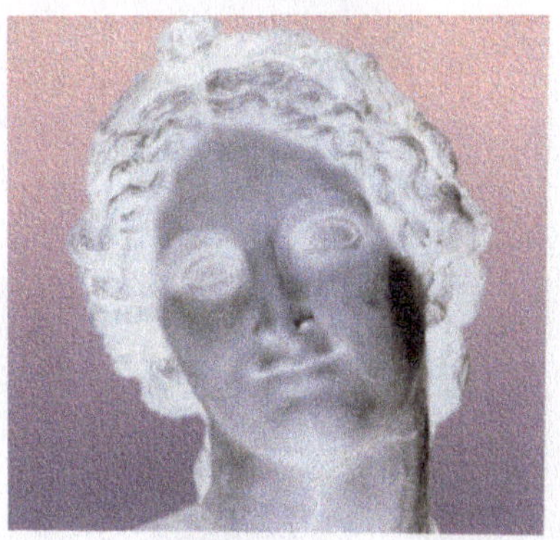

<< Effektkurve mit
umgedrehtem Verlauf
(negativ) aller
Farbkurven

< Grundeinstellung,
umgedrehter Verlauf
der Effektkurve (nega-
tiv) der Blau-Kurve

<< Starke Blaufärbung
der Tiefe durch S-för-
mige Manipulation der
Rotkurve und Absen-
kung der Blaukurve im
oberen Drittel

< Blaufärbung der Mit-
teltöne und Rotfärbung
der Tiefen durch N-
förmige Rot-, S-förmige
Grün- und durch-
hängende Blaukurve

<< Dieselbe Einstel-
lung wie zuvor mit
zusätzlich stark ange-
hobener Gesamtkurve

< Harte Farbeffekte
durch S-förmige Rot-,
N-förmige, im ersten
Drittel steil ansteigende
Grün- und U-förmige,
im letzten Drittel steil
ansteigende Blau-
Kurve

143

Reduzierung der in einem Bild enthaltenen Tonwerte oder Farben

Das Verfahren zur Tontrennung entspricht bei Farbbildern dem auf S. 113 für Graustufenbilder beschriebenen. Der Unterschied besteht darin, daß die gewählten Tontrennungsstufen pro Farbkomponente erzeugt werden, was sich einfach überprüfen läßt, indem man in die Monitoransicht der jeweiligen Farbkanäle schaltet. Der Unterschied des gewählten Farbmodus zeigt sich bei den beiden Bildern Mitte und unten rechts: Beide sind vierstufig, das obere im RGB-, das untere im CMYK-Modus.

Tontrennung mit zehn Stufen pro RGB-Komponente >

Tontrennung mit acht Stufen pro RGB-Komponente >>

Tontrennung mit sechs Stufen pro RGB-Komponente >

Tontrennung mit vier Stufen pro RGB-Komponente >>

Tontrennung mit drei Stufen pro RGB-Komponente >

Tontrennung mit drei Stufen pro CMYK-Komponente >>

Struktur- und Gemäldeeffekte

Die in den beiden letzten Kapiteln vorgestellten Bild- und Filtereffekte dienen überwiegend dazu, ein Bild durch Simulation von Dunkelkammertechniken für seine drucktechnische Reproduktion zu optimieren, also durch Korrekturen von Schwarz- und Weißpunkt, Tonwertverteilung, Unschärfe oder Farbverfälschungen die angemessenste Wiedergabe der ursprünglich fotografierten Szene zu gewährleisten.

Sieht man von bewußt bildverändernden Verwendungen dieser Techniken ab, dann sollen sie helfen, durch Rückführung und Akzentuierung den reproduktionstechnisch bestmöglichen Zustand in der Druckvorstufe zu erreichen.

Aufgabe der in diesem Kapitel beschriebenen Effekte ist dagegen ein – in der Regel erkennbares – Hinzufügen von Merkmalen; das Bild wird nicht korrigiert, sondern durch Einsatz verfremdender Mittel neugestaltet. Die Entsprechung aus dem Bereich der Fotografie wäre die Foto-Grafik, die etwa Verfahren wie Tontrennung (vgl. gegenüberliegende Seite) anwendet.

Man könnte unter einem eher akademischen Blickwinkel darüber streiten, ob die digitale Überarbeitung eines gescannten Fotos mit der Absicht, es wie eine Zeichnung oder ein Gemälde erscheinen zu lassen, die Bedingungen des Kitsches erfüllt. Für die praktische Anwendung der Effektfilter sind mögliche Einwände dieser Art zu vernachlässigen, da allein das gedruckte Ergebnis zählt – dieses soll bestimmte visuelle Merkmale haben, und dafür werden die geeigneten digitalen Werkzeuge gesucht und eingesetzt. Natürlich ist durch die digitalen Werkzeuge auch Bildmanipulation im Sinne visueller Lügen erheblich vereinfacht worden. Kenntnis verwendeter Mittel kann deren Aufdeckung erleichtern.

* **Airbrushspuren**
* **Buntstiftzeichnung**
* **Chromeffekt**
* **Clonen**
* **Diffusion (Korn)**
* **Diffusion (Pixelwind)**

Da viele der Schwarzweißabbildungen auf den Seiten 160 bis 258 einen nur unzureichenden Eindruck von der farblichen Auswirkung der dort angewandten Filter und Effekte geben, wird auf den folgenden Farbseiten (146/147, 150/151, 154/155 und 158/159) jeweils ein typisches Beispiel – meist ausgehend von der unveränderten Grundeinstellung des Filters – abgedruckt. Auf den dazwischenliegenden Doppelseiten sollen einige ausgewählte Anwendungsreihen demonstrieren, welche Möglichkeiten sich

Airbrushspuren, Gallery Effekts [S. 161] (Spurlänge: 20, rechtsdiagonal, Radius: 13) >

Buntstiftzeichnung, Gallery Effects [S. 163] (Breite: 6, Druck: 10, Helligkeit: 42) >>

Chromeffekt, Gallery Effects [S. 164], Grundeinstellung; mit Hilfe von Photoshop-Montagekontrollen mit dem Originalbild kolorierend überlagert >

Clonen. Painter [S. 166] (Verwendung des sogenannten „Auto van Gogh"-Modus mit „Impressionist"-Tool) >>

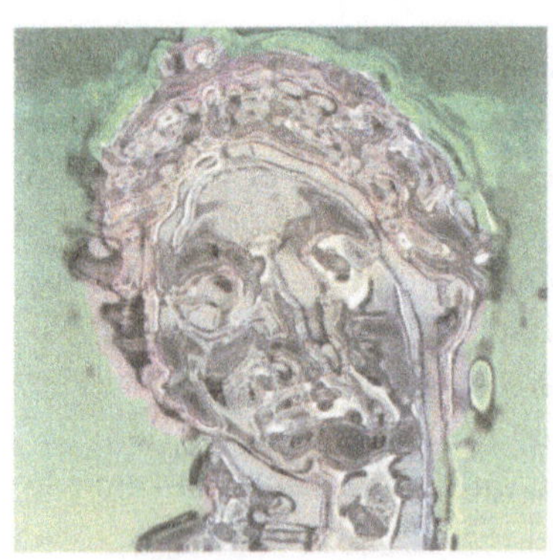 

Diffusion, Photoshop [S. 168] (Korneffekt, dreimal angewandt) >

Diffusion, Kai's Power Tools [S. 171] (Ausprägung: Plxelwind) >>

durch die Kombination von nacheinander benutzten Filtern und
Effekten ergeben können.

* **Facetteneffekt**
* **Fresco**
* **Gemäldeeffekt**
* **Helligkeit inter-
polieren**
* **Impressionismus-
Effekt**
* **Kacheleffekt**

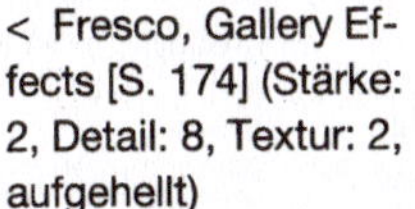

<< Facetteneffekt,
Photoshop [S. 172]
(Grundeinstellung; zur
deutlicheren Demon-
stration ist die rechte
Bildhälfte zusätzlich
mit einem Schärfenfilter
bearbeitet)

< Fresco, Gallery Ef-
fects [S. 174] (Stärke:
2, Detail: 8, Textur: 2,
aufgehellt)

<< Gemäldeeffekt,
ColorStudio [S. 176]
(Einmalige Anwendung
des Ölgemäldefilters)

< Helligkeit interpolie-
ren, Photoshop [S. 178]
(Radius: 3 Pixel)

<< Impressionismus-
effekt, ColorStudio
[S. 181] (Einmalige
Anwendung des Filters
Impressionist 2)

< Kacheleffekt, Photo-
shop [S. 182] (Grund-
einstellung, Hinter-
grund: Schwarz)

147

Viele interessante Bildwirkungen lassen sich erzeugen, ohne daß man dabei hochspezialisierte Filter zu Hilfe nehmen müßte. Schon durch Aneinanderfügung relativ einfacher Effekte lassen sich bemerkenswerte Ergebnisse erzielen, die an wenigen Beispielen auf den folgenden Seiten (148/149, 152/153, 156/157) dargestellt werden sollen. Solche experimentellen Reihen lassen sich unbegrenzt fortsetzen; dabei entfernen sie sich natürlich zunehmend vom Ausgangsbild. Soweit es nicht um völlig freie Ergebnisse

Kristallisieren des Photoshop-Bildes mit einer Zellengröße von 25 Pixel >

Anwendung des GE-Filters (Konturüberstrahlung („Glowing Edges") in der Grundeinstellung >>

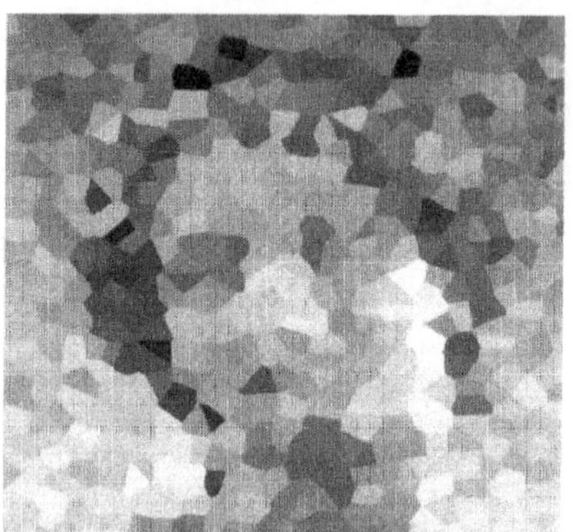
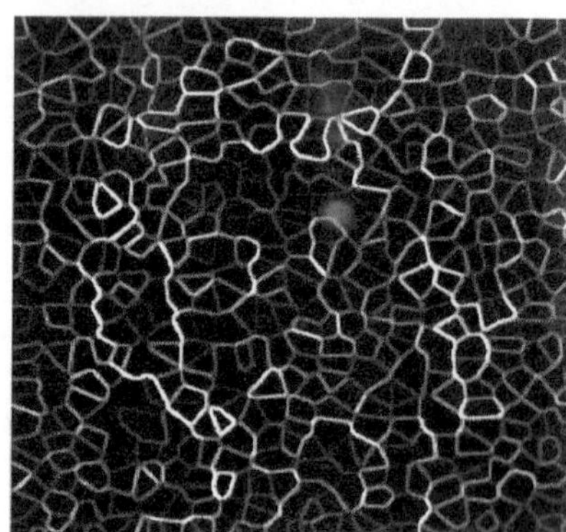

Umkehrung des Bildes durch Invertieren >

Helligkeit interpolieren (Photoshop) mit einem Radius von 2 Pixel >>

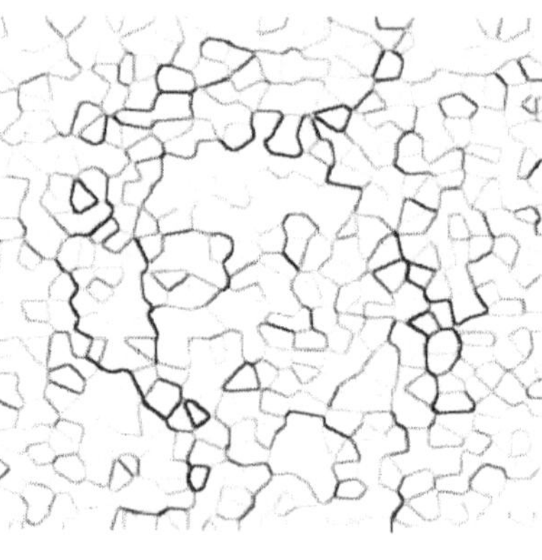
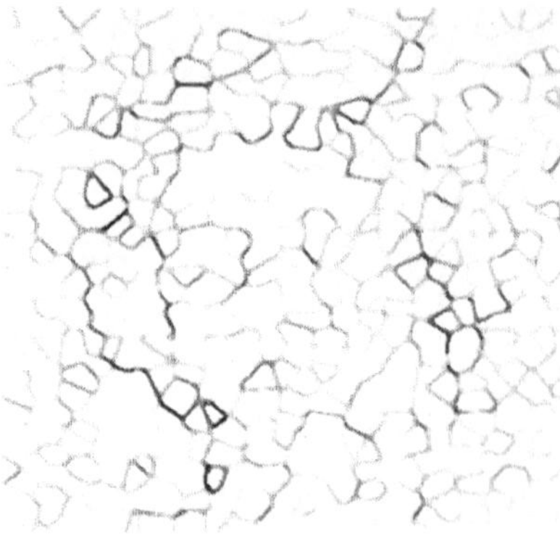

Dunkle Bereiche um 1 Pixel vergrößert (Photoshop) >

Gaußscher Weichzeichner (Photoshop) mit einem Radius von 3 Pixel angewandt >>

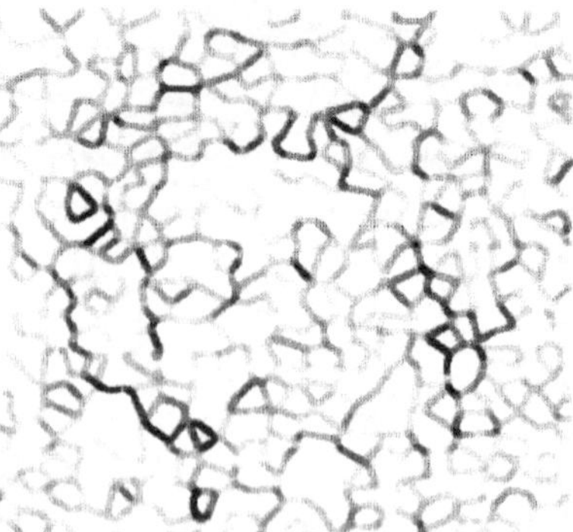

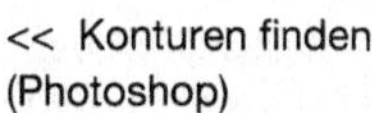

geht, sondern um die Wiedererkennbarkeit des Originals, läßt sich dieses immer wieder einfügen und verwenden, indem es etwa transparent überlagert wird oder in der Maskenebene die Ansicht des Bildes mit beeinflußt.

Auf dieser Doppelseite werden Beispiele für eine Reihe gezeigt, die das Testbild in eine scheinbar räumlich gestaffelte Überlagerung von röhrenartigen Gebilden zerlegt und zu einem flechtenähnlichen Ergebnis führt.

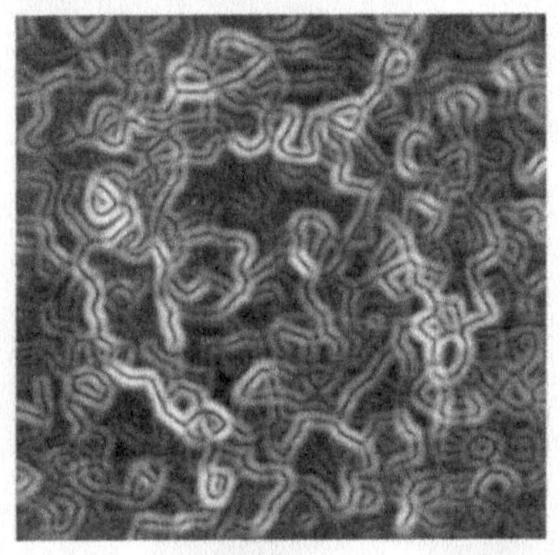
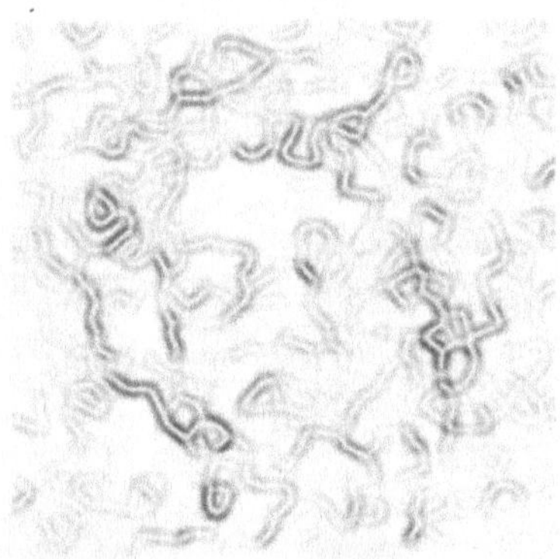

<< Konturen finden (Photoshop)

< Invertieren

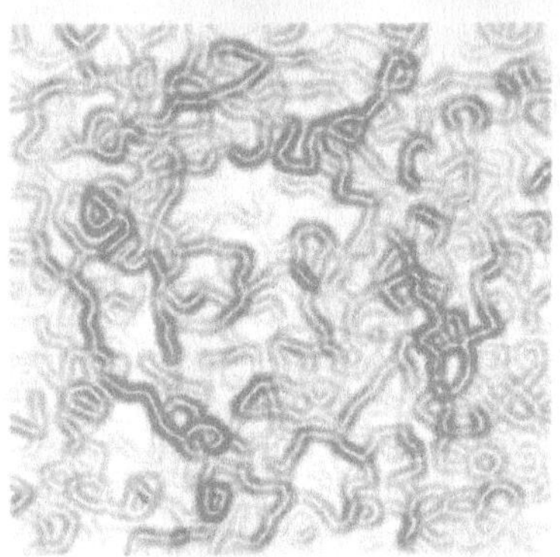
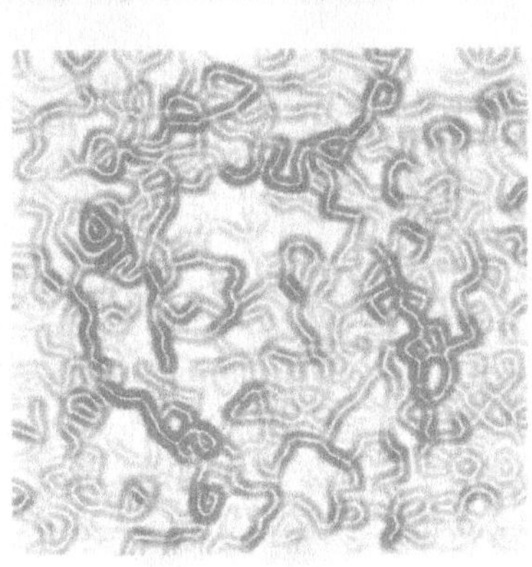

<< Mit Tonwertkorrektur verstärkt, stärkste Tiefen entfernt

< Zweimalige Anwendung des Scharfzeichnen-Filters

< GE-Reliefeffekt mit einer Reliefhöhe von 16 und Beleuchtungsrichtung links oben

<< Anwendung des Korneffektfilters für eine diffuse Auflösung der erzeugten Röhrenstruktur

- **Klecksverteilung**
- **Konturverläufe**
- **Konturüber-
  strahlung**
- **Filmkörnung**
- **Körnung**
- **Kreidezeichnung**

Klecksverteilung,
Gallery Effects [S. 184]
(Grundeinstellung) >

Konturverläufe, Kai's
Power Tools [S. 188]
(Zwei Varianten, auf
Kopfumriß und Augen
angewandt) >>

 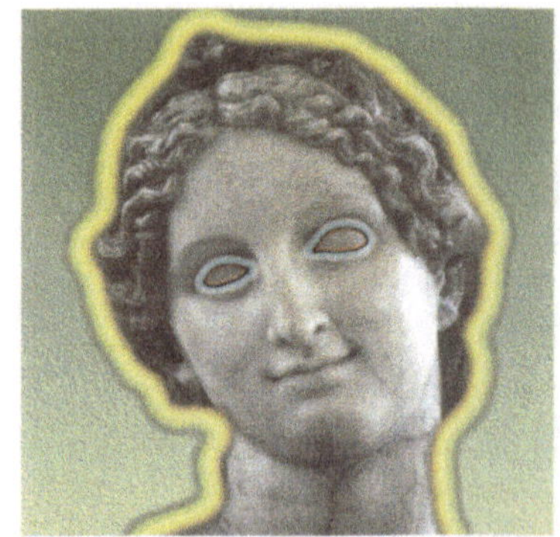

Konturüberstrahlung,
Gallery Effects [S. 190]
(Breite: 3, Helligkeit: 10,
Glättung: 5, rechte
Hälfte invertiert) >

Filmkörnung, Gallery
Effects [S. 192[
(Grundeinstellung,
Körnung: 10) >>

Körnung, Gallery
Effects [S. 194]
(Grundeinstellung,
Körnung: 70) >

Kreide, Gallery Effects
[S. 196] (Grundein-
stellung, mit Photo-
shop-Montagekontrolle
durch Überlagerung mit
Original koloriert) >>

- **Kristallisieren**
- **Lasuren**
- **Malgrundsimulation**
- **Untermalung**

<< Kristallisieren,
Photoshop [S. 198]
(Zellengröße: 12)

< Lasuren, Magic
Brush [S. 200] (Um-
setzung der Vorlage mit
nicht voll deckendem
Pinselwerkzeug)

<< Malgrundsimula-
tion, Painter [S. 202]
(Glanzlicht 70 % pla-
stisch auf Clone-Über-
malung angewandt)

< Malgrundsimulation,
Gallery Effects [S. 204]
(Leinwand, Skalierung:
120 %, Relief: 4,
Beleuchtungsrichtung:
rechts oben)

< Malgrundsimulation,
Gallery Effects [S. 204]
(Leinwand, Skalierung:
200 %, Relief: 6,
Beleuchtungsrichtung:
links oben)

<< Untermalung,
Gallery Effects [S. 206]
(Grundeinstellung)

Bei dieser Effektreihe entstehen durch Addition von Filtereffekten surrealistisch anmutende Bilder, die sich vor ihrem Ausprobieren nur schwer vorhersagen lassen. Das von Strahlen umgebene, nierenförmige Gebilde in der Mitte rechts ist bereits merkwürdig genug; die umgekehrte Anwendung des Polarkoordinatenfilters unten links weist gewisse – oberflächliche – Ähnlichkeiten zu Gemälden von Richard Oelze auf. Um solche Bildergebnisse geplant einsetzen zu können, ist ein hohes Maß an Vertrautheit mit

Erstellung einer Maskenstruktur auf der Maskenebene von ColorStudio >

Anwendung der Struktur auf das Bild als Reliefdarstellung >>

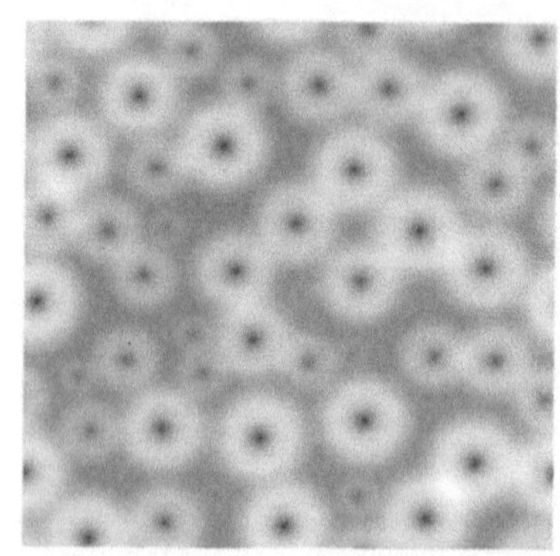 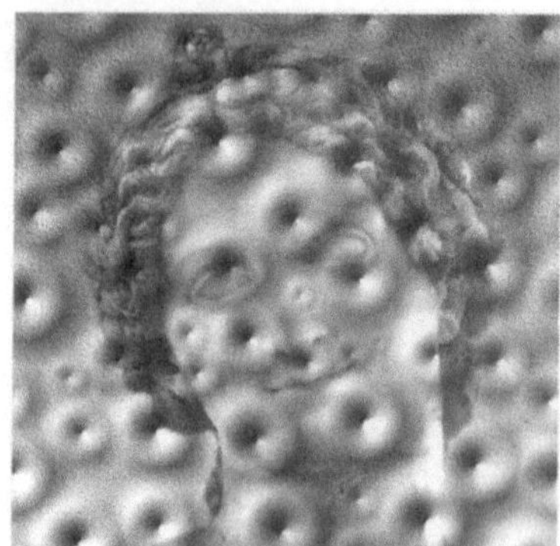

Hinzufügen von Störungen in ColorStudio (10 %) und interpolierte Projektion auf eine Kugeloberfläche >

Umwandlung von Rechteck- in Polarkoordinatendarstellung in Photoshop >>

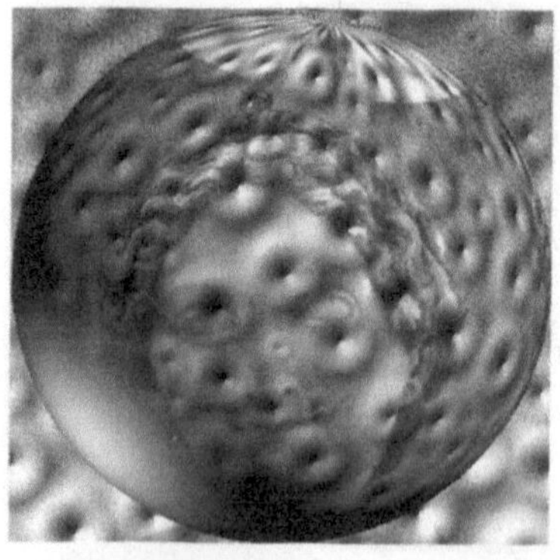 

Alternativ: Umwandlung von Polarkoordinaten- in Rechteckdarstellung in Photoshop >

Anwendung des Wirbeleffekt-Filters aus Photoshop (220 °) >>

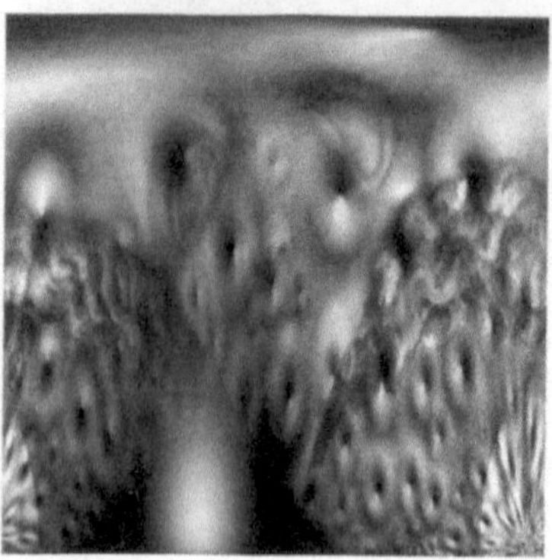 

den angewandten Filtern unumgänglich. So ist es faszinierend,
wie sich das letzte Bild von Seite 152 durch eine maskierende
Kombination mit dem Ausgangsbild zu einem lavaartig zähem,
stark plastisch wirkenden Relief ausbaut, welches wiederum nach
mehreren Bearbeitungsschritten seinerseits eine überzeugende
Strukturglaswirkung auf das Original ausübt, die bei dem Zwi-
schenstadium in der Mitte rechts kaum zu erahnen war.

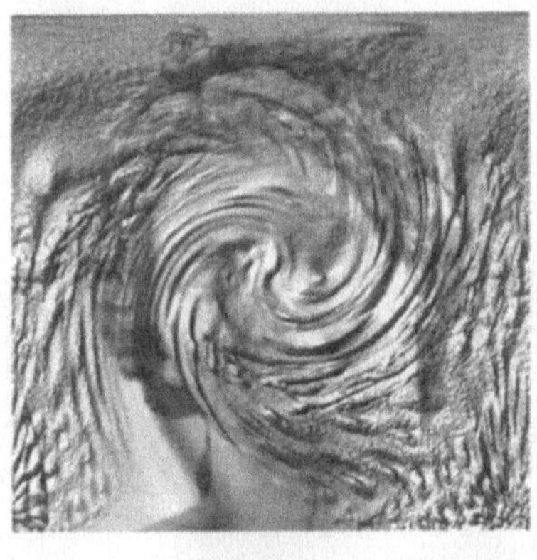
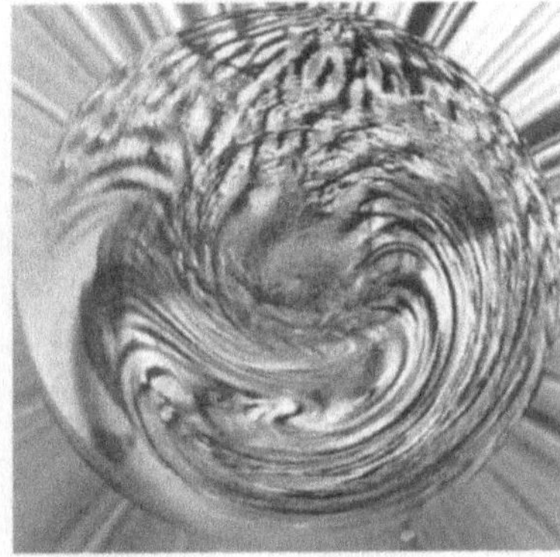

<< Anwendung des
vorausgehenden Bildes
als Maske auf das
Original in ColorStudio

< Umwandlung von
Rechteck- in Polar-
koordinatendarstellung
in Photoshop

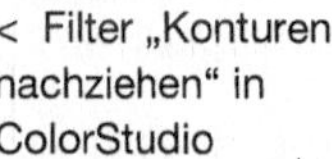

<< Superweich-
zeichner in ColorStudio
mit einem Radius von 4

< Filter „Konturen
nachziehen" in
ColorStudio

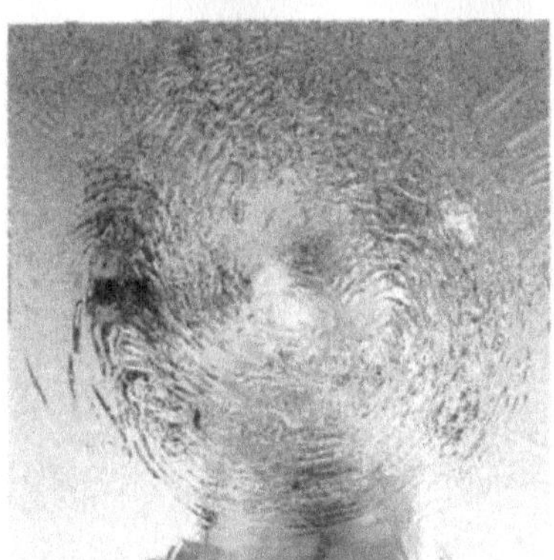
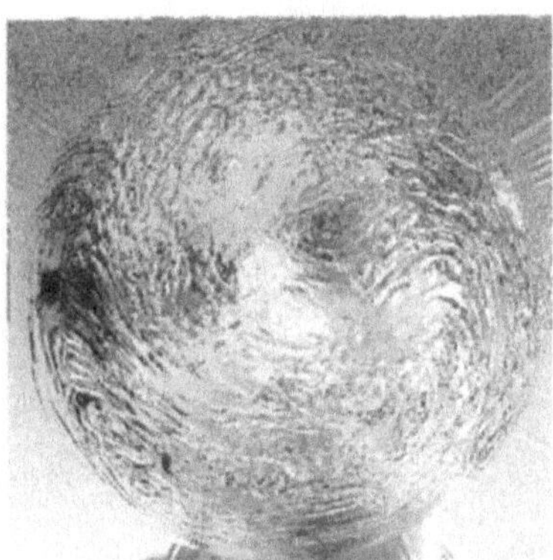

<< Vorausgehendes
Bild in ColorStudio als
Maske angewandt mit
anschließender
Tonwertkorrektur

< Anwendung des
Photoshop „Spherize"-
Filters auf das Bild und
abschließendes Scharf-
zeichnen in Color-
Studio

• **Malspuren**
• **Mosaikeffekte:**
• **quadratisch**
• **unregelmäßig**
• **Patchwork**
• **Hexagone**
• **Phosphor**

Malspuren (Angled
Strokes), Gallery
Effects [S. 208]
(Grundeinstellung) >

Mosaikeffekt quadra-
tisch [S. 215] (Kanten-
länge: 10 Pixel) >>

Mosaikeffekt unregel-
mäßig, Gallery Effects
[S. 216] (Kachelgröße:
23, Fugenbreite: 3,
Fugenhelligkeit: 6) >

Mosaikeffekt Patch-
work, Gallery Effects
[S. 219] (Quadratgröße:
10, Relief: 10) >>

Mosaikeffekt mit
Hexagonen, ColorStu-
dio [S. 218] (Halbe
Hexagon-Höhe: 6) >

Mosaikeffekt, TV-
Effekt, ColorStudio
[S. 218] (Halbe
Hexagon-Höhe: 6,
Variante: TV-Effekt) >>

- **Pastellkreide grob**
- **Posterkonturen**
- **Prägung**
- **Punktieren**
- **Relief**
- **Flachrelief**

<< Pastellkreide grob,
Gallery Effects [S. 220]
(Strichlänge: 14,
Details: 4)

< Posterkonturen,
Gallery Effects [S. 224]
(Breite: 4, Intensität: 1,
Tontrennung: 5)

<< Prägung, Gallery
Effects [S. 226]
(Grundeinstellung)

< Punktieren, Photo-
shop [S.228] (Zellen-
größe: 8, Hintergrund-
farbe: Grau)

<< Relief, Gallery
Effects [S. 231] (Relief:
15, Beleuchtungs-
richtung: oben rechts)

< Flachrelief, Gallery
Effects [S. 232]
(Grundeinstellung,
Beleuchtungsrichtung:
von oben)

Auch die Abbildungen auf dieser Seite stehen als Beispiele dafür, wie sich die Ergebnisse bestimmter Spezialeffekte durch einfachere Filter in ähnlicher Weise erzeugen lassen. So können etwa maserungsartige Strukturen dadurch hervorgerufen werden, daß ein Bild nach starkem horizontalen oder vertikalen Skalieren mit einem Störungsfilter bearbeitet und danach in die ursprüngliche Größe zurückgebracht wird. Kristallisieren, Tontrennung und Reliefeffekt führen zu einer dreidimensionalen Struktur, die ab-

Verzerrende Skalierung auf einen schmalen, vertikal ausgerichteten Streifen >

Störungen hinzufügen (80) in Photoshop >>

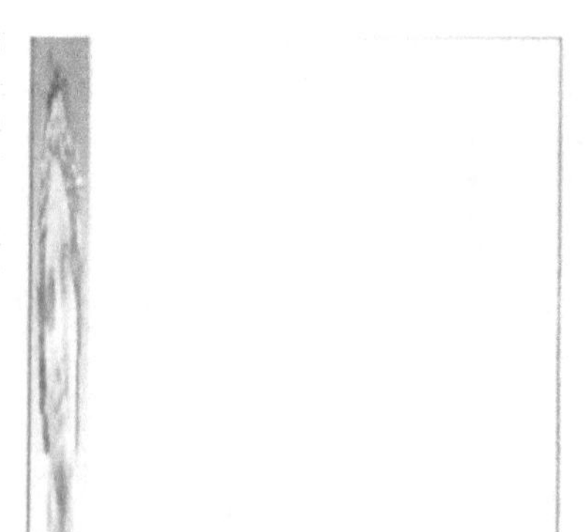

Skalieren des Bildstreifens auf die ursprüngliche volle Breite >

Kristallisieren in Photoshop mit dem Wert 7 >>

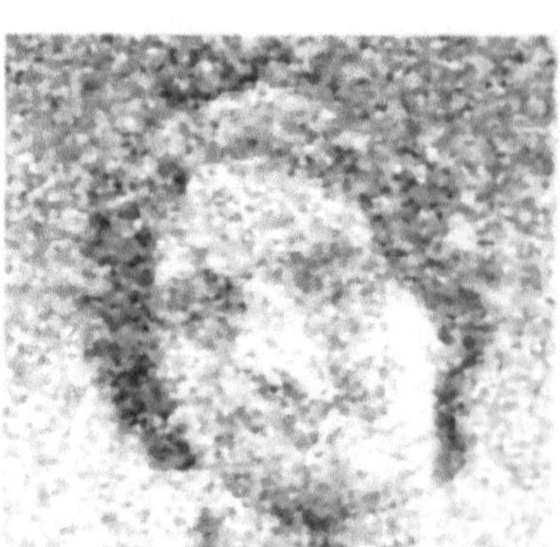

Tontrennung in drei Stufen >

Relieffilter aus Gallery Effects (Emboss) mit einer Höhe von 16 >>

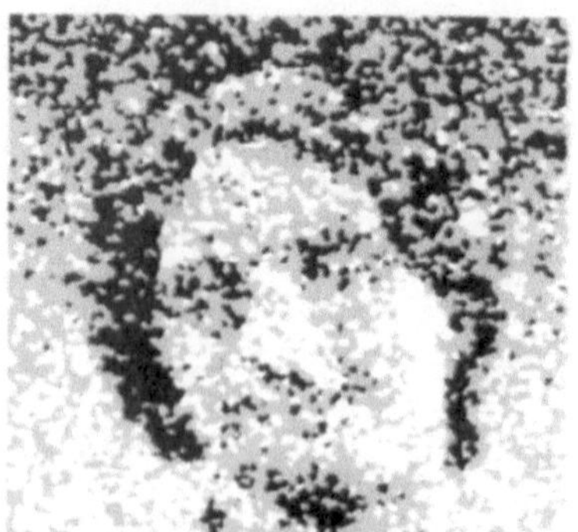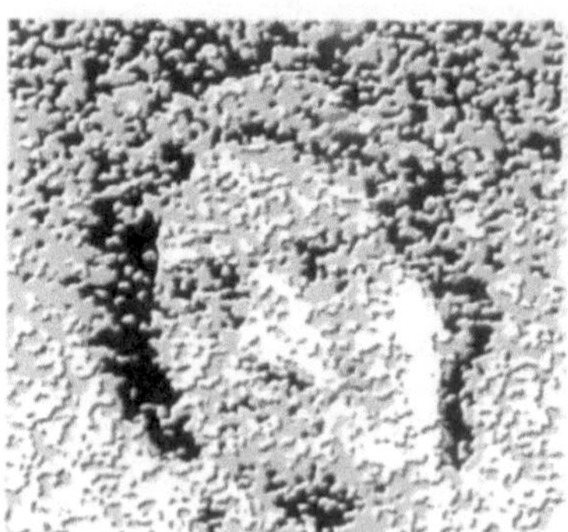

blätternder Farbe gleicht; transparent über das Ursprungsbild
gelegt, führt das zu einer befriedigend simulierten Alterung (er-
stes Bild dieser Seite). Auf derselben Grundlage läßt sich ein Bild
erzeugen, das an eine Ätzung in korrodiertes Metall erinnert. Und
wiederum nach einigen Zwischenschritten (letztes Bild dieser
Seite) ensteht ein digitales Gemälde, das die Wirkung grob
gespachtelter Ölfarbe hat. Dem Experimentieren sind keine Grenzen gesetzt.

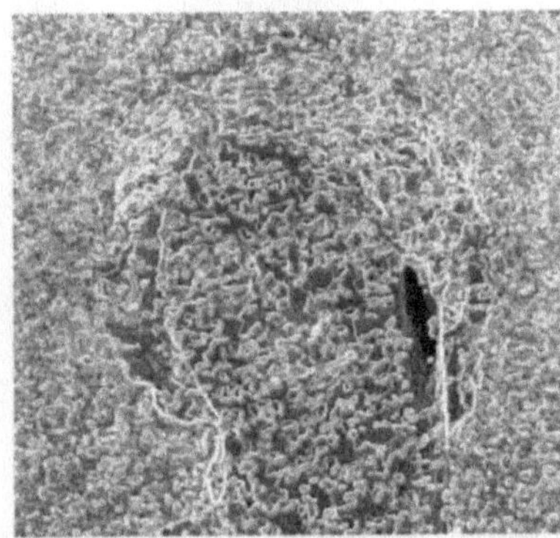

<< Vorausgehendes
Bild mit dem Original
zu 50 % überlagert

< Filter „Konturen
finden"

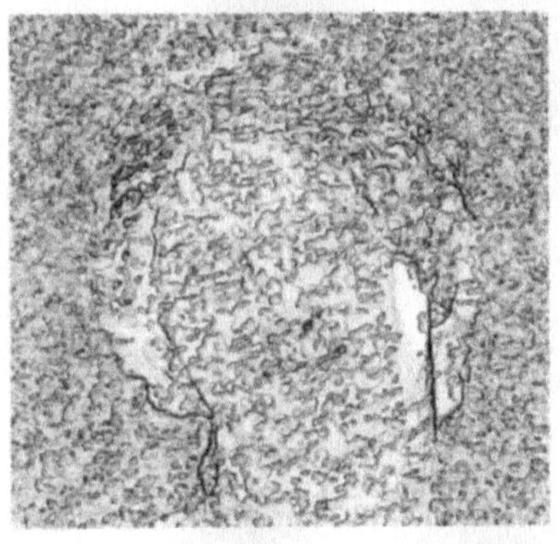

<< Bild invertiert

< Vorausgehendes
Bild dem Original mit
40 % überlagert

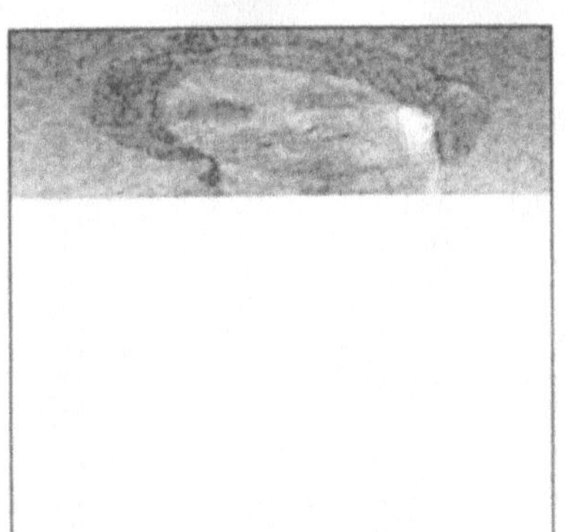

<< Auf einen schma-
len, horizontal ausge-
richteten Streifen
skaliert und mit dem
Photoshop-Korneffekt
diffus aufgelöst

< Auf volle Größe ska-
liert, Tonwertkontrolle,
mit Original zu 30 %
überlagert

- **Rißbildung, grob**
- **Rißbildung, eigene**
- **Schmierstift**
- **Spritzer**
- **Stempel**
- **Spachtelmalerei**

Rißbildung, Gallery
Effects [S. 234]
(Abstand: 29, Tiefe: 7,
Helligkeit: 8) >

Rißbildung, eigene
Struktur, Photoshop
[S.235] (links: über-
lagert als Füllmuster,
40 %, abdunkeln;
rechts: als Struktur für
GE-Texturizer, Grund-
einstellungen) >>

Schmierstift, Gallery
Effects [S. 236]
(Grundeinstellung,
Strichlänge: 6) >

Spritzer, Gallery
Effects, [S. 238]
(Grundeinstellung) >>

Stempel, Gallery
Effects [S. 239]
(Balance: 5,
Glättung: 5)   >

Spachtelmalerei,
Gallery Effects [S. 240]
(Grundeinstellung,
Spurbreite: 15)

- **Störungen hinzufügen**
- **Dunkle Striche**
- **Trockener Pinsel**
- **Überstrahlung**
- **Wasserfarben**
- **Windeffekt**

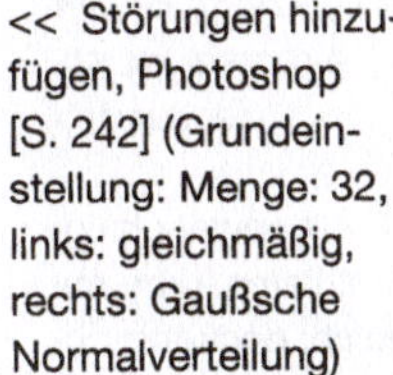
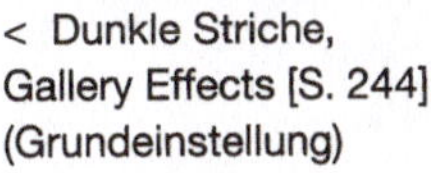

<< Störungen hinzufügen, Photoshop [S. 242] (Grundeinstellung: Menge: 32, links: gleichmäßig, rechts: Gaußsche Normalverteilung)

< Dunkle Striche, Gallery Effects [S. 244] (Grundeinstellung)

<< Trockener Pinsel, Gallery Effects [S. 250] (Grundeinstellung)

< Überstrahlung, Gallery Effects [S. 252] (Grundeinstellung, Hintergrundfarbe: Hellblau)

<< Wasserfarben, Gallery Effects [S. 254] (Grundeinstellung)

< Windeffekt, Photoshop [S. 258] (Einstellung: Wind, nach rechts; zwei Mal angewandt)

159

Bearbeitung eines Bildes mit Airbrush-Effekt durch automatische Clone-Werkzeuge

(Painter)

Painter verfügt über zwei Möglichkeiten zur automatischen Erzeugung einer scheinbar mit Malwerkzeugen bearbeiteten Bildoberfläche: die Verwendung der Clone-Werkzeuge (bzw. der auf die Clone-Wirkung eingestellten Malwerkzeuge) sowie die Aufnahme einer manuell ausgeführten Werkzeugspur und deren automatische Wiedergabe innerhalb des Auswahlbereichs. Diese Möglichkeiten lassen sich kombinieren; differenzierte Nachbearbeitung kann manuell gesteuert folgen.

Clonewerkzeug: Breiter Airbrush, weich, deckend >

Clonewerkzeug: Mittlerer Airbrush, weich, deckend >>

Clonewerkzeug: Breiter Airbrush, verzerrt >

Dicke Airbrushspur automatisch nachzeichnen (weich, deckend) >>

Mittlere Airbrushspur automatisch nachzeichnen (weich, deckend) >

Airbrush-Cloner manuell geführt (weich, deckend) >>

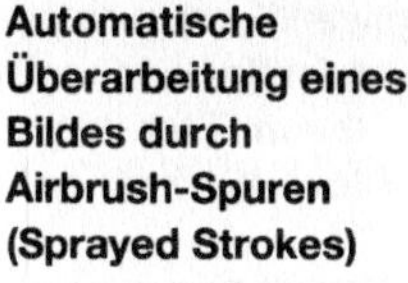

Der Gallery-Effects-Filter „Sprayed Strokes" malt ein Bild mit Spuren nach, die den von einem Airbrush ausgeführten ähneln; einstellbar sind Länge, Richtung und Durchmesser der Spur. Wegen des etwas hart arbeitenden Werkzeugs empfiehlt es sich, das Bild zuvor aufzuhellen und/oder Kontraste zu reduzieren.
Spurlänge: *12* [0 – 20]
Spur-Richtung: *rechts-diagonal*, horizontal, links-diagonal, vertikal
Sprüh-Radius: *7* [0 – 25]

Automatische Überarbeitung eines Bildes durch Airbrush-Spuren (Sprayed Strokes)

(Gallery Effects)

<< Grundeinstellung

< Spurlänge: 5, Richtung. vertikal, Radius: 5

<< Spurlänge: 20, Richtung: links-diagonal, Radius: 15

< Spurlänge: 10, Richtung: horizontal, Radius: 25 (geeignet zur Darstellung von Spiegelungen in Wasser)

<< Spurlänge: 20, Richtung: rechts-diagonal, Radius: 2

< Grundeinstellung nach vorheriger Aufhellung des Bildes

**Umwandlung in eine
Bleistiftzeichnung
durch Filter oder
Clone-Werkzeuge**

**(Digital Darkroom,
Image Studio, Painter)**

Die beiden in Digital Darkroom und ImageStudio verfügbaren Filter mit der Bezeichnung „Bleistiftzeichnung" entsprechen in ihrer Wirkung den „Grauschleier"-Filtern und simulieren das namensgebende Werkzeug nicht überzeugend. Demgegenüber ahmen die in Painter enthaltenen Möglichkeiten des clonenden Stiftwerkzeugs eine Bleistiftzeichnung deutlich besser nach, wobei vor allem das automatische Nachzeichnen einer Spur mit Variation der Andruckstärke zu guten Ergebnissen führt.

Filteranwendung:
Bleistiftzeichnung in
Digital Darkroom >>

Filteranwendung:
Bleistiftzeichnung in
ImageStudio >

Clone-Werkzeug
„weicher Stift",
Einstellung: weich,
deckend >

Clone-Werkzeug
„harter Stift", Einstellung: hart, deckend >>

Clone-Werkzeug
„weicher Stift",
automatisches
Nachzeichnen einer
Spur >

Clone-Werkzeug
„harter Stift", automatisches Nachzeichnen
verschieden ausgerichteter Spuren >>

Bei dem GE-Filter „Colored Pencil" sind die Parameter Spurbreite, Druck und Helligkeit des Untergrunds einstellbar; die Richtung der erzeugten Striche kann hier nicht eingestellt werden und hängt von der Helligkeit des Originalbildes ab.

Stiftbreite: *4* [1 – 24]
Anpreßdruck: *8* [0 – 15]
Papierhelligkeit: *25* [0 – 50]

**Umwandlung eines
Bildes in eine
Buntstiftzeichnung**

(Gallery Effects)

<< Grundeinstellung

< Stiftbreite: 1,
Anpreßdruck: 8,
Papierhelligkeit: 50

<< Stiftbreite: 24,
Anpreßdruck: 8,
Papierhelligkeit: 50

< Stiftbreite: 4,
Anpreßdruck: 2,
Papierhelligkeit: 35

<< Stiftbreite: 4,
Anpreßdruck: 15,
Papierhelligkeit: 35

< Stiftbreite: 24,
Anpreßdruck: 15,
Papierhelligkeit: 50

Filter zur Verwandlung eines Bildes in eine verchromte Oberfläche

(Gallery Effects)

Der GE-Chromeffekt-Filter verändert ein Bild in der Weise, daß es eine wie verchromt wirkende Oberfläche erhält, die entsprechend verzerrte Reflexionen hervorbringt. Die definierbaren Parameter sind Detailtreue und Glättung. Da der Filter auch Farbbilder in eine Graudarstellung umrechnet, empfielt es sich, das Original zuvor zu kopieren und später transparent einzusetzen.

Detailtreue: 4 [0 – 10]

Glättung: 7 [0 – 10]

Grundeinstellung >

Grundeinstellung,
Detailtreue: 0 >>

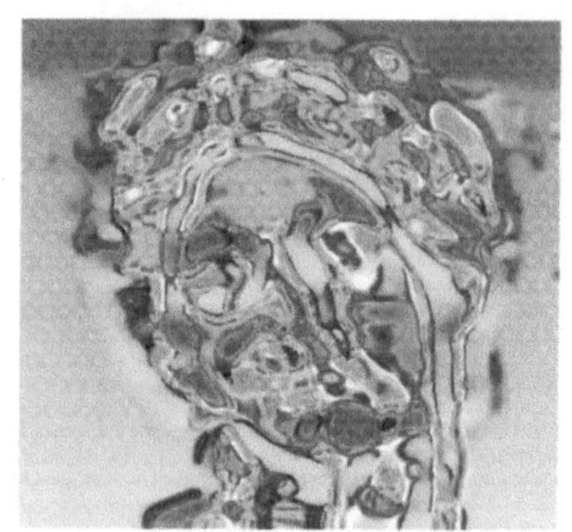 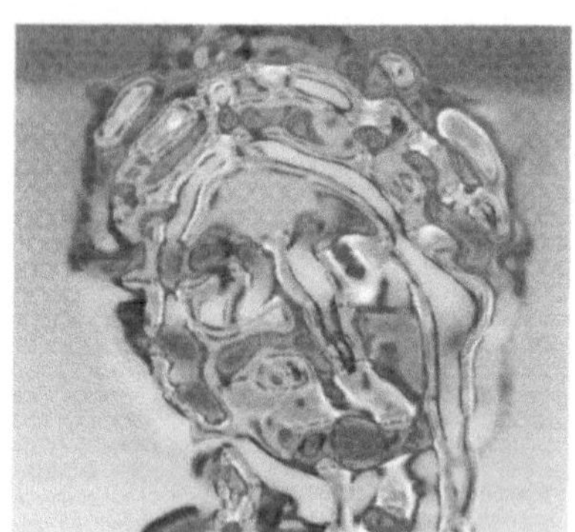

Grundeinstellung,
Detailtreue: 10 >

Grundeinstellung,
Glättung: 0 >>

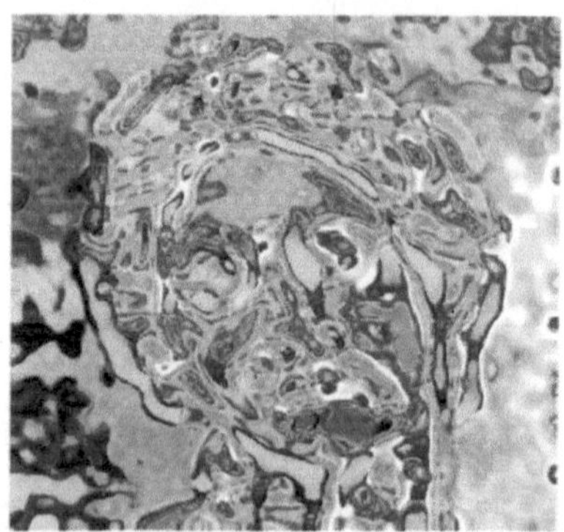 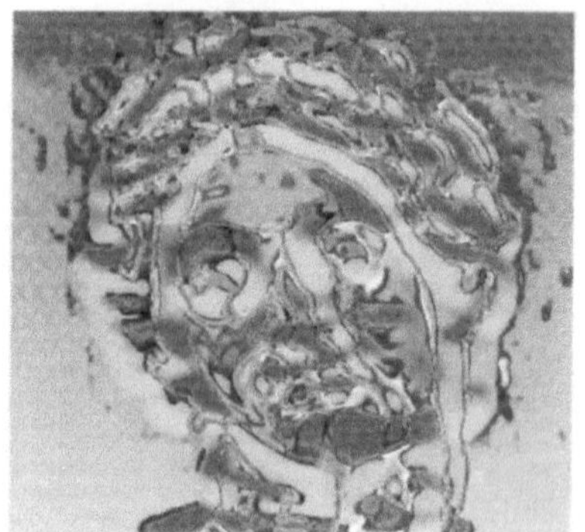

Grundeinstellung,
Glättung: 10 >

Detailtreue: 0,
Glättung: 10 >>

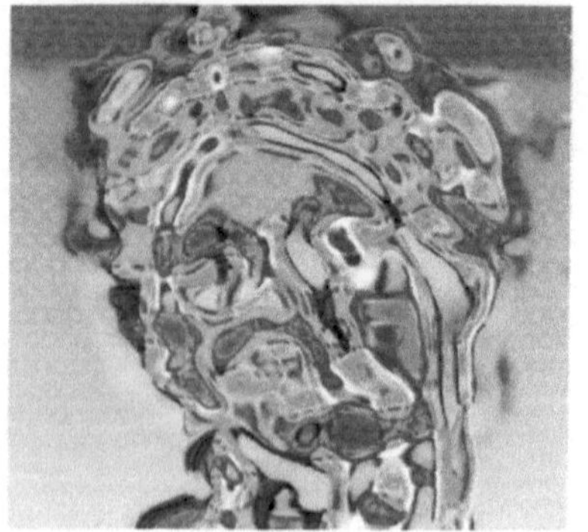 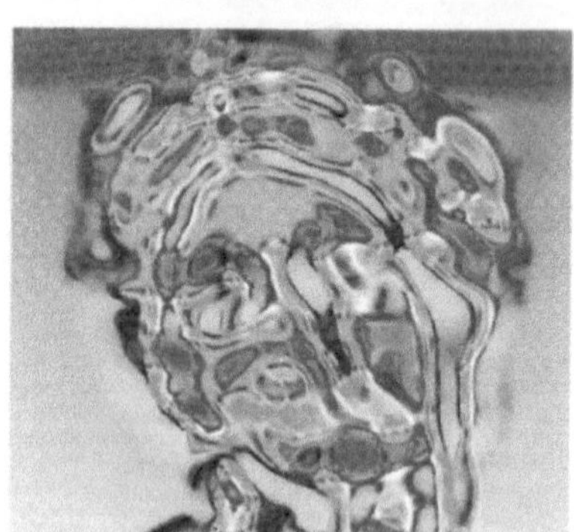

Ein chromähnlicher Effekt läßt sich durch Kombination von starkem Weichzeichner, Konturen nachzeichnen und Tonwertkorrektur erreichen. (Biedny und Monroy, die Autoren des „Official Photoshop Handbook", die ihn vorschlagen, bezeichnen ihn als „geschmolzenes Metall".) Die Wirkung ist mit der des GE-Chromeffekt-Filters nicht identisch. In Photoshop muß das weichgezeichnete Bild umgekehrt werden, in ColorStudio entfällt dieser Bearbeitungsschritt.

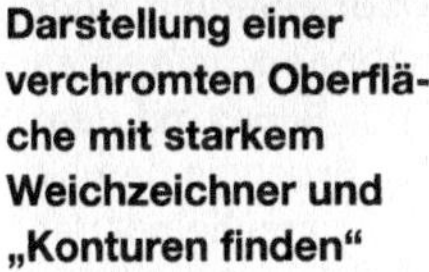

Darstellung einer verchromten Oberfläche mit starkem Weichzeichner und „Konturen finden"

(ColorStudio, Photoshop)

<< Gaußscher Weichzeichner, Radius: 3, Konturen finden, Negativdarstellung (Photoshop)

< Identische Einstellung mit nachträglicher Bearbeitung durch Tonwertkorrektur (Photoshop)

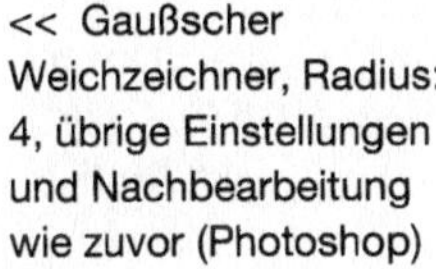

<< Gaußscher Weichzeichner, Radius: 4, übrige Einstellungen und Nachbearbeitung wie zuvor (Photoshop)

< Gaußscher Weichzeichner, Radius: 6, übrige Einstellungen und Nachbearbeitung wie zuvor (Photoshop)

<< Super Weichzeichner, Radius: 4, Konturen nachzeichnen, Farbkorrektur (ColorStudio)

< Super Weichzeichner, Radius: 8, Konturen nachzeichnen, Farbkorrektur (ColorStudio)

Überarbeitung einer Clone-Kopie eines Bildes mit dem Ergebnis gemalt erscheinender Werkzeugeinwirkung

(Painter)

Painter ermöglicht die malerisch wirkende Überarbeitung eines Bildes, welches zunächst geclont werden muß; dabei erscheint ein zunächst unverändertes Duplikat des Originals. Dieses kann nun mit den Clone-Werkzeugen oder den auf den Clone-Modus eingestellten Malwerkzeugen überarbeitet werden. Bei nur leichten und wenig deckenden Neufassungen empfiehlt es sich, das geclonte Bild zunächst zu löschen und auf dem leeren Arbeitsblatt mit dem Überarbeiten zu beginnen. Das Bild kann mit den genannten

Borstenpinsel-Cloner, hart, deckend >

Borstenpinsel-Cloner, weich, deckend >>

Borstenpinsel-Cloner mit größerem Durchmesser (15,0), scharf, deckend >

Weichkantiger Pinsel-Cloner, weich, deckend >>

Schmelzen-Cloner, verzerrend >

Regeneffekt-Cloner, weich, deckend >>

Werkzeugen auch automatisch geclont werden. Dazu wird die Arbeitsfläche – oder der gewünschte Bereich – ausgewählt und der Prozeß des selbsttätigen Arbeitens der Clone-Werkzeuge in Gang gesetzt. Bei Arbeitstechniken, die bevorzugt in einer Richtung Spuren hinterlassen, kann eine solche Spur aufgezeichnet werden und bei jedem Klicken neu ins Bild gesetzt werden. Auch dieser Nachzeichnen-Vorgang läßt sich innerhalb einer Auswahl automatisieren.

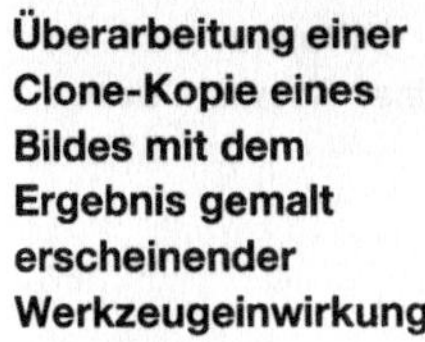

Überarbeitung einer Clone-Kopie eines Bildes mit dem Ergebnis gemalt erscheinender Werkzeugeinwirkung

(Painter)

<< Borstenpinsel-Cloner in automatischer Wirkungsweise mit Durchmesser 11,5

< Borstenpinsel-Cloner mit automatischer Nachzeichnung einer Spur, manuell überarbeitet

<< Borstenpinsel-Cloner in automatischer Wirkungsweise, mit Oberflächenstruktur versehen

< Borstenpinsel-Cloner mit automatischer und manuell überarbeiteter Nachzeichnung einer Spur, mit Oberflächenstruktur und Glanzlicht versehen

<< Borstenpinsel-Cloner in automatischer Wirkungsweise, mit Leinenstruktur

< Borstenpinsel-Cloner mit automatischer und manuell überarbeiteter Nachzeichnung einer Spur, mit Leinenstruktur und Glanzlicht

**Diffuses Auflösen
einer Auswahl durch
Korneffekt**

(Photoshop)

Diffusionsfilter, die in Bildbearbeitungsprogrammen unter verschiedenen Namen geführt werden, machen ein Bild oder einen Auswahlbereich nicht dadurch unschärfer, daß sie den Kontrast benachbarter Pixel reduzieren, sondern indem sie die Pixel selbst innerhalb eines gewissen Abstands zufallsverteilt verstreuen. Die Farb- bzw. Helligkeitswerte der Einzelpixel bleiben also erhalten, aber nicht ihre absolute Position innerhalb des Bildes. Dies läßt sich auch daran ablesen, daß sich die Werte innerhalb des Histo-

Korneffekt, einmal
angewandt >

Korneffekt, zweimal
angewandt >>

Korneffekt, dreimal
angewandt >

Korneffekt, viermal
angewandt >>

Korneffekt, zehnmal
angewandt >

Korneffekt, zwanzigmal
angewandt >>

gramms nicht oder nur minimal verändern. Der „Korneffekt"
genannte Diffusionsfilter in Photoshop läßt eine Bestimmung des
Verschiebungsradius nicht zu; zunehmende Auflösung wird durch
mehrfache Anwendung des Filters erreicht. Dazu kommen Optionen für gleichzeitiges Abdunkeln (beim Verstreuen werden hellere Pixel durch dunklere ersetzt) bzw. Aufhellen (dunklere Pixel
werden durch hellere ersetzt) innerhalb der Auswahl.

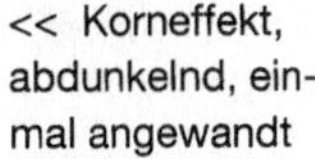

**Diffuses Auflösen der
Auswahl durch
Korneffekt**

abdunkeln, aufhellen

(Photoshop)

<< Korneffekt,
abdunkelnd, ein-
mal angewandt

< Korneffekt,
aufhellend, ein-
mal angewandt

<< Korneffekt,
abdunkelnd, zwei-
mal angewandt

< Korneffekt,
aufhellend, zwei-
mal angewandt

<< Korneffekt,
abdunkelnd, drei-
mal angewandt

< Korneffekt,
aufhellend, drei-
mal angewandt

**Diffuses Auflösen
der Auswahl**

**(Kai's Power Tools,
ColorStudio)**

Der Filter „Diffuse more" in Kai's Power Tools entspricht in seiner Wirkung dem zuvor dargestellten Kornfilter, verstärkt aber den Pixelversatz in einem Arbeitsgang und macht so bei beabsichtigten ausgeprägtem Einsatz die mehrmalige Anwendung unnötig. Die Variante „Scatter horizontal" beschränkt den Versatz der Pixel auf die horizontale Achse.

Der ColorStudio-Filter „Korneffekt" hat weitgehend dieselbe Wirkung wie der in Photoshop vorgestellte.

KPT-Diffuse more
einmal angewandt >

KPT-Diffuse more
zweimal angewandt >

KPT-Scatter horizontal
einmal angewandt >

KPT-Scatter horizontal
zweimal angewandt >>

ColorStudio-Korneffekt
einmal angewandt >

ColorStudio-Korneffekt
zweimal angewandt >>

Kai's Power Tools „Pixelbreeze" verstreut Pixel innerhalb eines Radius von etwa 30 Pixel, „Pixelwind" arbeitet mit einem Radius von 50 Pixel, „Pixelstorm" mit einem von 80 Pixel. Jeder der drei verfügt über unterschiedliche Ersetzungswirkungen, so daß Storm etwas anderes ist als die Verstärkung von Breeze oder Wind. Bei RGB-Bildern werden diese Unterschiede deutlicher. Interessant sind die Effekte vor allem auch bei Überlagerungen oder bei Anwendungen auf der Maskenebene.

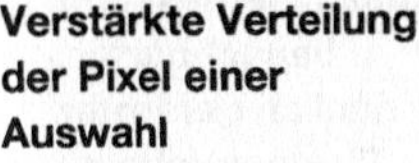

Verstärkte Verteilung der Pixel einer Auswahl

Pixelbreeze, Pixelwind, Pixelstorm

(Kai's Power Tools)

<< Pixelbreeze einmal angewandt

< Pixelbreeze zweimal angewandt

<< Pixelwind einmal angewandt

< Pixelwind zweimal angewandt

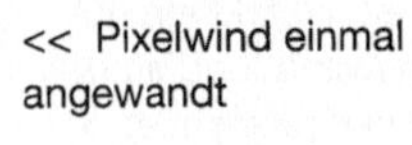

<< Pixelstorm einmal angewandt

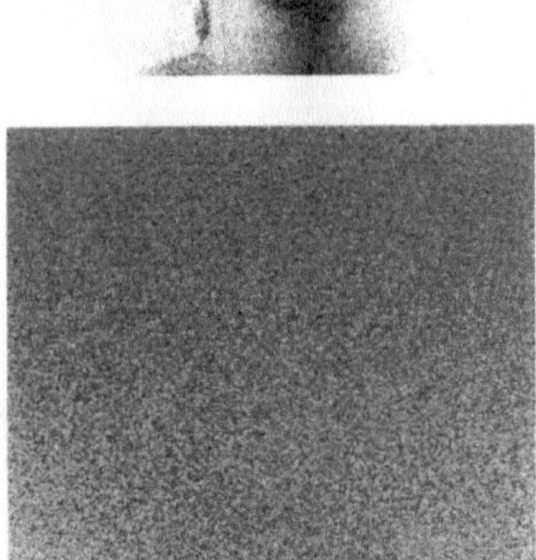

< Pixelstorm zweimal angewandt

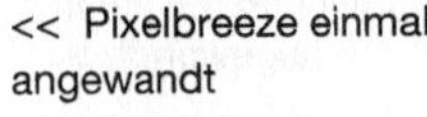

Der Facettenfilter faßt benachbarte Pixel ähnlicher Färbung zu einheitlich gefärbten kleinen Flächen zusammen; bei mehrfacher Anwendung erhöht sich der Kontrast dieser Gruppierungen gegenüber der Umgebung. Der Effekt läßt sich durch nachträgliche Anwendungen von Schärfen-Filtern zusätzlich hervorheben. Die durch seine Anwendung entstehende malerische Bearbeitung des Originalbildes kann durch den Einsatz weiterer Filter verstärkt akzentuiert werden.

Der „DisPatch"-Effekt aus VideoPaint hat bei schwacher Einstellung eine ähnliche Wirkung wie der Facetteneffekt. Er gehört eigentlich in das Kapitel über dynamische Effekte in den Umkreis der wellenförmigen Verzerrungen, wird jedoch wegen seiner körnigen Struktur an dieser Stelle vorgestellt. Einstellbar sind für die zugrundeliegende Welle zwei Parameter, die eine lang- und eine kurzwellige Amplitude steuern. In manchen Fällen ergeben sich Wirkungen ähnlich denen des Chromeffekts.

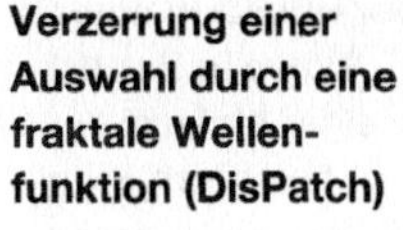

Verzerrung einer Auswahl durch eine fraktale Wellenfunktion (DisPatch)

(VideoPaint)

<< Schwache Anwendung des Effekts

< Schwache Anwendung des Effekts

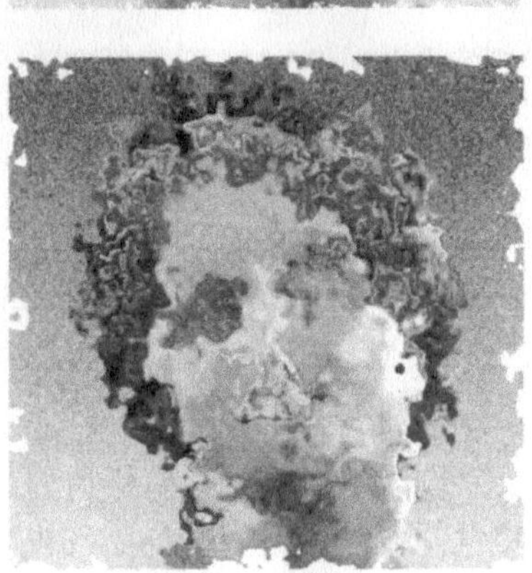

<< Mittlere Anwendung des Effekts

< Mittlere Anwendung des Effekts

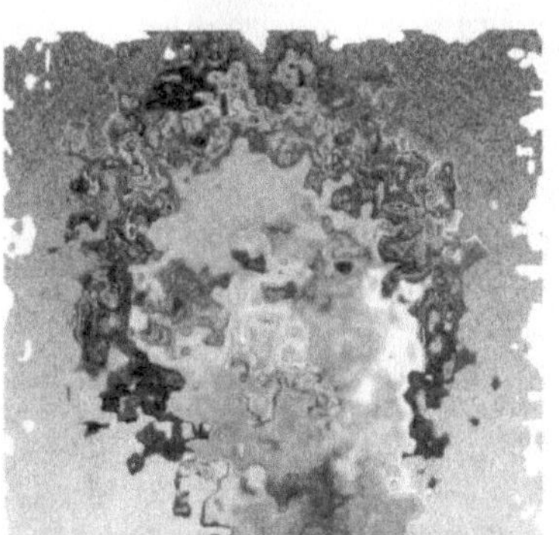
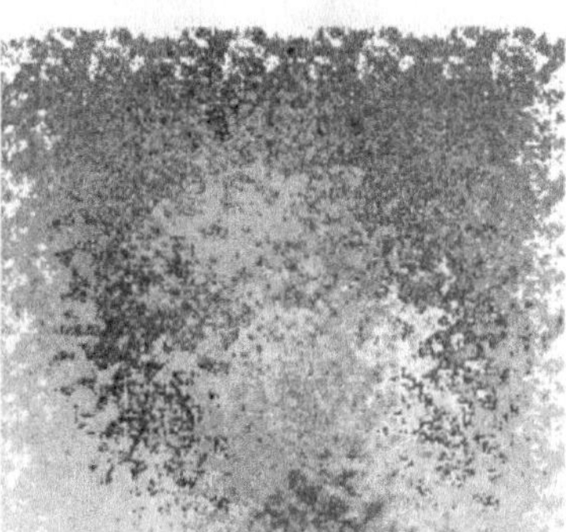

<< Starke Anwendung des Effekts

< Starke Anwendung des Effekts

**Überarbeitung eines
Bildes in der Art
einer Malerei auf
feuchtem Putz
(Alle Beispiele nach-
träglich aufgehellt)**

(Gallery Effects)

Fresko-Malerei wird mit – in der Regel lasierenden Farben – auf
noch feuchten Kalkputz aufgetragen; die Pigmente verbinden
sich bei dessen Trocknen mit dem Untergrund und werden von
einer dünnen, leicht aufhellenden Haut überzogen, die dieser Art
der Wandmalerei lange Beständigkeit verleiht. Da die Bearbeitung bis zum Antrocknen der Putzschicht abgeschlossen sein
muß, können jeweils nur relativ kleine Flächen ohne allzu viele
Details ausgeführt werden. Der GE-Filter „Fresco" ahmt diese

Grundeinstellung >

Grundeinstellung,
Pinselstärke: 10   >>

Grundeinstellung,
Pinselgenauigkeit: 1 >

Grundeinstellung, Pin-
selgenauigkeit: 10 >>

Pinselstärke: 1,
Pinselgenauigkeit: 5,
Textur: 2 >

Pinselstärke: 10,
Pinselgenauigkeit: 5,
Textur: 2 >>

malerische Technik angenähert nach, ist dabei in der Regel im
Ergebnis zu dunkel. Dies läßt sich durch nachträgliches Aufhellen
(am besten mit der Tonwertkorrektur) korrigieren. Insgesamt
hellere und strukturärmere Ergebnisse lassen sich durch vorheri-
ges Aufhellen des Originals erreichen.
Pinselstärke: 2 [0 – 10]
Pinselgenauigkeit: *8* [0 – 10]
Textur: *1, 2, 3*

**Überarbeitung eines
Bildes in der Art
einer Malerei auf
feuchtem Putz
(Alle Beispiele nach-
träglich aufgehellt)**

(Gallery Effects

<< Pinselstärke: 5,
Pinselgenauigkeit: 1,
Textur: 2

< Pinselstärke: 5,
Pinselgenauigkeit: 10,
Textur: 2

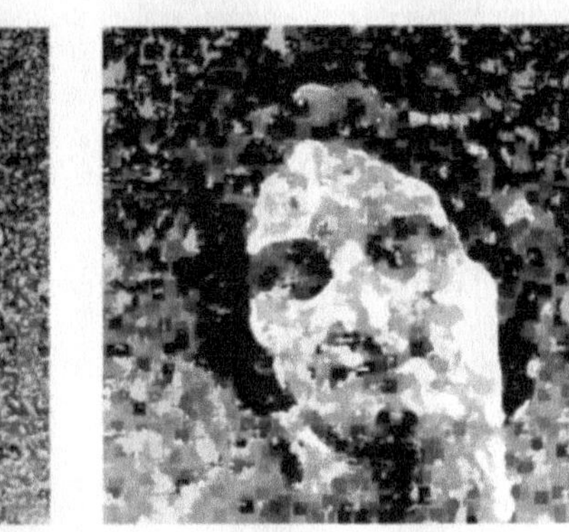

<< Pinselstärke: 1,
Pinselgenauigkeit: 5,
Textur: 3

< Pinselstärke: 10,
Pinselgenauigkeit: 5,
Textur: 3

<< Pinselstärke: 5,
Pinselgenauigkeit: 1,
Textur: 3

< Pinselstärke: 5,
Pinselgenauigkeit: 10,
Textur: 3

**Überarbeitung eines
Bildes in der Art
eines Ölgemäldes**

(ColorStudio)

Charakteristikum der Ölmalerei ist – jedenfalls in vielen ihrer Anwendungsformen – der glatte und vergleichsweise kontrastarme Übergang von Farben innerhalb von Flächen, die als zu einer zusammenhängenden Körperoberfläche gehörend dargestellt werden und härtere Farbkontraste an den Objektkonturen, um deren räumliche Staffelung hervorzuheben. Der Ölgemäldeeffekt ahmt diese Maltechnik durch Weichzeichnen der Flächen bei Akzentuierung von harten Kontrastkanten nach.

Ölgemäldeeffekt,
einmal angewandt >

Ölgemäldeeffekt, zwei-
mal angewandt >>

Ölgemäldeeffekt,
dreimal angewandt >

Ölgemäldeeffekt, vier-
mal angewandt >>

Ölgemäldeeffekt,
fünfmal angewandt >

Ölgemäldeeffekt,
sechsmal ange-
wandt >>

Unregelmäßigkeiten bei der gemalten Darstellung einer Szene werden in einigen Programmen dadurch simuliert, daß beim Nachzeichnen des Originals (mit der Einstellung: mit Bildteilen malen, Grafiktampon bzw. Clonen) die Werkzeugspuren in regelmäßigen Abständen versetzt werden. Dadurch entstehen Bildwirkungen, die denen einer freien, nicht auf Detailwiedergabe ausgerichteten Pinselführung ähneln. ColorStudio läßt getrennt definierbaren horizontalen und vertikalen Versatz zu.

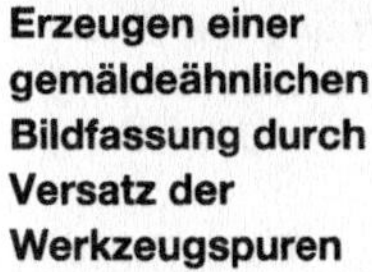

Erzeugen einer gemäldeähnlichen Bildfassung durch Versatz der Werkzeugspuren

(ColorStudio, Painter, Photoshop)

<< Anwendung der Einstellung „Impressionist" beim Grafiktampon (Photoshop)

< Anwendung des Skizziereffekts mit den Einstellungen: Verwacklung horizontal und vertikal: 5, alle 6/60 Sekunden verwackeln (ColorStudio)

<< Anwendung des Skizziereffekts mit den Einstellungen: Verwacklung horizontal und vertikal: 8, alle 3/60 Sekunden verwackeln, Deckung 50 % (ColorStudio)

< Ohne horizontale Verwacklung, vertikal: 10, alle 6/60 Sekunden verwackeln (ColorSt.)

<< Manuelles Clonen eines Bildes mit dem Werkzeug „Dicker grober Stift" und einer Verwacklung von 0,4 (Painter)

< Dasselbe Bild, mit 60 % Oberflächenstruktur mit Glanzlicht versehen (Painter)

Entfernung von Pixeln mit anderer Färbung als ihre Umgebung

(ColorStudio, Photoshop)

Die Interpolation der Helligkeit dient der Entfernung von störenden Pixeln, wobei im Unterschied zum Weichzeichnen nicht Umgebungsbereich und Störung einander angeglichen werden, sondern die Störung den Farbwert ihrer Umgebung erhält. In ColorStudio kann der Filter nur ohne Bestimmung von Parametern angewendet werden; Photoshop erlaubt die Eingabe eines Radius (bis 16 Pixel), der in die Berechnung einbezogen wird. Das Ergebnis besitzt eine auch malerische Wirkung.

Helligkeit interpolieren mit Radius 1 Pixel (Photoshop) >

Helligkeit interpolieren mit Radius 2 Pixel (Photoshop) >>

Helligkeit interpolieren mit Radius 3 Pixel (Photoshop) >

Helligkeit interpolieren mit Radius 4 Pixel (Photoshop) >>

Helligkeit interpolieren mit Radius 8 Pixel (Photoshop) >

Helligkeit interpolieren mit Radius 16 Pixel (Photoshop) >>

 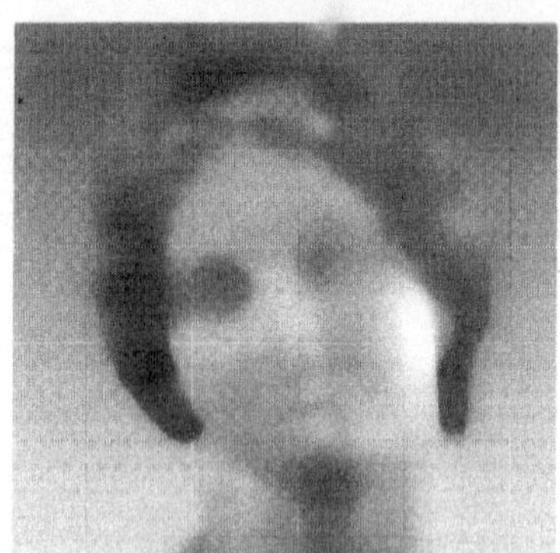

Bei der Berechnung der Wirkung des Filters „Dunkle Bereiche vergrößern" werden die Pixel in der – zuvor numerisch definierten – Umgebung bewertet; der niedrigste dabei gefundene Wert wird auf das Pixel übertragen. In Photoshop beträgt dabei der maximale Radius, der vorgegeben werden kann, 10 Pixel; in ColorStudio ist eine Definition nicht möglich, die Wirkung dort entspricht einem Radius von einem Pixel. Bei höheren Werten entstehen dunkle, das Bild strukturierende Quadrate.

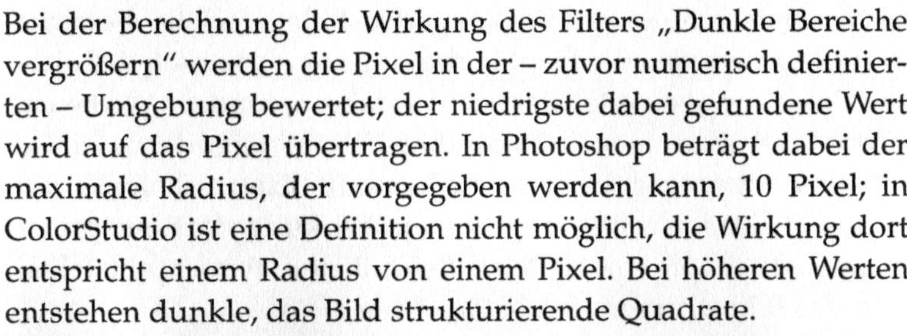

Ausdehnung dunkler Bildbereiche

(ColorStudio, Photoshop)

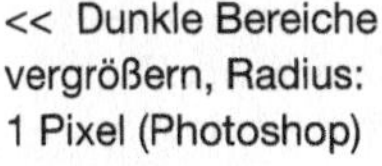

<< Dunkle Bereiche vergrößern, Radius: 1 Pixel (Photoshop)

< Dunkle Bereiche vergrößern, Radius: 2 Pixel (Photoshop)

<< Dunkle Bereiche vergrößern, Radius: 3 Pixel (Photoshop)

< Dunkle Bereiche vergrößern, Radius: 4 Pixel (Photoshop)

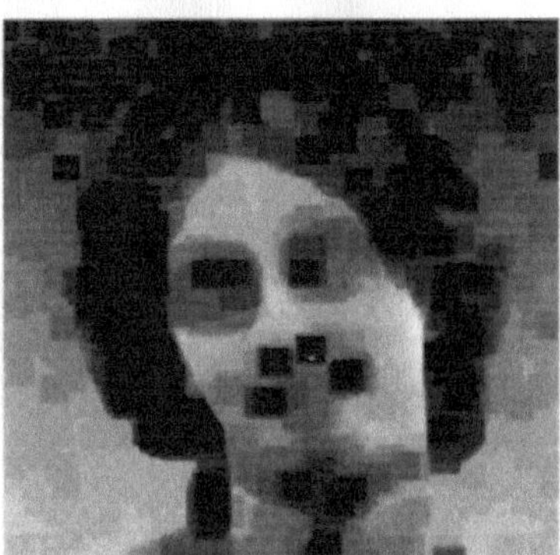

<< Dunkle Bereiche vergrößern, Radius: 6 Pixel (Photoshop)

< Dunkle Bereiche vergrößern, Radius: 10 Pixel (Photoshop)

**Ausdehnung heller
Bildbereiche**

**(ColorStudio,
Photoshop)**

Bei der Berechnung der Wirkung des Filters „Helle Bereiche vergrößern" werden die Pixel in der – zuvor numerisch definierten – Umgebung bewertet; der höchste dabei gefundene Wert wird auf das Pixel übertragen. In Photoshop beträgt dabei der maximale Radius, der vorgegeben werden kann, 10 Pixel; in ColorStudio ist eine Definition nicht möglich, die Wirkung dort entspricht einem Radius von einem Pixel. Bei höheren Werten entstehen helle, das Bild strukturierende Quadrate.

Helle Bereiche
vergrößern, Radius:
1 Pixel (Photoshop) >

Helle Bereiche
vergrößern, Radius:
2 Pixel (Photoshop) >>

Helle Bereiche
vergrößern, Radius:
3 Pixel (Photoshop) >

Helle Bereiche
vergrößern, Radius:
4 Pixel (Photoshop) >>

Helle Bereiche
vergrößern, Radius:
6 Pixel (Photoshop) >

Helle Bereiche
vergrößern, Radius:
10 Pixel (Photo-
shop) >>

 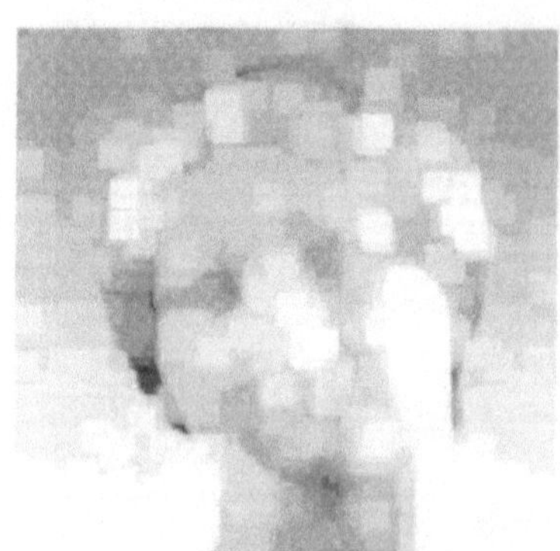

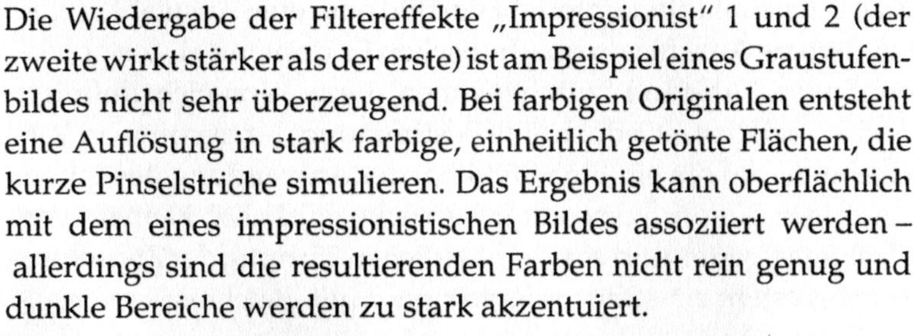

Die Wiedergabe der Filtereffekte „Impressionist" 1 und 2 (der zweite wirkt stärker als der erste) ist am Beispiel eines Graustufenbildes nicht sehr überzeugend. Bei farbigen Originalen entsteht eine Auflösung in stark farbige, einheitlich getönte Flächen, die kurze Pinselstriche simulieren. Das Ergebnis kann oberflächlich mit dem eines impressionistischen Bildes assoziiert werden – allerdings sind die resultierenden Farben nicht rein genug und dunkle Bereiche werden zu stark akzentuiert.

Überlagerung eines Bildes mit flächigen, stark farbigen Flecken

(ColorStudio)

<< Einmalige Anwendung des Filters „Impressionist 1"

< Einmalige Anwendung des Filters „Impressionist 2"

<< Zweimalige Anwendung des Filters „Impressionist 1"

< Zweimalige Anwendung des Filters „Impressionist 2"

<< Dreimalige Anwendung des Filters „Impressionist 1"

< Dreimalige Anwendung des Filters „Impressionist 2"

Unterteilung einer Fläche in quadratische Kacheln mit wählbarem Fugenhintergrund

(Photoshop)

Der Kacheleffektfilter unterteilt ein Bild oder eine Auswahl in eine definierbare Anzahl von quadratischen Feldern mit einem gewissen „Fugen"-Abstand zwischen ihnen; dieser kann nicht definiert werden, möglich ist jedoch eine Bestimmung der maximalen Verschiebung, um die ein Einzelfeld bei der Anwendung des Filters von seiner Ursprungsposition verrückt wird. Bei kleinen Verschiebungswerten und einer einheitlichen Färbung der Zwischenräume entsteht ein strenges Rastergitter mit gleichmäßig verteil-

Grundeinstellung >

Grundeinstellung, füllen mit Vordergrundfarbe (hier Schwarz) >>

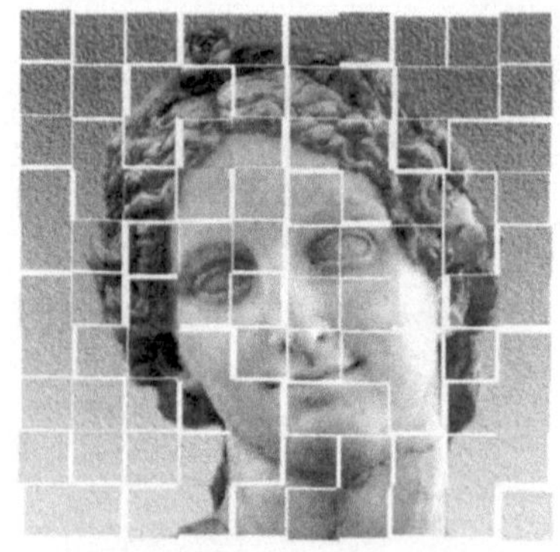

Grundeinstellung, füllen mit invertiertem Bild >

Grundeinstellung, füllen mit unverändertem Bild >>

Grundeinstellung, maximale Verschiebung: 1 % >

Grundeinstellung, maximale Verschiebung: 90 % >>

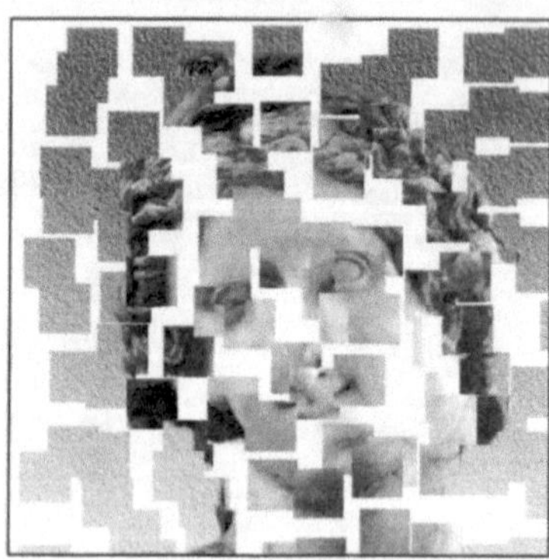

ten Kachelelementen. Werden als Hintergrund das unveränderte
Bild und gleichzeitig eine hohe Anzahl der Kacheln gewählt, so
entsteht ein eher malerischer Effekt, da die Felder als solche nicht
mehr wahrgenommen werden.
Anzahl der Kacheln (horizontal): *10* [1 – 99]
Maximale Verschiebung: *10 %* [1 – 90 %]
Undefinierte Bereiche füllen mit: *Hintergrundfarbe*, Vorder-
grundfarbe, invertiertem Bild, unverändertem Bild

**Unterteilung einer
Fläche in quadrati-
sche Kacheln mit
wählbarem Fugen-
hintergrund**

(Photoshop)

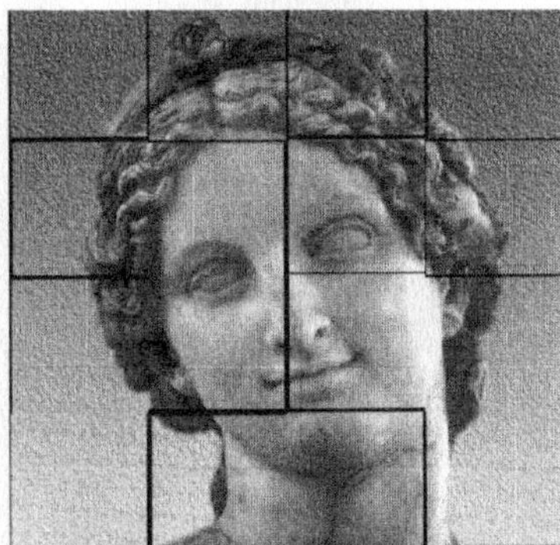

<< Anzahl: 3, maxima-
le Verschiebung: 1 %,
füllen mit invertiertem
Bild

< Anzahl: 4, maximale
Verschiebung: 3 %,
füllen mit Vordergrund-
farbe

<< Anzahl: 15,
maximale Verschie-
bung: 10 %, füllen mit
Hintergrundfarbe

< Anzahl: 15, maxima-
le Verschiebung: 25%,
füllen mit unveränder-
tem Bild

<< Anzahl: 25,
maximale Verschie-
bung: 1 %, füllen mit
Hintergrundfarbe

< Anzahl: 50, maxima-
le Verschiebung: 50 %,
füllen mit unveränder-
tem Bild

Der GE-Filter „Spatter" simuliert ein Bild, das sich aus verteilten Klecksen zusammensetzt, deren Größe und Glättung einstellbar sind. Kleine Klecks-Radien ergeben wenig geglättet eine diffusionsartige Wirkung, größere führen bei stärkerer Glättung zu einem zersplitterten Bild, wie es sich etwa beim Blick durch eine strukturierte Glasscheibe ergibt.

Grundeinstellung >

Radius: 1,
Glättung: 5 >>

Radius: 3,
Glättung: 5 >

Radius: 6,
Glättung: 5 >>

Radius: 15,
Glättung: 5 >

Radius: 25,
Glättung: 5 >>

 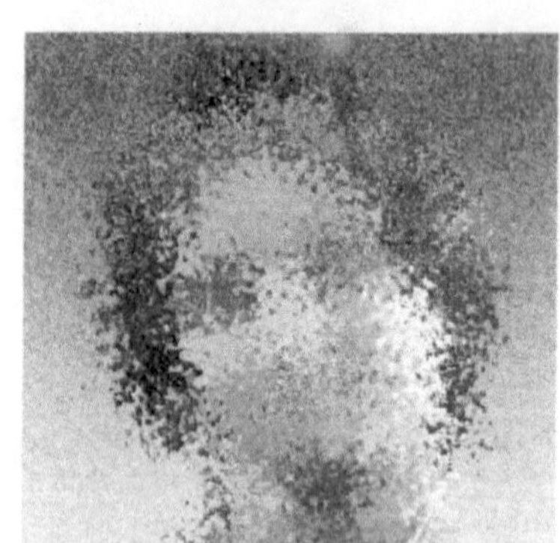

Sprüh-Radius: *10* [0 – 25]
Glättung: *5* [1 – 15]

**Zusammensetzung
eines Bildes aus
verteilten Klecksen**

(Gallery Effects)

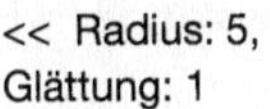

<< Radius: 5,
Glättung: 1

< Radius: 5,
Glättung: 8

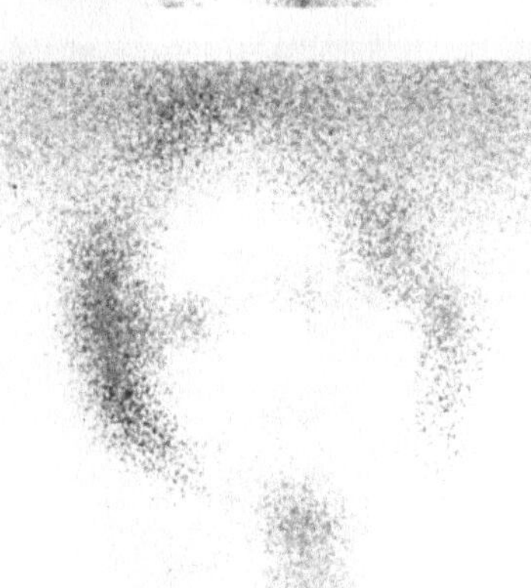

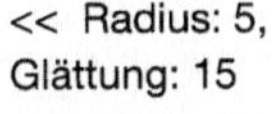

<< Radius: 5,
Glättung: 15

< Radius: 20,
Glättung: 1

<< Radius: 20,
Glättung: 8

< Radius: 20,
Glättung: 15

**Überarbeitung eines
Bildes als harte
Kohlezeichnung**

(Gallery Effects)

Dieser GE-Filter setzt ein Bild in eine harte Kohlezeichnung um; wie sich aus dem Histogramm ablesen läßt, bleiben lediglich sieben Tonwerte übrig (0, 48, 95, 143, 191, 239 und 255). Die Mitteltöne treten jedoch kaum in Erscheinung, stark vorherrschend sind Schwarz und Weiß. Die Kanten der dunklen Bildbereiche sind geglättet, die simulierte Strichrichtung des Stiftes verläuft rechts- und linksdiagonal. Strichstärke, Detailtreue und Hell-Dunkel-Balance können eingestellt werden. Der Filter arbei-

Grundeinstellung >

Grundeinstellung,
Kohlestift-Stärke: 4 >>

Grundeinstellung,
Kohlestift-Stärke: 7 >

Grundeinstellung,
Detailtreue: 0 >>

Grundeinstellung,
Detailtreue: 3 >

Grundeinstellung,
Hell-Dunkel-
Balance: 20 >>

tet mit Graustufen und Farbbildern, wie sich beim Vergleich des ersten und letzten Bildes dieser Reihe zeigt, sind die Ergebnisse der Farbbildumsetzung differenzierter.

Kohlestiftstärke: *1* [1 – 7]
Detailtreue: *5* [0 – 5]
Hell-Dunkel-Balance: *50* [0 – 100]

**Überarbeitung eines
Bildes als harte
Kohlezeichnung**

(Gallery Effects)

<< Grundeinstellung,
Hell-Dunkel-
Balance: 80

< Stärke: 3
Detailtreue: 2
Balance: 50

<< Stärke: 3
Detailtreue: 5
Balance: 70

< Stärke: 6
Detailtreue: 5
Balance: 60

<< Stärke: 1
Detailtreue: 4
Balance: 70

< Grundeinstellung
nach Überarbeitung der
Farbversion des
Testbildes

**Erzeugung eines
Verlaufs entlang der
Ausfransungszone
einer Auswahlgrenze**

(Kai's Power Tools)

Auswahlausfransung:
5 Pixel, keine Weich-
zeichnung >

Auswahlausfransung:
5 Pixel, leichte
Weichzeichnung >>

Auswahlausfransung:
5 Pixel, mittlere
Weichzeichnung >

Auswahlausfransung:
5 Pixel, starke Weich-
zeichnung >>

Auswahlausfransung:
5 Pixel, mittlere
Weichzeichnung,
Verlauf gespiegelt,
transparent >

Auswahlausfransung:
5 Pixel, mittlere
Weichzeichnung,
Verlauf gespiegelt,
Zufallsrauschen >>

Der KPT-Konturverlaufsfilter legt 24-Bit-Verläufe entlang von Auswahlgrenzen an, die Verlaufsbreite wird zuvor im Menü der Auswahlausfransung in Pixel angegeben. Es kann zwischen einer vielfältigen Vorgabe von Konturverläufen gewählt werden, dazu kommen Bestimmungen, in welcher Weise der Verlauf im Bild sichtbar werden soll (u.a. Verwendung des Alpha-Kanals, vgl. folgende Seite). Bei geschlossenen Verläufen liegen immer dieselben Farben der Auswahl zu- bzw. abgewandt.

Weichzeichnung: keine, leicht, mittel, stark
Wirkung: transparent, Zufallsrauschen, ins Bild einblenden
Verlaufsrichtung: von A nach B, von B nach A, von A über B zurück nach A, von B über A zurück nach B
Maskierung: von A nach B, von B nach A, von A über B zurück nach A, von B über A zurück nach B
Preview-Fenster, Auswahl aus Pulldown-Menü, Ergänzung des Menüs durch eigene Varianten, Löschen von Varianten

Erzeugung eines Verlaufs entlang der Ausfransungszone einer Auswahlgrenze

(Kai's Power Tools)

<< Konturverlauf mit Auswahlausfransung 10 Pixel, Einstellung: transparent, Maskenverlauf von A nach B

< Konturverlauf mit Auswahlausfransung 10 Pixel, Einstellung: Bildüberblendung, Maskenverlauf von A nach B

<< Konturverlauf mit Auswahlausfransung 10 Pixel, Einstellung: Bildüberblendung, Maskenverlauf von B nach A

< Konturverlauf mit Auswahlausfransung 10 Pixel, Einstellung: Bildüberblendung, Maskenverlauf von A über B nach A

<< Konturverlauf mit Auswahlausfransung 10 Pixel, Einstellung: Bildüberblendung, Maskenverlauf von B über A nach B

< Konturverlauf mit Auswahlausfransung 50 Pixel, Einstellung: Bildüberblendung, Maskenverlauf von A nach B

**Akzentuierung von
Konturen mit wähl-
barer Breite, Hellig-
keit und Glättung**

(Gallery Effects)

Im Unterschied zu den Kontureffekten, die im Kapitel über Dunkelkammertechniken vorgestellt worden sind, haben die des Gallery-Effects-Sortiments (Glowing edges) definierbare Parameter: Breite, Helligkeit und Glättung der Konturen. Das direkte Ergebnis des Filterprozesses ist nur für wenige Zwecke praktisch einsetzbar, allerdings ergeben sich brauchbare Effekte nach dem Invertieren. In vielen Fällen entsteht auf diese Weise eine Umrißzeichnung mit stark akzentuierten Strichen.

Grundeinstellung >

Grundeinstellung,
invertiert >>

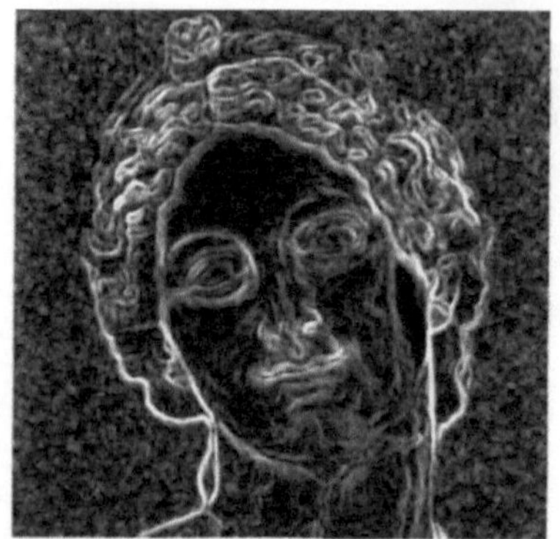

Breite: 4, Helligkeit: 10,
Glättung: 8 >

Breite: 4, Hellig-
keit: 10, Glättung: 8;
invertiert >>

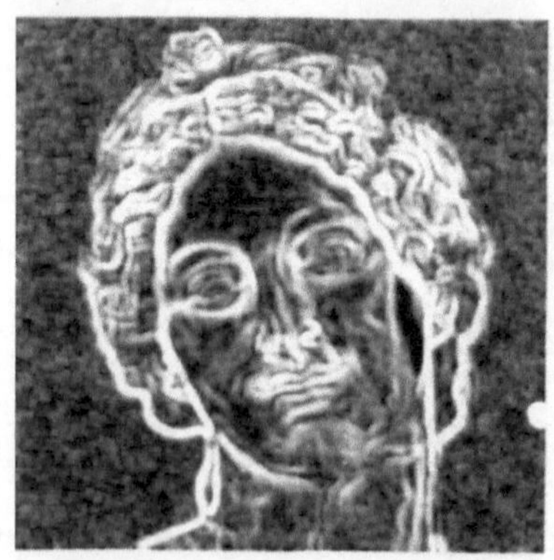

Breite: 10, Helligkeit: 1,
Glättung: 12,
aufgehellt >

Breite: 10, Helligkeit: 1,
Glättung: 12, aufge-
hellt, invertiert >>

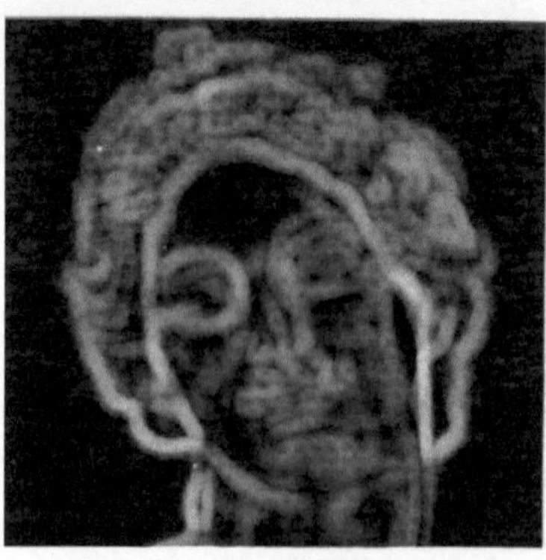

Die sich dabei ergebenden Bildeffekte erinnern nach der Invertierung zum Teil an Chrom- oder Hochpass-Filter, zum Teil ergeben sich auch bemerkenswerte Reliefwirkungen mit Höhenlinien. Vorheriges Invertieren hat keine Auswirkungen.

Konturenbreite: 2 [1 – 14]
Konturenhelligkeit: *6* [0 – 20]
Glättung: *5* [1 – 15]

Akzentuierung von Konturen mit wählbarer Breite, Helligkeit und Glättung

(Gallery Effects)

<< Breite: 14, Helligkeit: 20, Glättung: 15

< Breite: 14, Helligkeit: 20, Glättung: 15, invertiert

<< Breite: 1, Helligkeit: 18, Glättung: 4

< Breite: 1, Helligkeit: 15, Glättung: 4, invertiert

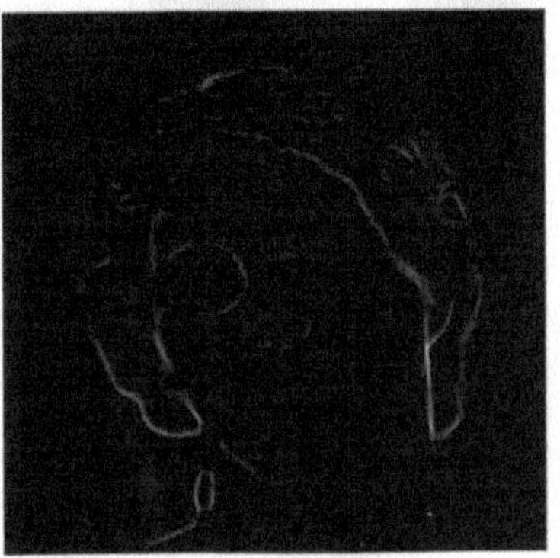

<< Breite: 1, Helligkeit: 4, Glättung: 18

< Breite: 1, Helligkeit: 4, Glättung: 18, invertiert, aufgehellt

**Umwandlung eines
Bildes in eine Foto-
grafie mit ausge-
prägtem Korn**

(Gallery Effects)

Der GE-Filter „Film Grain" erinnert zunächst an Diffusionsfilter, deren Namen zum Teil ja auch die Bezeichnung „Korn" enthalten. Solche Filter beschränken sich aber in der Regel auf eine zufallsgesteuerte Umverteilung der Pixel, gegebenenfalls innerhalb eines definierbaren Radius, was am weitgehend gleichbleibenden Histogramm abgelesen werden kann. Der GE-Filmkörnungsfilter dagegen verändert auch die Helligkeit des Bildes; er vereinheitlicht Kontrastunterschiede in größeren Flächen und wirkt

Grundeinstellung >

Grundeinstellung,
Stärke: 1 >>

Grundeinstellung,
Stärke: 10 >

Grundeinstellung,
Stärke: 20 >>

Grundeinstellung,
hellste Bereiche: 5 >

Grundeinstellung,
hellste Bereiche: 10 >>

so eher als körnige Überlagerung des Bildes. Wie aus dem Namen hervorgeht, ist der Zweck die Simulation eines grobkörnigen, also mit stark lichtempfindlicher Emulsion aufgenommenen Fotos.

Körnungsstärke: *4* [0 – 20]
Bereiche hellster Stellen: *0* [0 – 20]
Intensität hellster Stellen: *10* [0 – 10]

Umwandlung eines Bildes in eine Fotografie mit ausgeprägtem Korn

(Gallery Effects)

<< Grundeinstellung,
Intensität: 1

< Grundeinstellung,
Intensität: 5

<< Grundeinstellung,
Intensität: 10

< Stärke: 10,
Bereiche: 10.
Intensität: 5

<< Stärke: 20,
Bereiche: 20.
Intensität: 4

< Stärke: 2,
Bereiche: 16.
Intensität: 8

**Körnige Überlagerung
in verschiedenen
Typen und Stärken**

(Gallery Effects)

Der GE-Filter „Grain" faßt Pixel zu Körnern zusammen, die hinsichtlich ihrer Stärke und ihres Kontrasts definiert werden können. Gewisse Ähnlichkeiten bestehen zum Photoshop-Filter „Punktieren" (vgl. S. 228). Der wichtigste Unterschied zu Diffusionsfiltern und dem auf den vorausgehenden Seiten demonstrierten „Film Grain" ist die Wahl unterschiedlicher Körnungstypen. Diese sind zum Teil durch andere Effekte ersetzbar; so entspricht etwa das Punktieren (stipple) einer Bitmapumwand-

Grundeinstellung >

Stärke: 90,
Typ: normal,
Kontrast: 90 >>

Stärke: 90,
Typ: normal,
Kontrast: 20 >

Grundeinstellung,
Typ: weich >>

Grundeinstellung,
Typ: gesprenkelt >

Grundeinstellung,
Typ: verklumpt >>

lung, allerdings mit anderen Parametern als etwa den in Photoshop angebotenen; die Umwandlung ist härter. Einige Korntypen stammen aus dem Texture-Menü von Gallery Effects, können hier allerdings mit anderen Werten definiert werden.

Körnungsstärke: *40* [0 – 100]

Körnungstyp: *normal*, weich, gesprenkelt, verklumpt, kontrastreich, vergrößert, punktiert, horizontal, vertikal, gefleckt

Kontrast: *50* [0 – 100]

**Körnige Überlagerung
in verschiedenen
Typen und Stärken**

(Gallery Effects)

<< Grundeinstellung,
Typ: kontrastreich

< Grundeinstellung,
Typ: vergrößert

<< Grundeinstellung,
Typ: punktiert

< Grundeinstellung,
Typ: horizontal

<< Grundeinstellung,
Typ: vertikal

< Grundeinstellung,
Typ: gefleckt, aufgehellt

**Bildumwandlung in
eine kombinierte
Kreide-Kohle-
Zeichnung**

(Gallery Effects)

Der GE-Filter „Chalk and Charcoal" wandelt ein Bild in eine
Zeichnung um, in der helle Bildpartien mit kurzen Kreidestrichen
(von rechts oben nach links unten) akzentuiert (gehöht) werden,
während die dunklen Partien (von links oben nach rechts unten)
mit kurzen Kohlestift-Strichen überarbeitet werden. Das Verhältnis des jeweiligen Flächenanteils läßt sich im Dialog einstellen.
Außerdem kann die Andrucksstärke der verwendeten Werkzeuge definiert werden; Kohlestriche werden dadurch dunkler, Kreide-

Grundeinstellung >

Grundeinstellung,
Kohlezeichnungs-
Bereich: 0 >>

Grundeinstellung,
Kohlezeichnungs-
Bereich: 20 >

Grundeinstellung,
Kreidezeichnungs-
Bereich: 0 >>

Grundeinstellung,
Kreidezeichnungs-
Bereich: 20 >

Grundeinstellung,
Stiftdruck: 3 >>

striche heller, das Gesamtbild wird folglich kontrastreicher. Richtung und Länge der Werkzeugspuren können nicht numerisch eingegeben werden.

Kohlezeichnungs-Bereich: *6* [0 – 20]
Kreidezeichnungs-Bereich: *6* [0 – 20]
Stiftdruck: *1* [0 – 5]

Bildumwandlung in eine kombinierte Kreide-Kohle-Zeichnung

(Gallery Effects)

<< Grundeinstellung, Stiftdruck: 5

< Kohlezeichnungs-Bereich: 1, Kreidezeichnungs-Bereich: 1, Stiftdruck: 2

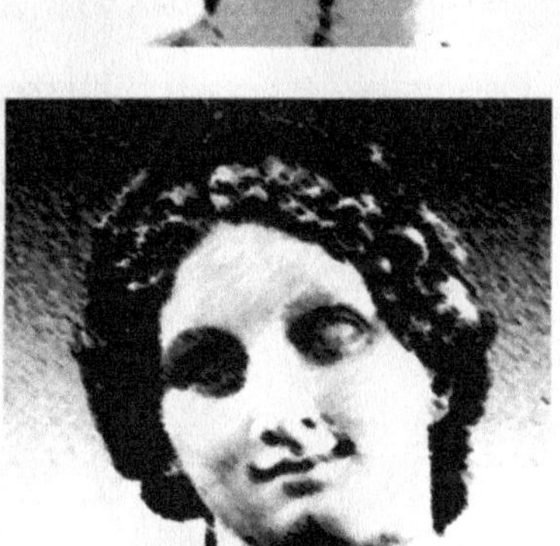

<< Kohlezeichnungs-Bereich: 15, Kreidezeichnungs-Bereich: 15 Stiftdruck: 2

< Kohlezeichnungs-Bereich: 10, Kreidezeichnungs-Bereich: 10 Stiftdruck: 3

<< Kohlezeichnungs-Bereich: 0, Kreidezeichnungs-Bereich: 15 Stiftdruck: 4

< Kohlezeichnungs-Bereich: 0, Kreidezeichnungs-Bereich: 10 Stiftdruck: 0

**Zusammenfassung
von Pixeln zu
einheitlich gefärbten
Polygonen**

(Photoshop)

Das Ergebnis der Bildfilterung mit dem Photoshop-Effekt „Kristallisieren" ist eine flächige Zusammenfassung benachbarter Pixel zu unregelmäßigen Polygonen mit verschieden vielen Eckpunkten. Die Färbung der so entstehenden Polygone entspricht dem Durchschnittswert der gruppierten Pixel. Die Kanten der entstehenden kristallartigen Flächen sind geglättet. Bei numerischer Eingabe kleiner Zellengrößen (Menge zusammengefaßter Pixel) entsteht ein körniger Diffusionseffekt. Je stärker die Zellen-

Grundeinstellung >

Zellengröße: 3 >>

Zellengröße: 5 >

Zellengröße: 8 >>

Zellengröße: 12 >

Zellengröße: 15 >>

größe wächst, um so weniger erkennbar wird das Umwandlungsergebnis. Die Generierung großer Zellen eignet sich vor allem als Basis für weitergehende Effekte konstruktiven Charakters.

Zellengröße: 10 Pixel [3 – 999 Pixel]

Zusammenfassung von Pixeln zu einheitlich gefärbten Polygonen

(Photoshop)

<< Zellengröße: 20

< Zellengröße: 80

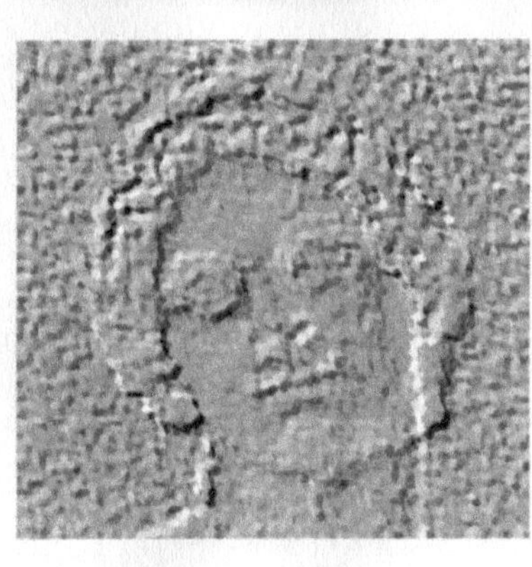
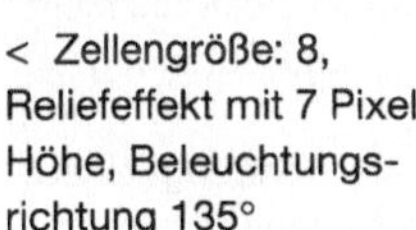

<< Zellengröße: 10, zweimal stark weichgezeichnet

< Zellengröße: 8, Reliefeffekt mit 7 Pixel Höhe, Beleuchtungsrichtung 135°

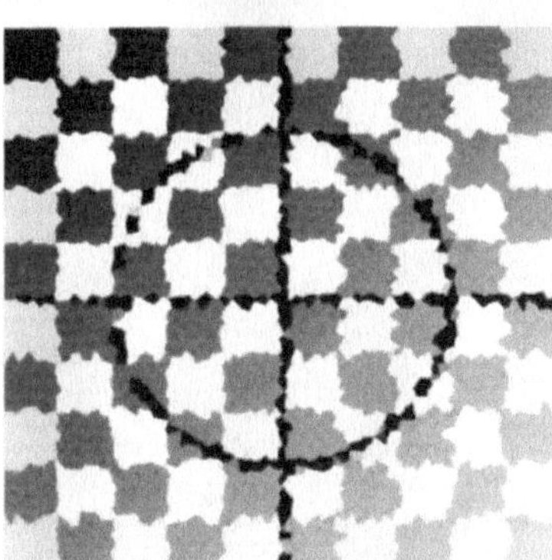
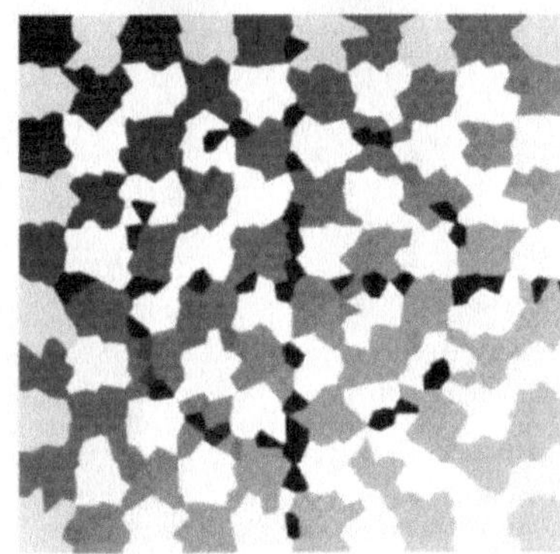

<< Geometrisches Testbild, Zellengröße: 10

< Geometrisches Testbild, Zellengröße: 20

Nicht voll deckende Nachzeichnung eines Bildes

(Magic Brush)

Magic Brush ist, ähnlich wie Painter und Oasis, eine Software, deren Schwerpunkt auf dem malerischen oder zeichnerischen Nachvollziehen eines Referenzbildes liegt. Die Wahl der Farben bestimmt auch hier das Programm, soweit nicht der manuelle Malmodus eingestellt ist. Durch Einstellung niedriger Werte bei den Schiebereglern für Farbdeckung und Sättigung ergibt sich eine lasierende Malwirkung. Die Detailgenauigkeit hängt von der gewählten Werkzeuggröße und der Spurstreuung ab.

Verwendung eines fleckförmigen Pinselwerkzeugs mit geringer Deckfähigkeit und Sättigung >

Verwendung eines pinselspurförmigen Pinselwerkzeugs mit geringer Deckfähigkeit und Sättigung >>

Verwendung eines Pinselwerkzeugs aus parallelen Strichen mit geringer Deckfähigkeit und Sättigung >

Verwendung eines bogenförmigen, weichen Pinselwerkzeugs mit geringer Deckfähigkeit und Sättigung >>

Verwendung eines kreuzförmigen Pinselwerkzeugs mit geringer Deckfähigkeit und Sättigung >

Verwendung eines strichförmigen Pinselwerkzeugs mit geringer Deckfähigkeit und Sättigung >>

Lasierende Bildwirkungen lassen sich digital durch nicht völlig deckende Werkzeugspuren oder halbtransparente Montagen (Einsetzen schwebender Auswahlen, vgl. S. 30 f.) erzielen. Bei den unten abgebildeten Beispielen wurde in Painter das Wasser-Werkzeug, das ein steuerbares „nasses" Verwischen eines Bildes ermöglicht, mit geringer Deckung in verschiedener Weise angewandt. Details lassen sich zurückgewinnen, wenn Original und Überarbeitung zusammenmontiert werden.

Lasierende Malschichten und halbtransparente Überlagerung

(Painter, Photoshop)

<< Übermalung mit dem Wasser-Werkzeug (naß verwischen mit geringer Deckung)

< Übermalung mit dem Wasser-Werkzeug (naß verwischen mit geringer Deckung)

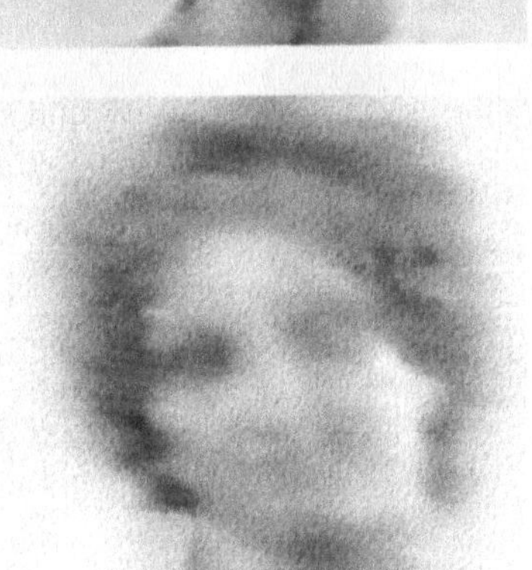

<< Übermalung mit dem Wasser-Werkzeug (naß verwischen mit geringer Deckung)

< Übermalung mit dem Wasser-Werkzeug (naß verwischen mit geringer Deckung)

<< Überlagerung des Originals mit der Überarbeitung (Montagekontolle: 20 % Deckung und Ausschluß heller Bereiche des Originals)

< Überlagerung des Originals mit der Überarbeitung (Montagekontrolle: 20 % Deckung)

**Simulation einer
Papier- oder Lein-
wandoberfläche, die
das Bild strukturiert**

(Painter)

Zur realistisch und lebendig wirkenden Simulation eines gemalt erscheinenden Bildes gehören nicht allein überzeugende Werkzeugspuren, sondern auch die Struktur des Malgrunds mit ihrer Verteilung von Licht und Schatten. Painter stellt in mehreren Papierpaletten solche Strukturen bereit, die skaliert und auf bestimmte Helligkeitsbereiche des Bildes beschränkt werden können; einstellbar sind Lichtrichtung, Ausprägungsstärke, Darstellung von Glanzlichtern und Papierstruktur.

Papierstruktur: Grobe
Leinwand, Stärke:
100 %, Lichtquelle:
links oben,
Skalierung: 100 % >

Einstellungen wie oben,
aber mit Stärke: 50 %,
Glanzlicht, Struktur-
skalierung: 300 % >>

Papierstruktur: Gewe-
be 2, Stärke: 100 %,
Lichtquelle: rechts
oben, Abdeckungs-
bereich 14 – 100 % >

Einstellungen wie
zuvor, aber mit Stärke:
50 %, Glanzlicht >>

Einstellungen wie zu-
vor, aber mit Struk-
turskalierung 70 % und
Abdeckungsbereich
0 – 100 % >

Papierstruktur: Syn.
superfein, Skalierung:
120 %, Stärke: 100 %,
Lichtquelle: oben,
Glanzlicht >>

In den Papier- und Effektstrukturpaletten finden sich unter anderem: Standardpapier (Grundeinstellung), Abgeschwächt, Mittelfein, Aquarellpapier 1 und 2, Grob, Fein, Punktraster 1 bis 3, Grobe Leinwand, Feine Leinwand, Synthetisch Superfein und Mittelfein, Grobe und Feine Struktur, Oberfläche 1 und 2, Gewebe 1 und 2, Diagonal 1, Reispapier, Fasern, Gras, 60° Muster, Dicke Fasern, Punkte, Zebra, Naturmuster, Erdbeben usw. Einige der Letztgenannten eignen sich besser als Muster.

Simulation einer Papier- oder Leinwandoberfläche, die das Bild strukturiert

(Painter)

<< Grundeinstellung, Lichtquelle oben links, Standardpapier

< Grundeinstellung, Lichtquelle oben links, Aquarell 1

<< Grundeinstellung, Lichtquelle oben links, Grob

< Grundeinstellung, Lichtquelle oben links, Feine Leinwand

<< Grundeinstellung, Lichtquelle oben links, Oberfläche 1

< Grundeinstellung, Lichtquelle oben links, Feine Struktur, mit Glanzlicht

Eine weitere Möglichkeit der Malgrundsimulation bietet der GE-Filter „Texturizer", der neben den vier Grundstrukturen auf einen Ordner mit sogenannten „Newton Textures" zurückgreifen kann. Eigene Strukturen lassen sich als PICT-Dateien speichern und benutzen. Andere Möglichkeiten mit ähnlichen Effekten bietet SuperPaint; in Programmen, die 8-Bit-Masken auch beim Einsetzen schwebender Auswahlen anwenden, können Malgrundstrukturen durch Maskierung erzeugt werden. Effekte wie Auf-

Grundeinstellung >

Grundeinstellung,
Skalierung: 50 % >>

Grundeinstellung,
Skalierung: 200 % >

Grundeinstellung,
Relief: 8 >>

Grundeinstellung,
Relief: 16 >

Skalierung: 150 %,
Relief: 16, Beleuchtungsrichtung: links
oben >>

hellung der Struktur in Richtung der Lichtquelle und Abdunklung
in der entgegengesetzten sind allerdings so nur mit erheblichem
Aufwand zu erzeugen. Der GE-Texturizer bietet:
Typ: Backstein, Rupfen, *Leinwand*, Sandstein ...
Skalierung: *100* % [50 – 200 %]
Relief: *4* [0 – 50]
Beleuchtungsrichtung: 8 Positionen alle 45 °(*rechts oben*)
Struktur (*nicht*) invertiert

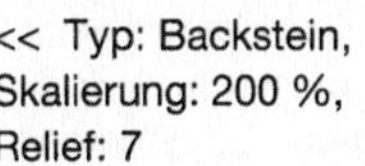

**Simulation einer
Papier- oder Lein-
wandoberfläche, die
das Bild strukturiert**

(Gallery Effects)

<< Typ: Backstein,
Skalierung: 200 %,
Relief: 7

< Typ: Rupfen,
Relief: 6

<< Einstellung wie
zuvor, aber Struktur
invertiert

< Typ: Sandstein,
Skalierung: 200 %,
Relief: 8

<< Typ: Beton,
Grundeinstellung

< Typ: Stein, Relief: 7

**Simulation eines mit
Farbe nur teilweise
bedeckten Malgrunds**

(Gallery Effects)

Nach der Skizzierung der Objektumrisse auf dem Malgrund
(Leinen, Karton, Verputz) folgt in der Regel die – monochrome –
Untermalung des Bildes, die mit wenig Details vor allem tiefe
Schatten, Mitteltöne und Lichter vorgibt. Sie erfolgt oft in Braun-
oder Grüntönen. Der GE-Filter „Underpainting" simuliert diese
detailarme Vorstufe eines Gemäldes, indem er die gewählte Mal-
grundstruktur in weiten Bereichen sichtbar läßt, zum Teil in
lasierender Kolorierung, zum Teil die Struktur deckend über-

Grundeinstellung;
(Grundeinstellung Sub-
menü Strukturkon-
trollen vgl. S. 205) >

Grundeinstellung,
Pinselstärke: 2 >>

Grundeinstellung,
Pinselstärke: 12 >

Grundeinstellung,
Pinselstärke: 40 >>

 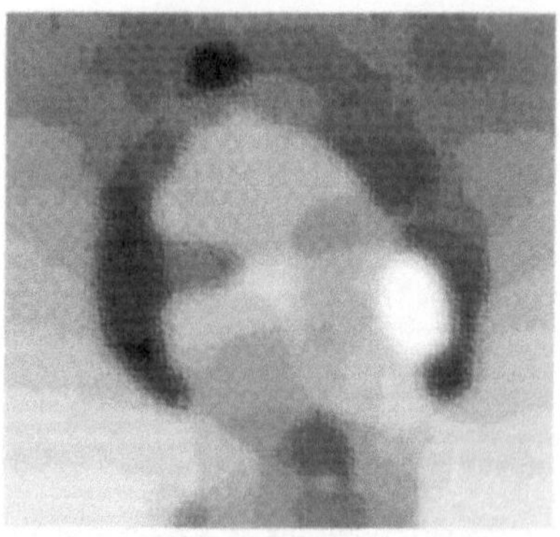

Grundeinstellung,
Strukturdeckung: 0 >

Grundeinstellung,
Strukturdeckung: 8 >>

lagernd. Neben den Parametern Pinselstärke und Strukturdeckung können alle auf Seite 206 beschriebenen Strukturkontrollen definiert werden.

Pinselstärke: 6 [0 – 40]
Strukturdeckung: 16 [0 – 40]
Strukturkontrollen: vgl. S. 205

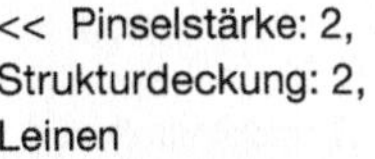

<< Pinselstärke: 2,
Strukturdeckung: 2,
Leinen

< Pinselstärke: 2,
Strukturdeckung 40,
Leinen

<< Pinselstärke: 2,
Strukturdeckung: 2,
Typ: Rupfen, Skalie-
rung: 100, Relief: 4

< Pinselstärke: 2,
Strukturdeckung 40,
Typ: Rupfen, Skalie-
rung: 100, Relief: 4

<< Pinselstärke: 2,
Strukturdeckung: 2,
Typ: Rupfen, Skalie-
rung: 150, Relief: 8

< Pinselstärke: 2,
Strukturdeckung 40,
Typ: Rupfen, Skalie-
rung: 150, Relief: 8

Simulation eines gemalten Bildes mit deutlich sichtbarer, diagonal ausgerichteter Pinselführung

(Gallery Effects)

Dieser GE-Filter ahmt eine Malweise nach, bei der Pinselspuren das Bild deutlich sichtbar strukturieren. Die Ausprägung der Pinselführung läßt sich durch Regler für Spurlänge und Schärfe bestimmen. Der wichtigste Parameter dieses Filters verbirgt sich hinter der Bezeichnung Richtungs-Balance; damit wird der Schwellenwert eingestellt, ab dem dunkle Bildbereiche mit Pinselstrichen generiert werden, die im rechten Winkel zu den übrigen verlaufen. Während bei der Stellung 0 alle Striche von links oben nach

Grundeinstellung >

Grundeinstellung,
Richtungs-
Balance: 2 >>

Grundeinstellung,
Richtungs-
Balance: 100 >

Grundeinstellung,
Spurlänge: 3 >>

Grundeinstellung,
Spurlänge: 50 >

Grundeinstellung,
Schärfe: 0 >>

rechts unten und bei der Stellung 100 von rechts oben nach links unten gemalt werden, sinkt mit zunehmendem Wert die Schwelle, oberhalb derer dunklere Werte gegenläufig dargestellt werden.

Richtungs-Balance: *50* [0 – 100]
Spurlänge: *15* [3 – 50]
Schärfe: *3* [0 – 10]

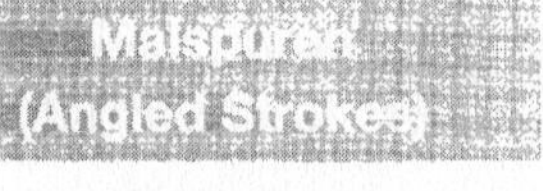

Simulation eines gemalten Bildes mit deutlich sichtbarer, diagonal ausgerichteter Pinselführung

(Gallery Effects)

<< Grundeinstellung, Schärfe: 10

< Richtungs-balance: 75, Spurlänge: 25, Schärfe: 5

<< Richtungsbalance: 14, Spurlänge: 20, Schärfe: 6

< Richtungs-balance: 50, Spurlänge: 50, Schärfe: 10

<< Richtungs-balance: 50, Spurlänge: 10, Schärfe: 1

< Richtungs-balance: 66, Spurlänge: 12, Schärfe: 4

**Erzeugung einer
Maskenstruktur mit
unterschiedlichen
Anwendungsformen
auf ein Bild**

(ColorStudio)

Der Maskenstrukturgenerator erzeugt organisch wirkende Strukturen, die sich in ColorStudio für verschiedene Operationen einsetzen lassen, die unter Einbezug der Maskenebene ausgeführt werden, etwa Relief- und an der Maske orientierte Welleneffekte. Der Name ist etwas mißverständlich, da der Generator sowohl auf der Masken- wie auch auf der Bildebene arbeitet. Er eignet sich dort besonders zur Darstellung unregelmäßiger Strukturen wie Wolken, Sand, Asphalt u.a.

Darstellung Maskenebene: Ausbeulung: Kreise, min. Radius: 1, max. Radius: 50, Ähnlichkeit: 1, Dichte: 1, zellulare Verteilung >

Mit Reliefeffekt auf das Bild angewandt >>

Darstellung Maskenebene: Ausbeulung: Kreise, Option: Krater, min. Radius: 1, max. Radius: 50, Ähnlichkeit: 1, Dichte: 1, zellulare Verteilung >

Mit Reliefeffekt auf das Bild angewandt >>

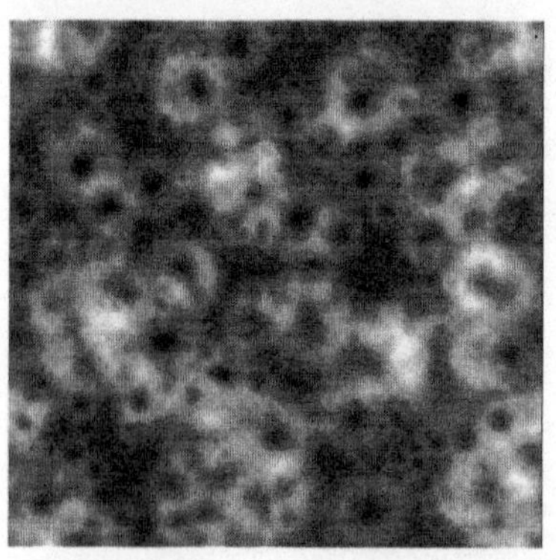 

Darstellung Maskenebene: Ausbeulung: Kreise, Option: zellulare Verteilung, min. Radius: 1, max. Radius: 50, Ähnlichkeit: 1, Dichte: 1, zellulare Verteilung >

Mit Reliefeffekt auf das Bild angewandt >>

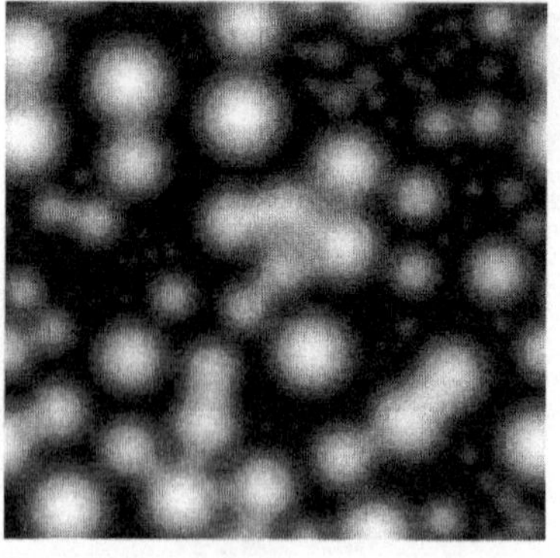 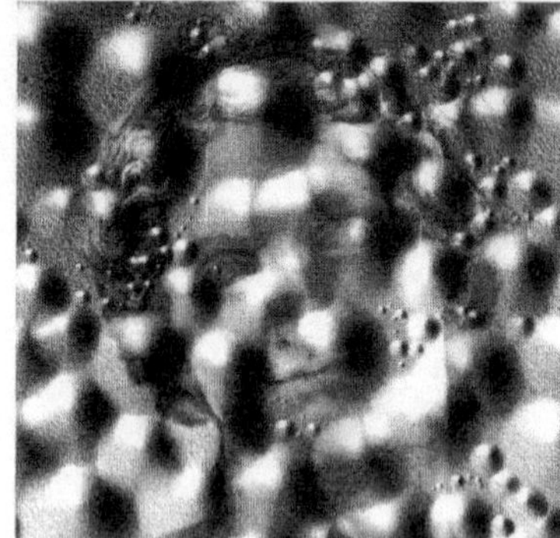

Ausbeulung: *Kreise*, Kegel, Scheiben, Höcker
Option: (*keine*) Krater
Minimaler Radius: *1* [1 – 200]
Maximaler Radius: *50* [1 – 200]
Ähnlichkeit: *1* [0,001 – 10]
Dichte: *1* [0,001 – 20]
Option: (*keine*) zellulare Verteilung

Erzeugung einer Maskenstruktur mit unterschiedlichen Anwendungsformen auf ein Bild

(ColorStudio)

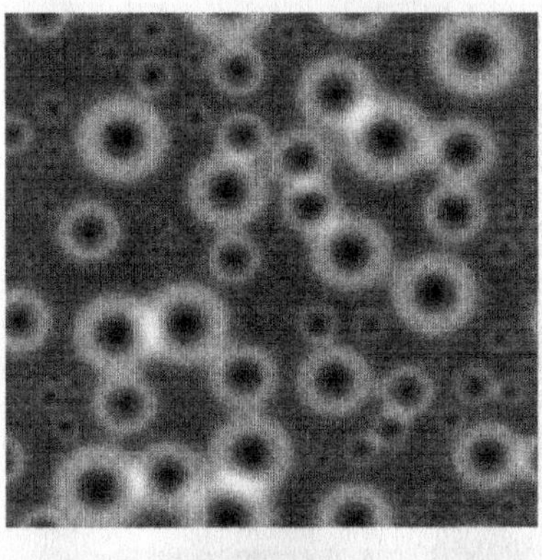

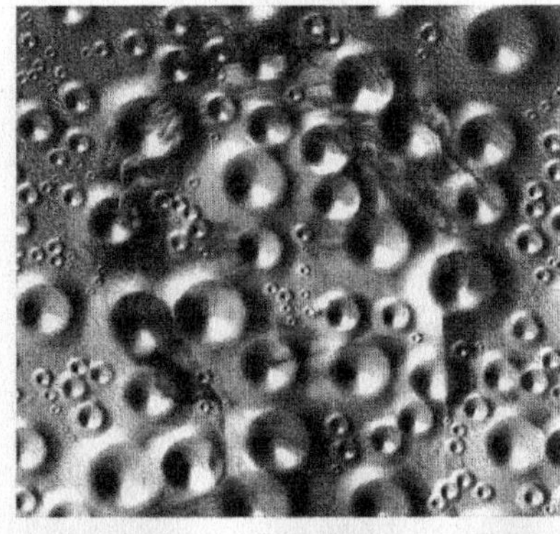

<< Darstellung Maskenebene: Ausbeulung: Kreise, Optionen: Krater und zellulare Verteilung, min. Radius: 1, max. Radius: 50, Ähnlichkeit: 1, Dichte: 1, zellulare Verteilung

< Mit Reliefeffekt auf das Bild angewandt

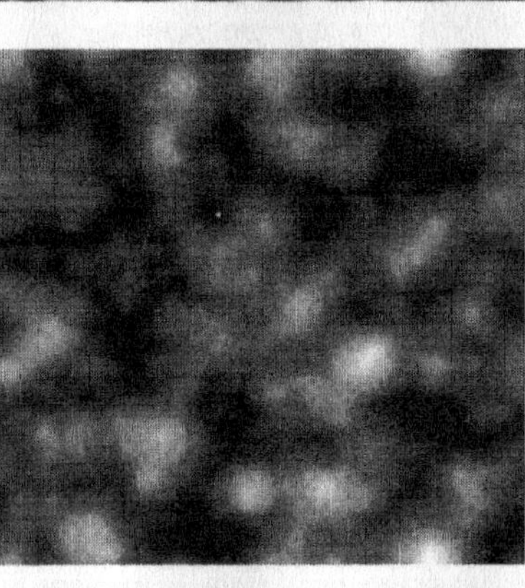

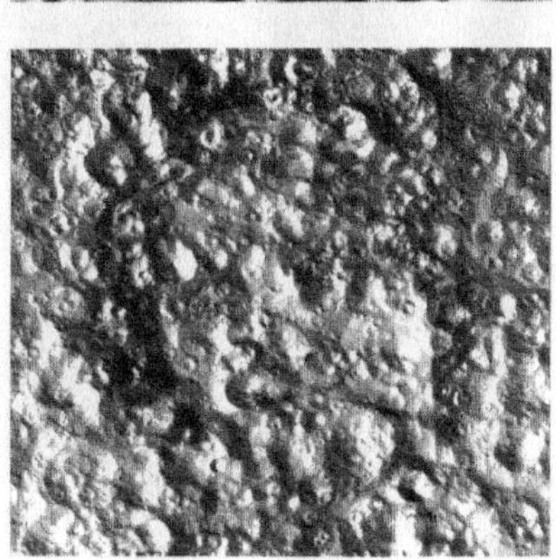

<< Darstellung Maskenebene: Ausbeulung: Kegel, min. Radius: 1, max. Radius: 50, Ähnlichkeit: 1, Dichte: 1, zellulare Verteilung

< Mit Reliefeffekt auf das Bild angewandt

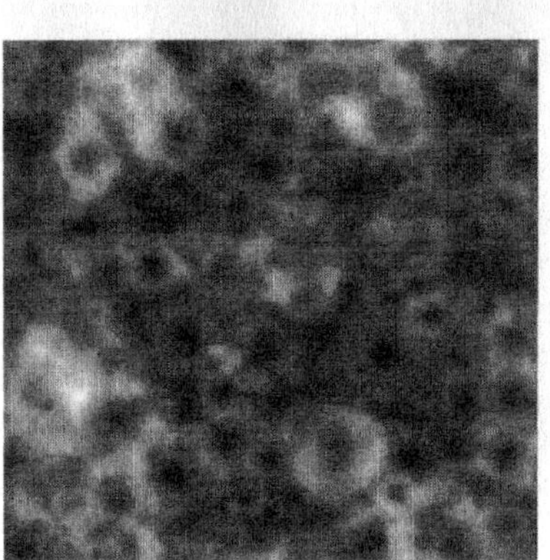

<< Darstellung Maskenebene: Ausbeulung: Kegel, Option: Krater, min. Radius: 1, max. Radius: 50, Ähnlichkeit: 1, Dichte: 1, zellulare Verteilung

< Mit Reliefeffekt auf das Bild angewandt

**Erzeugung einer
Maskenstruktur mit
unterschiedlichen
Anwendungsformen
auf ein Bild**

(ColorStudio)

Darstellung Masken-
ebene: Ausbeulung:
Kegel, Option: zellulare
Verteilung, min. Ra-
dius: 1, max. Ra-
dius: 50, Ähnlichkeit: 1,
Dichte: 1, zellulare
Verteilung >

Mit Reliefeffekt auf das
Bild angewandt >>

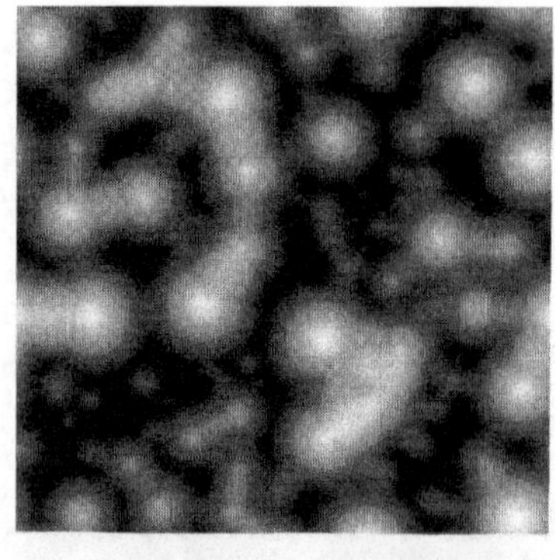
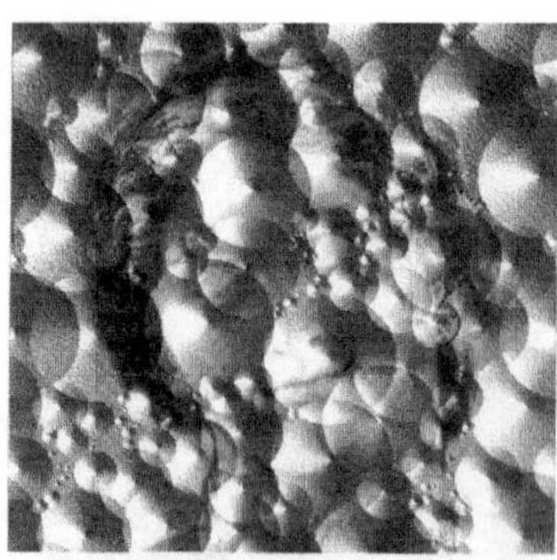

Darstellung Masken-
ebene: Ausbeulung:
Kegel, Option: Krater,
zellulare Verteilung,
min. Radius: 1, max.
Radius: 50, Ähn-
lichkeit: 1, Dichte: 1,
zellulare Verteilung >

Mit Reliefeffekt auf das
Bild angewandt >>

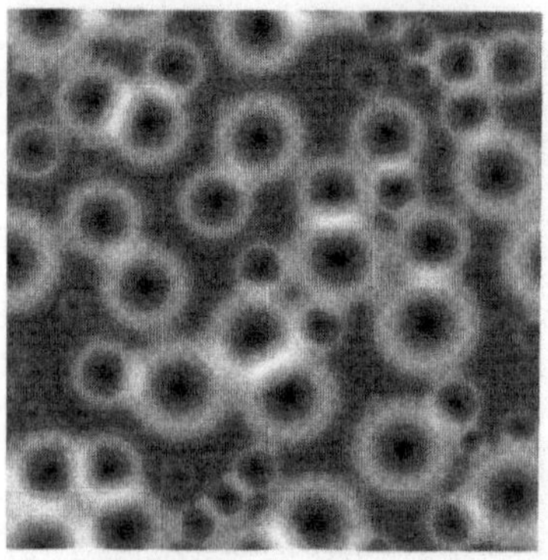
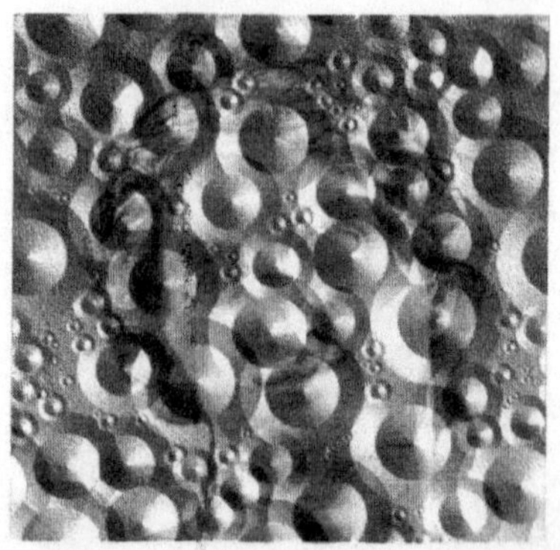

Darstellung Masken-
ebene: Ausbeulung:
Scheiben, min. Radius:
1, max. Radius: 50,
Ähnlichkeit: 1, Dichte:
1, zellulare Ver-
teilung >

Mit Reliefeffekt auf das
Bild angewandt >>

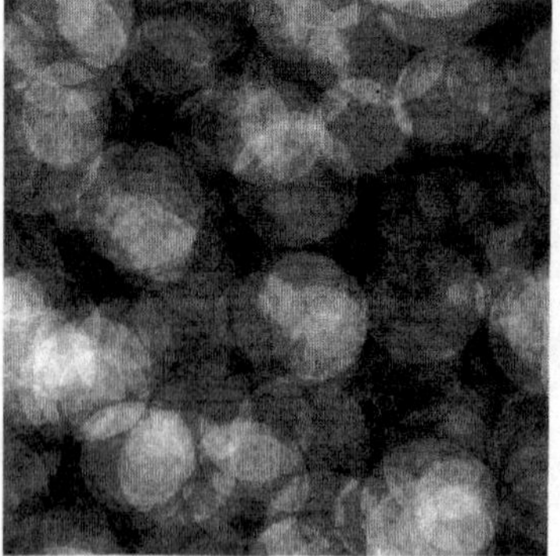
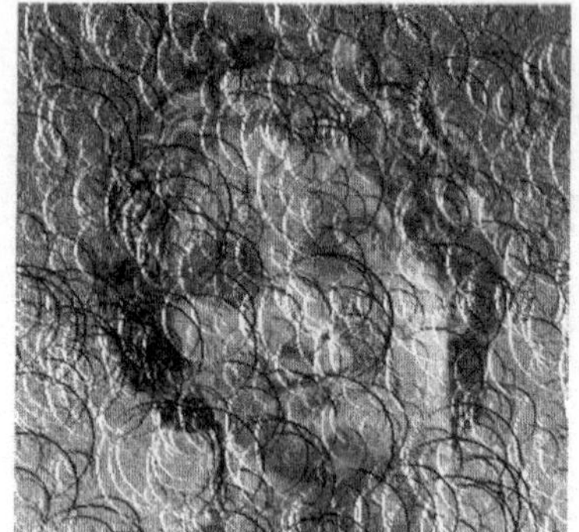

**Erzeugung einer
Maskenstruktur mit
unterschiedlichen
Anwendungsformen
auf ein Bild**

(ColorStudio)

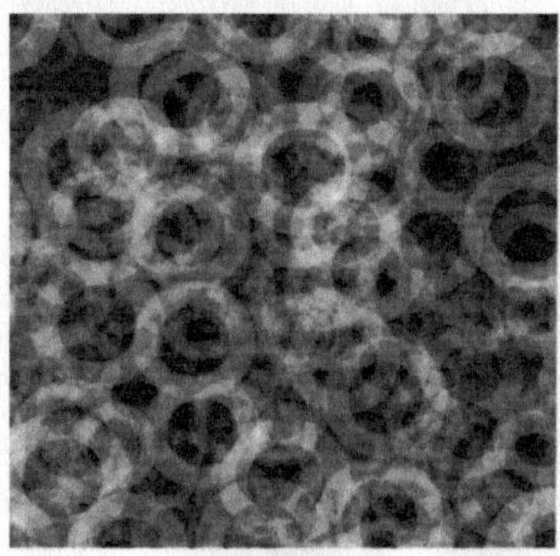

<< Darstellung Mas-
kenebene: Ausbeulung:
Scheiben, Option:
Krater, min. Radius: 1,
max. Radius: 50, Ähn-
lichkeit: 1, Dichte: 1,
zellulare Verteilung

< Mit Reliefeffekt auf
das Bild angewandt

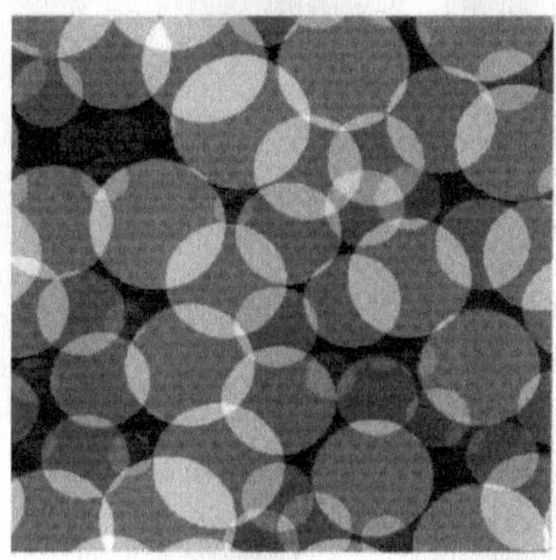

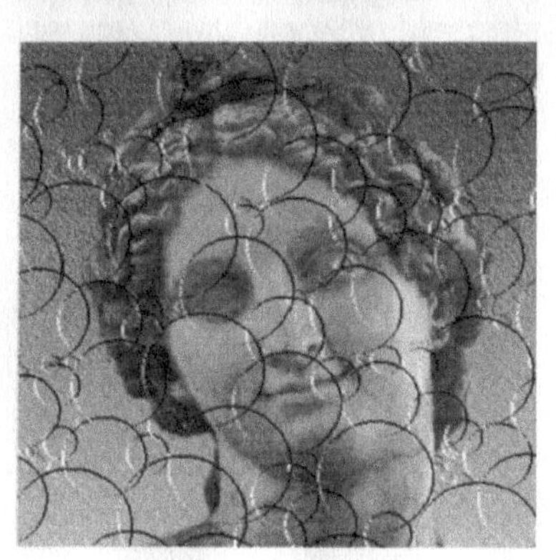

<< Darstellung Mas-
kenebene: Ausbeulung:
Scheiben, Option:
zellulare Verteilung,
min. Radius: 1, max.
Radius: 50, Ähnlich-
keit: 1, Dichte: 1,
zellulare Verteilung

< Mit Reliefeffekt auf
das Bild angewandt

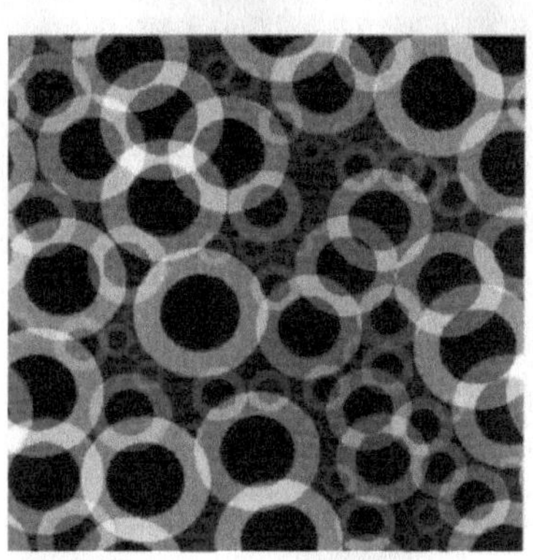

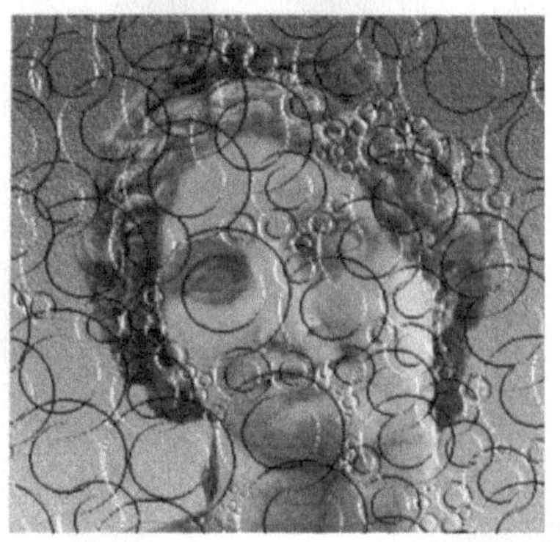

<< Darstellung Mas-
kenebene: Ausbeulung:
Scheiben, Option: Kra-
ter, zellulare Verteilung,
min. Radius: 1, max.
Radius: 50, Ähnlich-
keit: 1, Dichte: 1,
zellulare Verteilung

< Mit Reliefeffekt auf
das Bild angewandt

**Erzeugung einer
Maskenstruktur mit
unterschiedlichen
Anwendungsformen
auf ein Bild**

(ColorStudio)

Darstellung Masken-
ebene: Ausbeulung:
Höcker, min. Radius: 1,
max. Radius: 50, Ähn-
lichkeit: 1, Dichte: 1,
zellulare Verteilung >

Mit Reliefeffekt auf das
Bild angewandt >>

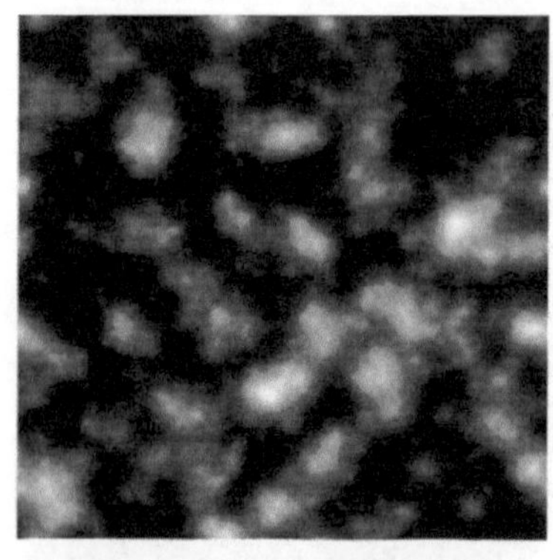

Darstellung Masken-
ebene: Ausbeulung:
Höcker, Option: Krater,
min. Radius: 1, max.
Radius: 50, Ähn-
lichkeit: 1, Dichte: 1,
zellulare Verteilung >

Mit Reliefeffekt auf das
Bild angewandt >>

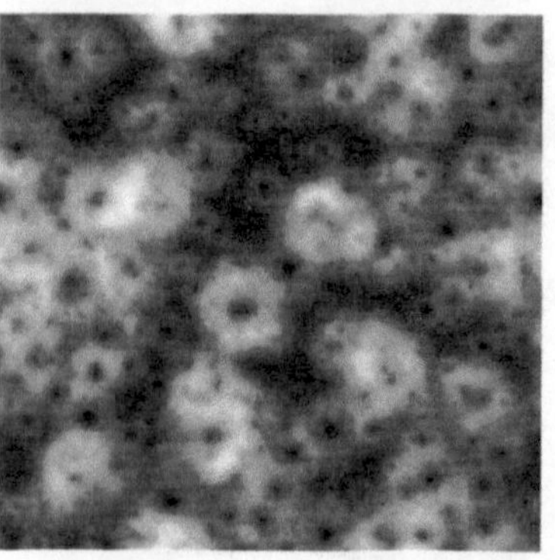

Darstellung Masken-
ebene: Ausbeulung:
Höcker, Option: Krater,
zellulare Verteilung,
min. Radius: 1, max.
Radius: 50, Ähnlich-
keit: 1, Dichte: 1,
zellulare Verteilung >

Mit Reliefeffekt auf das
Bild angewandt >>

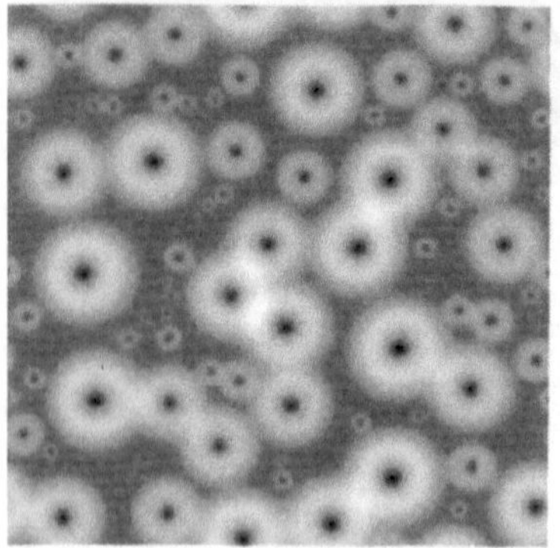
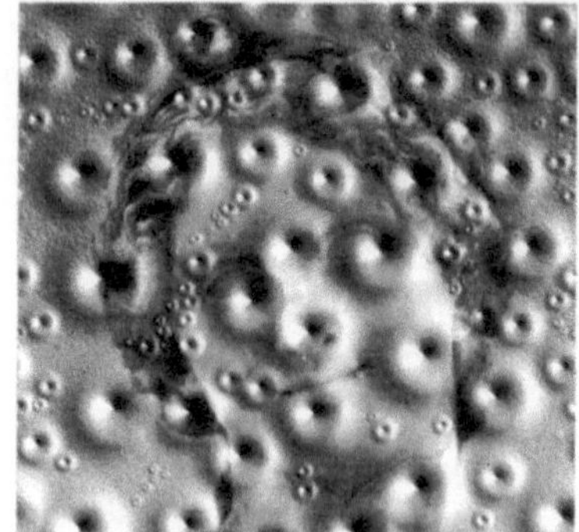

Mosaikeffekt-Filter gibt es in nahezu allen Bildbearbeitungsprogrammen. Sie fassen benachbarte Pixel zu einheitlich gefärbten
quadratischen Feldern mit dem farblichen Durchschnittswert der
berechneten Gruppe zusammen. Um nichtquadratische Felder zu
erhalten, muß die Auswahl vor Anwendung des Filters in einer
Richtung skaliert und danach auf ihre Ursprungsgröße gebracht
werden. Die Pixelstruktur des Originalbilds ist durch stark ver-
größerte Ansicht und einen Screenshot darstellbar.

**Zusammenfassung
benachbarter Pixel zu
einheitlich gefärbten
Quadraten**

<< Quadrat mit 4 Pixel
Kantenlänge (Grund-
einstellung in Photo-
shop)

< Quadrat mit 6 Pixel
Kantenlänge

<< Quadrat mit 8 Pixel
Kantenlänge (Grund-
einstellung in Color-
Studio)

< Quadrat mit 12 Pixel
Kantenlänge

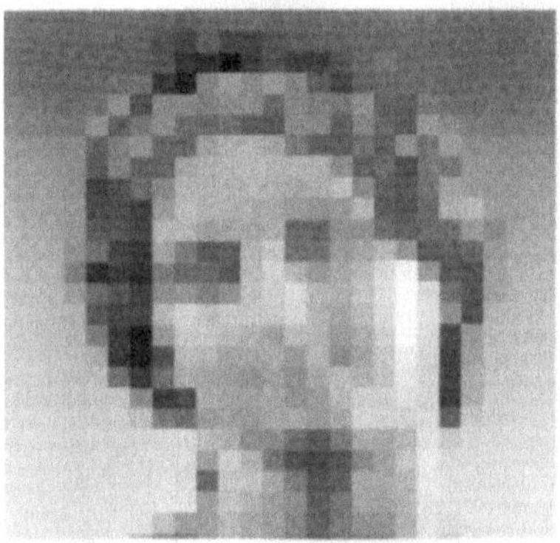
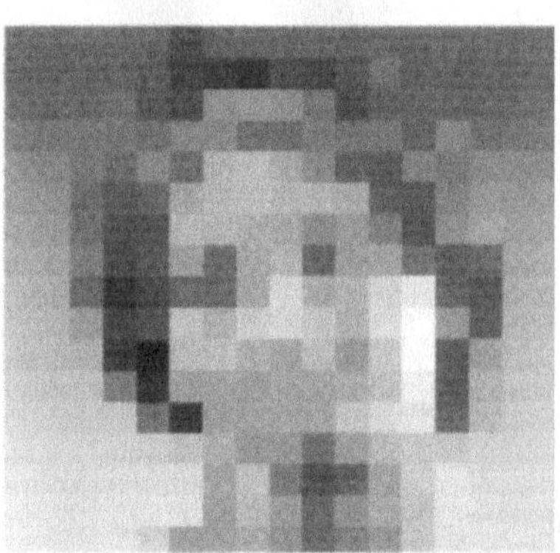

<< Quadrat mit 16
Pixel Kantenlänge

< Quadrat mit 24 Pixel
Kantenlänge

Umwandlung eines Bildes in ein Mosaik, das aus unregelmäßigen Elementen zusammengesetzt ist

(Gallery Effects)

Während übliche Mosaikfilter sich darauf beschränken, Pixel zu einheitlich gefärbten, quadratischen (vgl. S. 215) oder in anderer Weise geformten (vgl. S. 218) Gruppen zusammenzufassen, die „typisch computererzeugt" wirken, simuliert der GE-Filter „Mosaic" ein Werk, das dieser künstlerischen Technik visuell nahekommt – die Elemente, deren Größe und Abstand definierbar sind, haben unregelmäßige Formen, sind allerdings stets orthogonal ausgerichtet. Wie bei anderen Effektfiltern dieser Art ergeben

Grundeinstellung >

Grundeinstellung,
Kachelgröße: 6 >>

Grundeinstellung,
Kachelgröße: 50 >

Grundeinstellung,
Fugenbreite: 1 >>

Grundeinstellung,
Fugenbreite: 12 >

Grundeinstellung,
Fugenhelligkeit: 0 >>

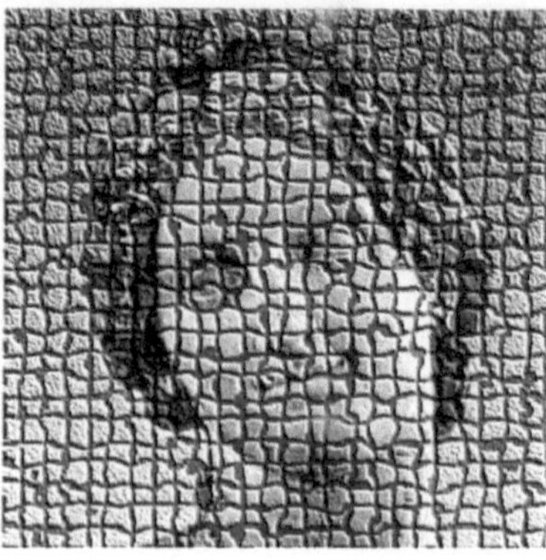

sich gut verwendbare Wirkungen auch dann, wenn der Filter nicht auf das ganze Bild angewandt wird, sondern auf gezielte Auswahlbereiche, die dadurch strukturiert werden. Interessant sind auch nahezu gleichgroße Eingaben für Kachelelemente und Fugenbreite.

Kachelgröße: *12* [2 – 100]
Fugenbreite: *3* [1 – 15]
Fugenhelligkeit: *9* [0 – 10]

Umwandlung eines Bildes in ein Mosaik, das aus unregelmäßigen Elementen zusammengesetzt ist

(Gallery Effects)

<< Grundeinstellung, Fugenhelligkeit: 5

< Kachelgröße: 26, Fugenbreite: 13, Fugenhelligkeit: 10

<< Kachelgröße: 40, Fugenbreite: 8, Fugenhelligkeit: 0

< Kachelgröße: 20, Fugenbreite: 2, Fugenhelligkeit: 0

<< Kachelgröße: 50, Fugenbreite: 8, Fugenhelligkeit: 4

< Kachelgröße: 4, Fugenbreite: 1, Fugenhelligkeit: 10

**Umwandlung eines
Bildes in hexagonale
Elemente (Bienen-
waben)**

(ColorStudio)

Eine weitere Form bietet ColorStudio, wo im Dialogfeld der Mosaik-Parameter auch eine Bienenwabenstruktur eingestellt werden kann. Als zusätzliche Option ist „TV-Effekt" anwählbar; diese Darstellungsweise setzt ein Bild – auch ein Graustufenoriginal – in farbige Hexagon-Dreiergruppen mit unterschiedlichen Intensitäten von RGB-Anteilen um.
Halbe Höhe des Hexagons: *12* [1 – 101]
(*kein*) TV-Effekt

Grundeinstellung >

Halbe Hexagon-
höhe: 2 >>

Halbe Hexagon-
höhe: 4 >

Halbe Hexagon-
höhe: 16 >>

 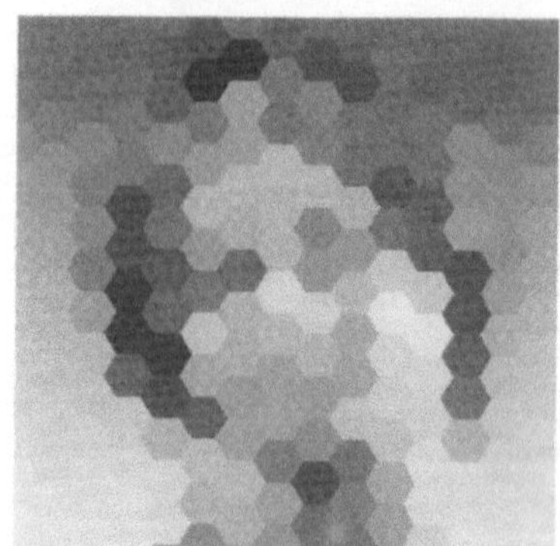

Halbe Hexagon-
höhe: 5, TV-Effekt,
aufgehellt >

Halbe Hexagon-
höhe: 3 TV-Effekt,
aufgehellt >>

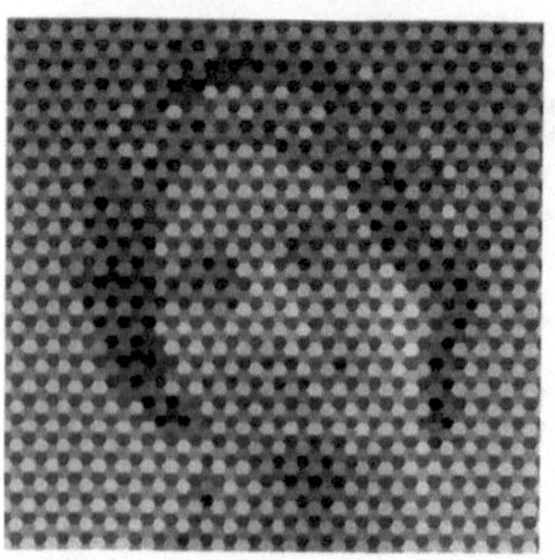 

Der GE- „Patchwork"-Filter wandelt ein Bild in eine regelmäßige quadratische Kachelelement-Struktur um. Die Kachelfärbung wird wie beim einfachen Mosaikeffekt zusammengefaßt; hinzu kommen Licht- und Schattenkanten und eine räumliche Staffelung, wobei helle Elemente im Vordergrund stehen und dunklere zunehmend nach hinten geschichtet werden.

Quadratgröße: 4 [0 – 10]
Relief: 8 [0 – 25]

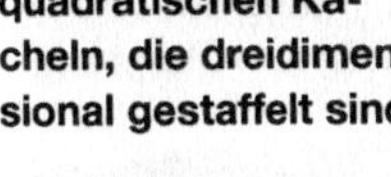

Simulation eines Mosaiks aus kleinen quadratischen Kacheln, die dreidimensional gestaffelt sind

(Gallery Effects)

<< Grundeinstellung

< Grundeinstellung, Quadratgröße: 1

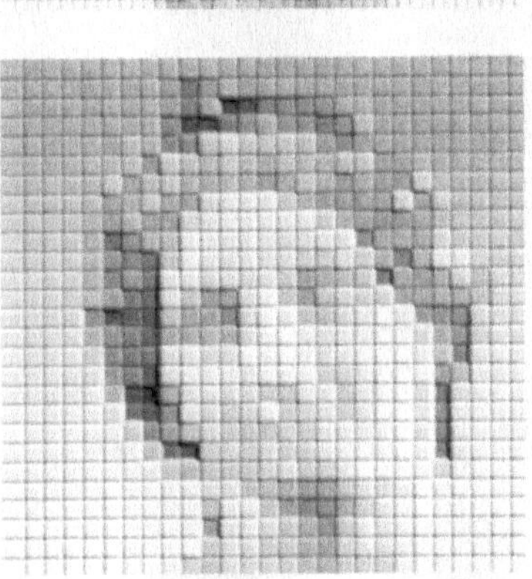

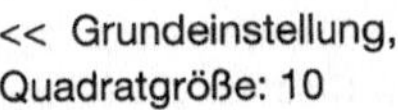

<< Grundeinstellung, Quadratgröße: 10

< Grundeinstellung, Relief: 0

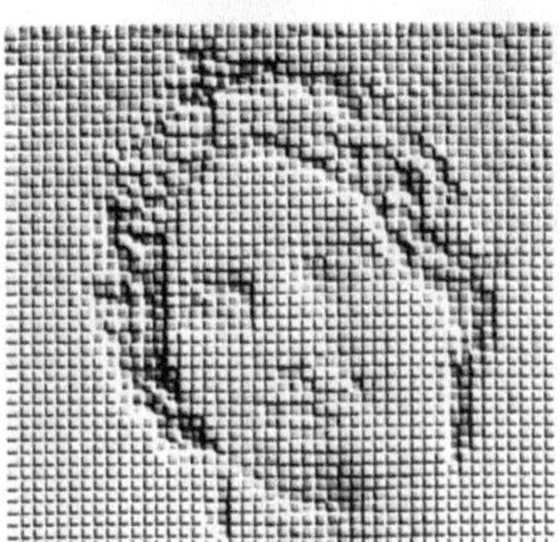

<< Grundeinstellung, Relief: 25

< Quadratgröße: 6, Relief: 12

**Simulation einer
groben Kreidezeich-
nung auf struk-
turiertem Malgrund**

(Gallery Effects)

Das Zeichenmaterial Pastellkreide heftet, wenn es auf einem rauhen oder strukturierten Papier verarbeitet wird, bei nicht allzu starkem Druck vor allem an den Erhöhungen, während Vertiefungen nur leicht getönt werden bzw. die Farbe des Papiers beibehalten. Der GE-Filter „Rough Pastels" ahmt diese Technik nach. Folgerichtig ist auch er daher mit den Strukturkontrollen verknüpft, so daß unterschiedliche – gegebenenfalls auch selbst angelegte – Zeichenpapiere verwendet werden können.

Grundeinstellung >

Grundeinstellung,
Strichlänge: 0 >>

Grundeinstellung,
Strichlänge: 12 >

Grundeinstellung,
Strichlänge: 40 >>

Grundeinstellung,
Genauigkeit: 1 >

Grundeinstellung,
Details: 10 >>

Strichlänge: *6* [0 – 40]
Spurdetails: *4* [1 – 20]
Strukturkontrollen: vgl. S. 204 f.

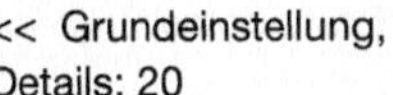

**Simulation einer
groben Kreidezeich-
nung auf struk-
turiertem Malgrund**

(Gallery Effects)

<< Grundeinstellung,
Details: 20

< Strichlänge: 0,
Details: 20

<< Strichlänge: 0,
Details: 1

< Strichlänge: 20,
Details: 10, Struktur-
kontrollen: Typ:
Sandstein, Relief: 20

<< Strichlänge: 8,
Details: 12, Struktur-
kontrollen: Typ:
handgeschöpftes
Papier, Relief: 20

< Strichlänge: 20,
Details: 10, Struktur-
kontrollen: Typ: verti-
kale Rillen, Relief: 20

Nachahmung der Erscheinungsweise einer fotokopierten Zeichnung

(Gallery Effects)

Fotokopiergeräte, vor allem solche älterer Bauart, betonen Kontrastkonturen, hellen Mitteltöne neben Tiefen stark auf und bleichen dunkle Flächen in deren zentralen Bereichen aus. Der GE-Filter „Photocopy" erzeugt an dieser Bildwirkung orientierte Ergebnisse mit Regelung von Detailtreue und Dunkelheit. Der Fotokopie-Filter weist gewisse Übereinstimmungen mit anderen Effekten auf wie etwa Hochpass (vgl. S. 81 und 96) oder die unterschiedlichen Methoden der Konturenakzentuierung.

Grundeinstellung >

Grundeinstellung,
Detail: 8 >>

Grundeinstellung,
Detail: 12 >

Grundeinstellung,
Detail: 24 >>

Grundeinstellung,
Dunkelheit: 1 >

Grundeinstellung,
Dunkelheit: 12 >>

Detail: *7* [1 – 24]
Dunkelheit: *8* [1 – 50]

**Nachahmung der
Erscheinungsweise
einer fotokopierten
Zeichnung**

(Gallery Effects)

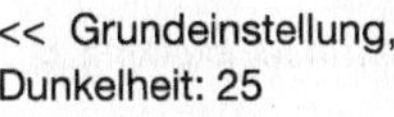
<< Grundeinstellung,
Dunkelheit: 25

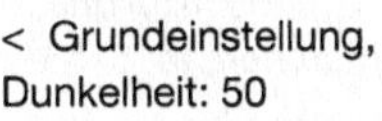
< Grundeinstellung,
Dunkelheit: 50

<< Detail: 2, Dunkel-
heit: 40

< Detail: 20, Dunkel-
heit: 40

<< Detail: 5, Dunkel-
heit: 20

< Detail: 5, Dunkel-
heit: 3

Starke Hervorhebung von Kontrastkonturen in Verbindung mit Tontrennung

(Gallery Effects)

Mit dem GE-Filter „Poster Edges" können auf einfache Weise starke grafische Akzente in einem Bild gesetzt werden, indem kontrastreiche Kanten mit akzentuierten Strichen nachgezeichnet werden. Diese lassen sich bezüglich ihrer Breite und Intensität einstellen; mit erhöhter Intensität steigt die Schwärzung, gleichzeitig sinkt die Kontrastschwelle, die zusätzlich in den Effekt einbezogen wird. Als dritter Parameter, der beeinflußt werden kann, ist der Grad der Tontrennung vorgegeben; niedrige Werte

Grundeinstellung >

Grundeinstellung,
Konturenbreite: 5 >>

Grundeinstellung,
Konturenbreite: 10 >

Grundeinstellung, Kon-
turenintensität: 5 >>

Grundeinstellung, Kon-
turenintensität: 10 >

Grundeinstellung,
Tontrennung: 0 >>

für „Posterization" ziehen eine starke Aufspaltung nach sich, bei hohen Werten wird das nahezu unveränderte Bild mit den nachgezeichneten Konturen überlagert und erhält dabei den Charakter eines Reliefs mit patinierten Vertiefungen.

Konturenbreite: 2 [0 – 10]
Konturenintensität: 1 [0 – 10]
Tontrennung: 2 [0 – 6]

Starke Hervorhebung von Kontrastkonturen in Verbindung mit Tontrennung

(Gallery Effects)

<< Grundeinstellung,
Tontrennung: 3

< Grundeinstellung,
Tontrennung: 6

<< Konturenbreite: 4,
Konturenintensität: 5,
Tontrennung: 1

< Konturenbreite: 4,
Konturenintensität: 5,
Tontrennung: 6

<< Konturenbreite: 10,
Konturenintensität: 1,
Tontrennung: 3

< Konturenbreite: 1,
Konturenintensität: 1,
Tontrennung: 10

Erzeugung eines geprägten Reliefs in der Art eines Wasserzeichens

(Gallery Effects)

Der GE-Filter „Note Paper" ist eine Variante der zahlreichen Relieffilter, die von nahezu allen Bildbearbeitungsprogrammen bereitgestellt werden. Die besondere Art des hier erzeugten Reliefs hat die Wirkung einer flachen Prägung in Papier, wie sie beispielsweise bei der Erzeugung von Wasserzeichen auftritt. Die Lichtrichtung, die den Effekt sichtbar werden läßt, ist vorgegeben. Bei geringen Werten im Bildbalance-Regler werden Prägungseffekte nur an den dunkelsten Bildstellen ausgeführt, bei hohen

Grundeinstellung >

Grundeinstellung, Balance: 5 >>

Grundeinstellung, Balance: 12 >

Grundeinstellung, Balance: 40 >>

Grundeinstellung, Körnung: 2 >

Grundeinstellung, Körnung: 18 >>

Werten sind nur Spitzlichter betroffen. Ein zweiter Regler definiert die Körnigkeit des Papiers, ein dritter die Ausprägung des Reliefs.

Bildbalance: *25* [0 – 50]
Körnung: *10* [0 – 20]
Relief: *11* [0 – 25]

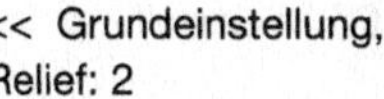

Erzeugung eines geprägten Reliefs in der Art eines Wasserzeichens

(Gallery Effects)

<< Grundeinstellung,
Relief: 2

< Grundeinstellung,
Relief: 23

<< Balance: 15,
Körnung: 5, Relief: 5

< Balance: 25,
Körnung: 20, Relief: 15

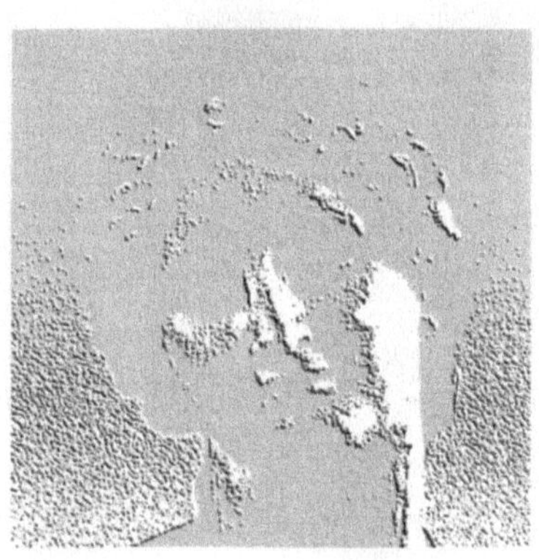

<< Balance: 35,
Körnung: 2, Relief: 15

<< Balance: 20,
Körnung: 12, Relief: 5

Bildumwandlung in eine aus Punkten aufgebaute Darstellung

(Photoshop)

Die meisten Filter verwenden für ihre Interpolationen der Farben den Durchschnittswert aller Pixel, die nach der Anwendung des Effekts zu neuen Gruppierungen zusammengefaßt werden. Auch der Punktierungsfilter arbeitet auf diese Weise und erzeugt so pointillistisch wirkende Ergebnisse, wobei die Punktgröße definiert werden kann. Den Zwischenraum der Punkte füllt das Programm mit der aktuellen Hintergrundfarbe.

Zellengröße: 5 [3 – 999]

Grundeinstellung >

Zellengröße: 3 >>

Zellengröße: 7 >

Zellengröße: 15 >>

 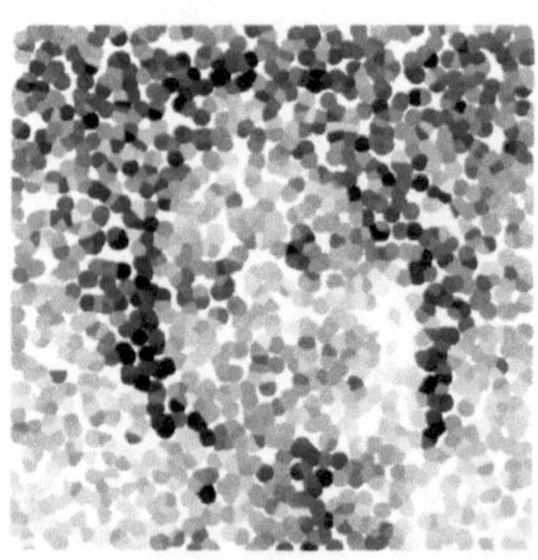

Zellengröße: 6,
Hintergrund: neutrales
Grau (50 %) >

Zellengröße: 6,
Hintergrund:
Schwarz >>

 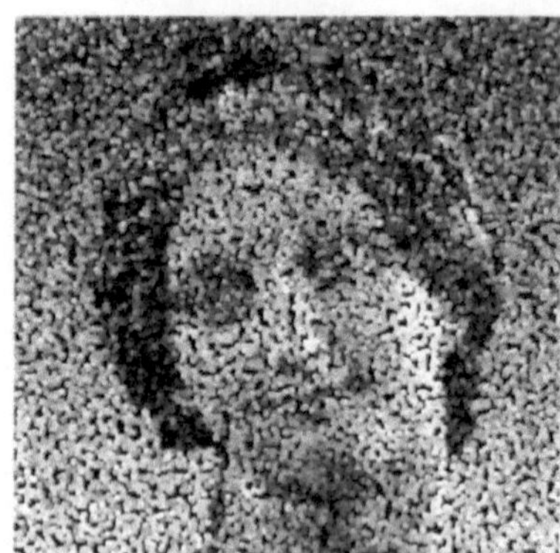

Wie die Abbildungen auf dieser und den folgenden Seiten zeigen, arbeiten die Reliefeffekte, die von nahezu allen Bildbearbeitungsprogrammen unterstützt werden, sehr unterschiedlich. ColorStudio erzeugt den Effekt durch Vergleich mit den Werten der Maskenebene (vgl. auch S. 55 ff. und 210 ff.), wobei eine diffuse und eine grelle Lichtquelle jeweils in Position, Stärke und Einwirkung, die Ausprägung des Effekts und die Prägung als Erhöhung oder Vertiefung definiert werden können.

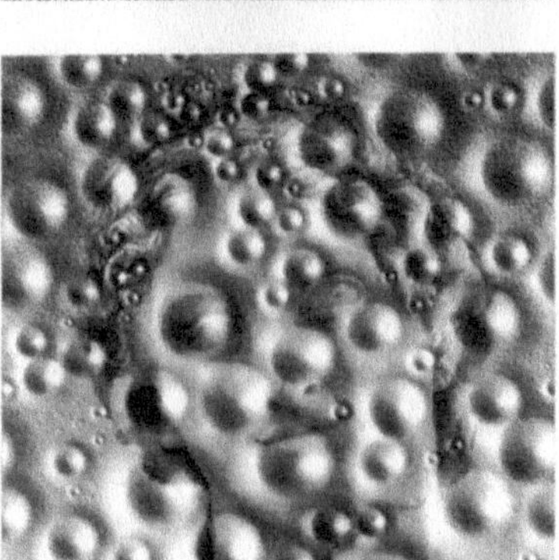

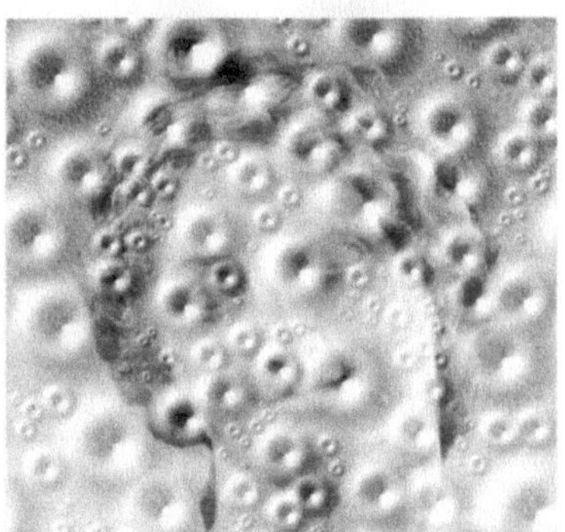

Bildwirkung in Art einer Reliefprägung mit Bild bzw. Struktur in Maske als Reliefbezug

(ColorStudio)

<< Bild gleichzeitig als Maske benutzt, Lichtquellen: rechts oben, Prägung: Erhöhung, Ausprägung etwa. 50 %

< Bild gleichzeitig als Maske benutzt, Lichtquellen: rechts oben, Prägung: Erhöhung, Ausprägung etwa 75 %

<< Bild gleichzeitig als Maske benutzt, Lichtquellen: rechts oben, Prägung: Erhöhung, Ausprägung: 100 %

< Bild gleichzeitig als Maske benutzt, Lichtquellen: rechts oben, Prägung: Vertiefung, Ausprägung etwa 50 %

<< Relief aus Maskenebene (Maskenstruktur: Kreise, Krater, zelluläre Verteilung), Ausprägung: etwa 85 %, Lichtquellen: rechts oben

< Relief aus Maskenebene (Maskenstruktur: Höcker, Krater), Lichtquellen: rechts und links oben

Zwar arbeiten die Filter, die Reliefwirkungen erzeugen, in den verschiedenen Programmen auf grundsätzlich ähnliche Weise, die Ergebnisse unterscheiden sich allerdings deutlich sichtbar. Auf einer Seite von starken Kontrastkonturen werden Aufhellungen gesetzt, auf der anderen Abdunklungen – Beleuchtungsrichtung und Reliefausprägung sind nicht bei jeder Software einstellbar. Einige dieser Filter arbeiten kontraststark, andere erzeugen eine weiche und glatte Prägung.

Filter „Kirsch South"
aus Color It! >

Filter „Shadow South"
aus Color It! >>

Filter „Emboss" mit
Reliefwirkung 25 aus
Oasis >

Filter „Emboss" mit
Reliefwirkung 75 und
Ausprägung 100 % aus
Oasis >>

Filter „Emboss" mit
Reliefwirkung 75 und
Ausprägung 50 % aus
Oasis >

Filter „Emboss" aus
Pixel Paint Professional
(ohne Parameter-
Regler) >>

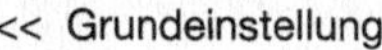

Gallery Effects bietet zwei Reliefeffekte; den auf dieser Seite vorgestellten Filter „Emboss" sowie den auf der folgenden dargestellten „Bas Relief".

Relief: *11* [0 – 25]
Lichtposition: *oben rechts* (alle 45° ab 6-Uhr-Position)

Dreidimensionale Prägung der Bildoberfläche mit Licht- und Schatteneffekten

(Gallery Effects)

<< Grundeinstellung

< Relief: 3, Lichtposition: rechts

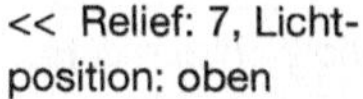

<< Relief: 7, Lichtposition: oben

< Relief: 13, Lichtposition: oben links

<< Relief: 19, Lichtposition: unten links

< Relief: 25, Lichtposition: unten

**Dreidimensionale
Prägung der Bild-
oberfläche mit Licht-
und Schatteneffekten**

(Gallery Effects)

Je nach Einstellung bewirkt der GE-Filter „Bas Relief" ähnliche Effekte wie die zuvor dargestellten, bei gewissen Parameterkombinationen bilden sich Oberflächen, die denen des Chromeffektfilters (vgl. S. 164) gleichen. Der Lichterbereich entspricht der Vordergrund-, die Tiefe der Hintergrundfarbe.

Detail: *13* [1 – 15]
Lichtposition: *unten* [alle 45°]
Glättung: *3* [1 – 15]

Grundeinstellung >

Detail: 2, Lichtposi-
tion: oben links,
Glättung: 3 >>

Detail: 7, Licht-
position: oben rechts,
Glättung: 6 >

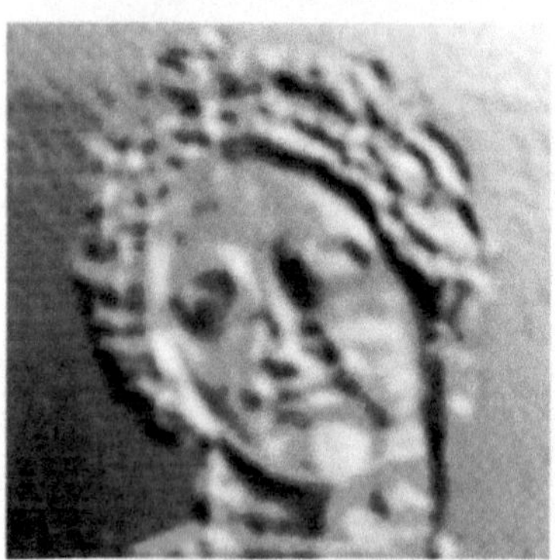

Detail: 10, Licht-
position: rechts,
Glättung: 10 >>

Detail: 2, Licht-
position: oben,
Glättung: 15 >

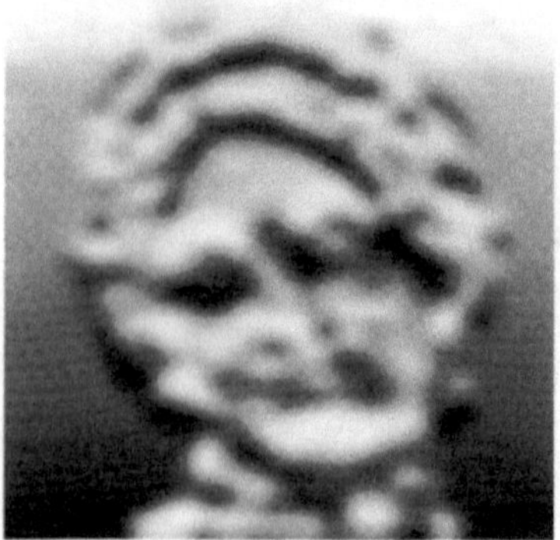

Detail: 1, Licht-
position: unten links,
Glättung: 1 >>

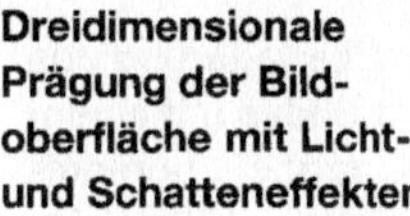

Im Photoshop-Relief-Filter ergeben Eingabewerte zwischen -1°
und -179° Reliefformen in der Art einer vertieften Einprägung,
positive Werte erzeugen einstellbare Erhöhungen. Ein weiterer
Parameter regelt die Stärke, in der der Effekt angewandt wird.

**Dreidimensionale
Prägung der Bild-
oberfläche mit Licht-
und Schatteneffekten**

(Photoshop)

Winkel: *135°* [beliebig; auch manuell]
Höhe: *3 Pixel* [1 – 10 Pixel]
Stärke: *100 %* [1 – 500 %]

<< Grundeinstellung

< Grundeinstellung,
Höhe: 6

<< Winkel: 45°, Höhe:
10 Pixel, Stärke: 100 %

< Winkel: 135°, Höhe:
5 Pixel, Stärke: 66 %

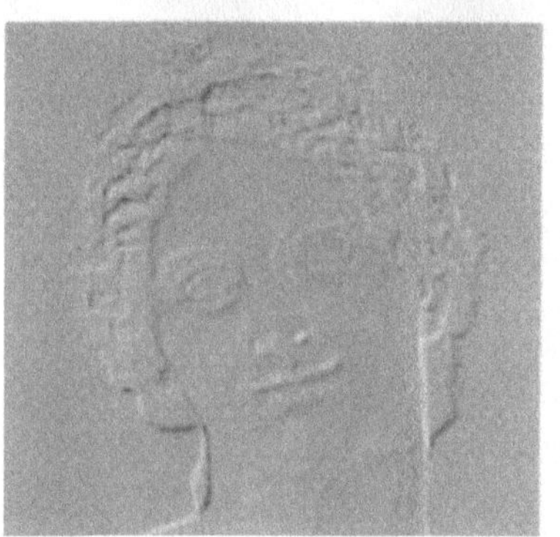

<< Winkel: 45°, Höhe:
10 Pixel, Stärke: 33 %

< Winkel: -135°, Höhe:
10 Pixel, Stärke: 500 %

Überlagerung des Bildes mit einem groben, unregelmäßigen Rißmuster

(Gallery Effects)

Die Bezeichnung dieses GE-Filters („Craquelure", eingedeutscht: „Krakelüre") verweist auf den Prozeß der Rißbildung durch Austrocknung in der Firnisschicht von Gemälden. Die Wirkung des Filters ist allerdings, gemessen an echter Krakelüre, erheblich zu stark und undifferenziert.

Rißabstand: *15* [2 – 100]

Rißtiefe: *6* [0 – 10]

Rißhelligkeit: *9* [0 – 10]

Grundeinstellung >

Grundeinstellung, Rißabstand: 9 >>

Grundeinstellung, Rißabstand: 30 >

Grundeinstellung, Rißabstand: 100 >>

Grundeinstellung, Rißabstand: 20, Rißtiefe: 2 >

Grundeinstellung, Rißabstand: 20, Rißtiefe: 10 >>

Zum einen sind die in der Farb- und Firnisschicht gebildeten Sprünge dünne Haarrisse, zum anderen unterscheiden sie sich je nach dem Material des Malgrunds, in der Regel bei älteren Gemälden Holztafeln, seit der späten Renaissance zunehmend Leinwand. Der GE-Filter eignet sich daher besser für grobe Risse in Verputz; echte Krakelüre zeichnet man am besten in der gewünschten Weise selbst und wendet sie mit dem GE-Texturizer, als Photoshop-Füllmuster oder mit einer Maske an.

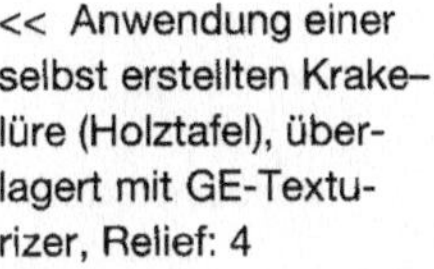

Überlagerung des Bildes mit einem unregelmäßigen Rißmuster

(Gallery Effects, Photoshop)

<< Rißabstand: 20, Rißtiefe: 6, Rißhelligkeit: 1

< Rißabstand: 12, Rißtiefe: 2, Rißhelligkeit: 5

<< Anwendung einer selbst erstellten Krakelüre (Holztafel), überlagert mit GE-Texturizer, Relief: 4

< Anwendung der selbst erstellten Krakelüre als Photoshop-Füllmuster mit Befehl: mit Füllmuster füllen, 50 %, abdunkeln

<< Anwendung einer selbst erstellten Krakelüre (Leinen), überlagert mit GE-Textuirzer, Relief: 5

< Anwendung der selbst erstellten Krakelüre als Photoshop-Füllmuster mit Befehl: mit Füllmuster füllen, 80 %, abdunkeln

Schmierstift
(Smudge Stick)

**Grafische Über-
arbeitung eines
Bildes durch ver-
wischte Striche**

(Gallery Effects)

Ein GE-Filter, der den Eindruck manuell grafischer Überarbeitung mit Marker-Stiften erweckt, ist „Smudge Stick", was man etwa mit verschmierendem oder verwischendem Stift übersetzen könnte. Bei diesem Effekt werden die im Bild vorhandenen Farben aufgenommen und von oben links nach unten rechts verwischt; die Zeichenrichtung läßt sich durch Eingabe nicht verändern. Helle Bildbereiche können durch die beiden Regler für Spitzlichter beeinflußt werden; der eine definiert die Schwelle, oberhalb derer

Grundeinstellung >

Grundeinstellung,
Strichlänge: 5 >>

Grundeinstellung,
Strichlänge: 10 >

Grundeinstellung,
Spitzlicht-
Bereich: 10 >>

Grundeinstellung,
Spitzlicht-
Bereich: 20 >

Grundeinstellung,
Spitzlicht-
Intensität: 0 >>

Tonwerte als hellste Bildbereiche umberechnet werden, der andere bestimmt ihre Helligkeitsintensität.

Strichlänge: *2* [0 – 10]
Spitzlicht Bereich: *0* [0 – 20]
Spitzlicht Intensität: *10* [0 – 10]

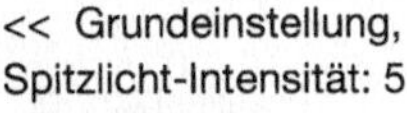

**Grafische Über-
arbeitung eines
Bildes durch ver-
wischte Striche**

(Gallery Effects)

<< Grundeinstellung,
Spitzlicht-Intensität: 5

< Strichlänge: 4,
Spitzlicht-Bereich: 5,
Spitzlicht-Intensität: 1

<< Strichlänge: 4,
Spitzlicht-Bereich: 12,
Spitzlicht-Intensität: 1

< Strichlänge: 4,
Spitzlicht-Bereich: 5,
Spitzlicht-Intensität: 5

<< Strichlänge: 6,
Spitzlicht-Bereich: 12,
Spitzlicht-Intensität: 2

< Strichlänge: 6,
Spitzlicht-Bereich: 12,
Spitzlicht-Intensität: 10

Auflösung eines Bildes in Kleckse wie bei einer Spritzpistole mit niedrigem Luftdruck

(Gallery Effects)

Die auf S. 160 demonstrierten Airbrusheffekte arbeiten überwiegend weich. Der GE-Filter „Spatter" entspricht dagegen eher einer Spritzpistole, die aufgrund niedrig eingestellten Luftdrucks Farbe körnig und verklumpt auf das Papier überträgt. Hinzu kommt ein beim realen Werkzeug nicht erreichbarer Glättungseffekt mit Strukturglaswirkung.

Spritzbereich: *10* [0 – 25]
Glättung: *5* [1 – 15]

Grundeinstellung >

Grundeinstellung,
Spritzbereich: 3 >>

Grundeinstellung,
Spritzbereich: 25 >

Grundeinstellung,
Glättung: 1 >>

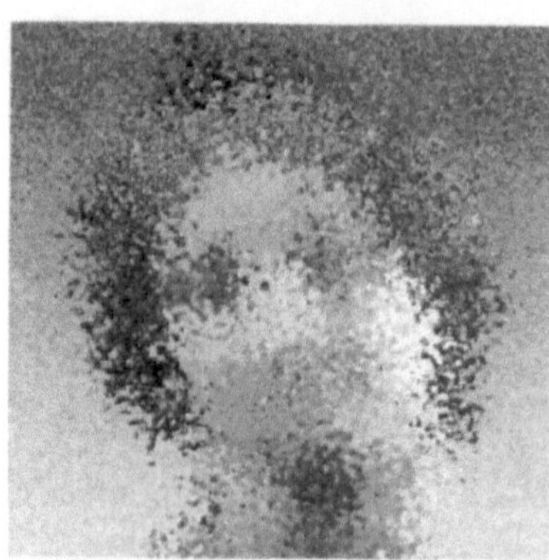 

Grundeinstellung,
Glättung: 15 >

Spritzbereich: 16,
Glättung: 1 >>

Der „Stamp"-Filter aus der GE-Sammlung reduziert ein Bild auf eine holz- oder linolschnittartige, im wesentlichen zweifarbige Darstellung (dies gilt auch für Farboriginale). Die Kanten der Flächen sind geglättet; ihre Färbung richtet sich nach der eingestellten Vorder- und Hintergrundfarbe. Es bedarf einiger Versuche, die für eine Vorlage optimale Umsetzung zu finden.

Hell-Dunkel-Balance: 25 [0 – 50]

Glättung: 5 [1 – 50]

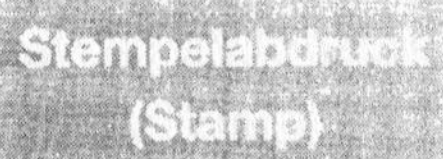

Bearbeitung eines Bildes in Art eines Holz- oder Linolschnitts

(Gallery Effects)

<< Grundeinstellung

< Grundeinstellung, Hell-Dunkel-Balance: 1

<< Grundeinstellung, Hell-Dunkel-Balance: 45

< Grundeinstellung, Glättung: 1

<< Grundeinstellung, Glättung: 14

< Hell-Dunkel-Balance: 20, Glättung: 8

Simulation eines pastosen Farbauftrags mit einem Spachtel

(Gallery Effects)

Der GE-Filter „Palette Knife" erzeugt eine stark malerische Umwandlung eines Referenzbildes, indem er jene Maltechnik nachahmt, bei der pastose – dick aufgetragene und wenig oder gar nicht verdünnte – Farbe nicht mit einem Pinsel, sondern einem schmalen, biegsamen Spachtel auf die Leinwand aufgetragen wird. (Dasselbe Werkzeug verwendet man auch zum Mischen der Farben auf der Palette sowie zum Abkratzen unerwünschten Farbauftrags.) Die Breite der hinterlassenen Spur bestimmt die

Grundeinstellung >

Grundeinstellung, Spurbreite: 5 >>

Grundeinstellung, Spurbreite: 45 >

Grundeinstellung, Spur-Detail: 1 >>

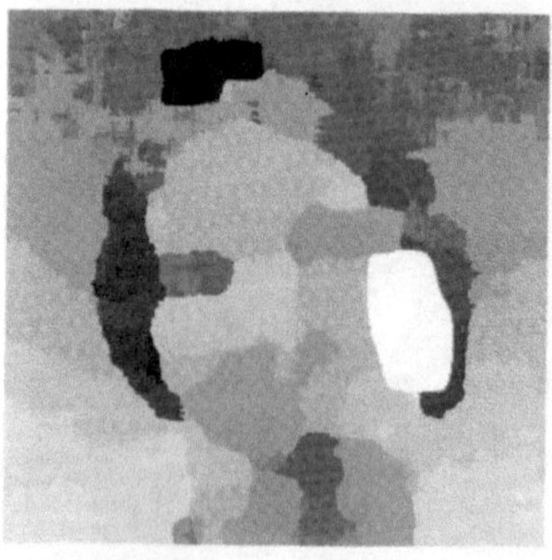 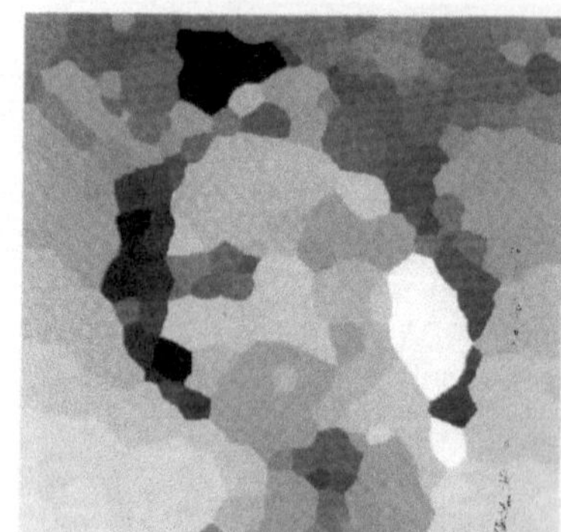

Grundeinstellung, Glättung: 5 >

Grundeinstellung, Glättung: 10 >>

Detailtreue des Bildes; bei hohen Werten der Spurbreite und niedrigen der Konturenglättung entsteht ein Effekt, der an eine aus Papierschnipseln zusammengesetzte Collage erinnert. Die Spachtelspuren sind horizontal und vertikal leicht verschmiert.

Spurbreite: *25* [1 – 50]
Spur-Detail: *3* [1 – 3]
Glättung: *0* [0 – 10]

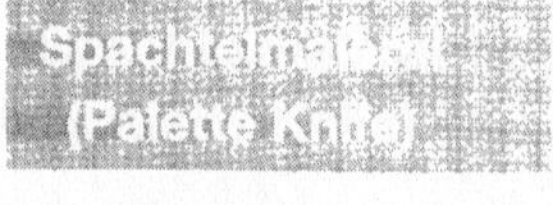

Simulation eines pastosen Farbauftrags mit einem Spachtelmesser

(Gallery Effects)

<< Strichbreite: 12,
Strich-Detail: 3,
Glättung: 3

< Strichbreite: 12,
Strich-Detail: 3,
Glättung: 7

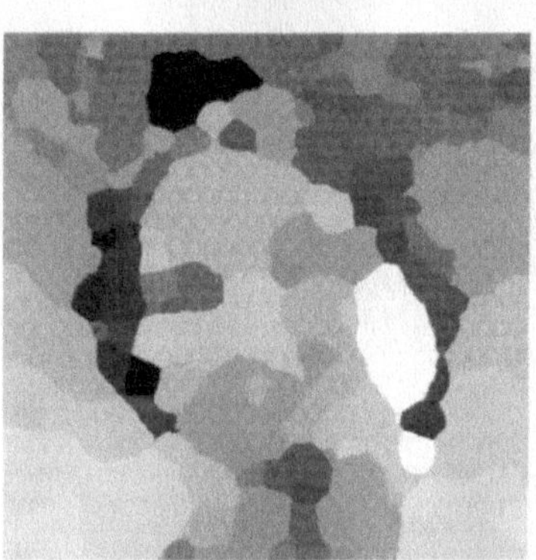
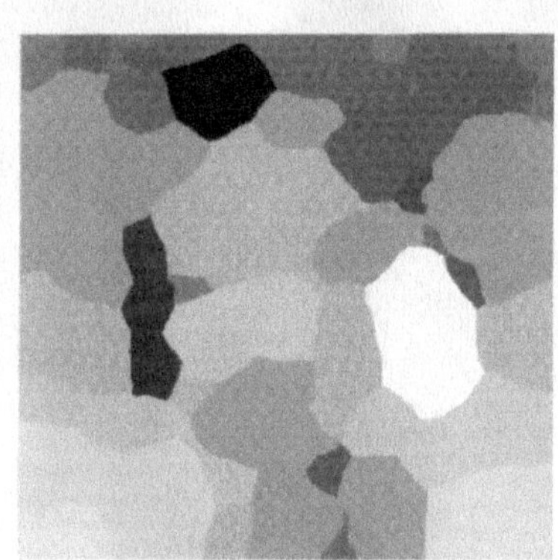

<< Strichbreite: 30,
Strich-Detail: 2,
Glättung: 2

< Strichbreite: 50,
Strich-Detail: 2,
Glättung: 2

<< Strichbreite: 7,
Strich-Detail: 3,
Glättung: 0

< Strichbreite: 7,
Strich-Detail: 3,
Glättung: 10

**Körnig wirkender
Effekt, der Pixeln
andere Farb- bzw.
Grauwerte zuordnet**

**(ColorStudio,
Photoshop)**

Als Störungen werden in einem Bild Pixel bezeichnet, die inmitten anders gefärbter liegen und eine deutliche Abweichung des Farb- bzw. Grauwertes ihrer Umgebung darstellen. Ihre automatische Entfernung (vgl. S. 124) zieht eine weichzeichnende Wirkung nach sich. Störungen können einem Bild aber auch absichtlich hinzugefügt werden, etwa um in gescannten Bildern nachträglich durch Werkzeuge oder Flächenfüllungen mit reinen Farben erzeugte Bereiche mit einer unruhigeren Struktur anzupassen. In Photo-

Störungen hinzufügen,
Menge: 10, gleich-
mäßig (Photoshop) >

Störungen hinzufügen,
Menge: 20, gleich-
mäßig (Photoshop) >>

Störungen hinzufügen,
Menge: 30, gleich-
mäßig (Photoshop) >

Störungen hinzufügen,
Menge: 40, gleich-
mäßig (Photoshop) >>

Störungen hinzufügen,
Menge: 60, gleich-
mäßig (Photoshop) >

Störungen hinzufügen,
Menge: 120, gleich-
mäßig (Photoshop) >>

shop stellt die definierbare Menge (*32* [1 – 999]) die maximale
Grenze dar, bis zu der das Programm durch Berechnung mit
Zufallszahlen den Farbwert ändert. Bei der Option „Gaußsche
Normalverteilung" werden die Farbwerte entlang der Gaußschen
Kurve verteilt. In ColorStudio läßt sich zusätzlich wählen, ob die
Störungen [1 – 100 %] zu RGB, der Leuchtkraft oder dem Farbton
addiert werden sollen. Hohe Werte führen zu sandig und körnig
wirkenden Strukturen.

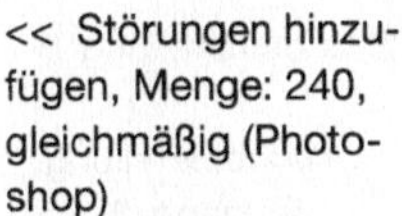

**Körnig wirkender
Effekt, der Pixeln
andere Farb- bzw.
Grauwerte zuordnet**

**(ColorStudio,
Photoshop)**

<< Störungen hinzu-
fügen, Menge: 240,
gleichmäßig (Photo-
shop)

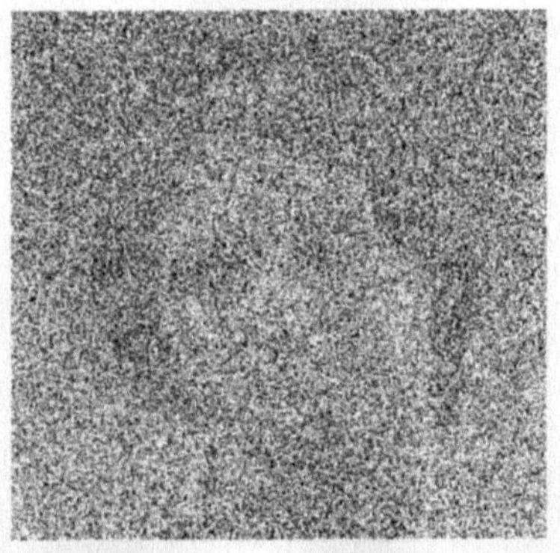

< Störungen hinzu-
fügen, Menge: 480,
gleichmäßig (Photo-
shop)

<< Störungen hinzu-
fügen, Menge: 20,
Gaußsche Normal-
verteilung, (Photoshop)

< Störungen hinzu-
fügen, Menge: 40,
Gaußsche Normal-
verteilung, (Photoshop)

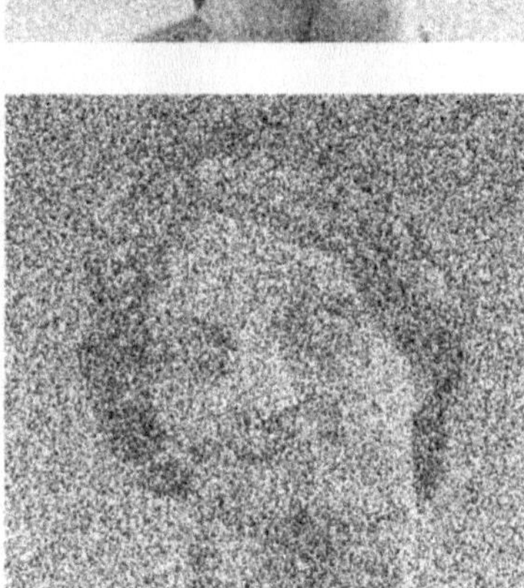

<< Störungen hinzu-
fügen, Menge: 120,
Gaußsche Normal-
verteilung, (Photoshop)

< Störungen hinzu-
fügen, Menge: 240,
Gaußsche Normal-
verteilung, (Photoshop)

**Auflösung eines
Bildes in diagonale,
helle und dunkle
Striche**

(Gallery Effects)

Der GE-Filter „Dark Strokes" arbeitet in ähnlicher Weise wie der – ebenfalls aus der GE-Sammlung stammende – „Angled Strokes" (vgl. S. 208 f.). Die wichtigsten Unterschiede sind, daß sich zum einen in beiden Filter-Dialogen verschiedenartige Parameter definieren lassen, und daß zum anderen die Auflösung in Einzelspuren bei „Dark Strokes" ausgeprägter ist, während „Angled Strokes" flächiger orientiert ist. Übertragen auf die damit simulierten Werkzeugwirkungen könnte man sagen, daß „Dark Strokes"

Grundeinstellung >

Grundeinstellung,
Balance: 1 >>

Grundeinstellung,
Balance: 9 >

Grundeinstellung,
Schwarz-
intensität: 1 >>

Grundeinstellung,
Schwarz-
intensität: 9 >

Grundeinstellung,
Weißintensität: 5 >>

eher einen vergleichsweise dünnen Borstenpinsel nachahmt, während „Angled Strokes" einen breiteren und weicheren anwendet. Beide wechseln die Strichrichtungen in Abhängigkeit von den betroffenen Helligkeitswerten.

Balance: 5 [0 – 10]
Schwarzintensität: 6 [0 – 10]
Weißintensität: 2 [0 – 10]

Auflösung eines Bildes in diagonale, helle und dunkle Striche

(Gallery Effects)

<< Grundeinstellung, Weißintensität: 10

< Balance: 5,
Schwarzintensität: 10,
Weißintensität: 10

<< Balance: 5,
Schwarzintensität: 1,
Weißintensität: 1

< Balance: 1,
Schwarzintensität: 1,
Weißintensität: 1

<< Balance: 10,
Schwarzintensität: 8,
Weißintensität: 8

< Balance: 5,
Schwarzintensität: 1,
Weißintensität: 7

Automatisierte Erzeugung von errechneten – im Gegensatz zu gespeicherten – Strukturen

(Kai's Power Tools)

Der „Texture Explorer" in den (als Module in Photoshop importierbaren) Kai's Power Tools arbeitet im Unterschied zu ähnlichen Strukturwerkzeugen nicht mit Strukturen, die als Dateien bereitgehalten werden, sondern er errechnet sie. Bestimmte besonders interessante Ergebnisse sind dabei zwar mit assoziativen Namen in Kategorien-Menüs abgelegt, sie ahmen aber nicht reale Strukturen nach, sondern ergeben sich als Variationen der visualisierten Berechnungsvorgänge. Dabei entstehen um ein Kontrollfenster

Selbst erzeugte Ausgangsstruktur, auf den Auswahlbereich vergrößert >

Vorherige Struktur, in der vierten Verzweigungsgeneration neu berechnet >>

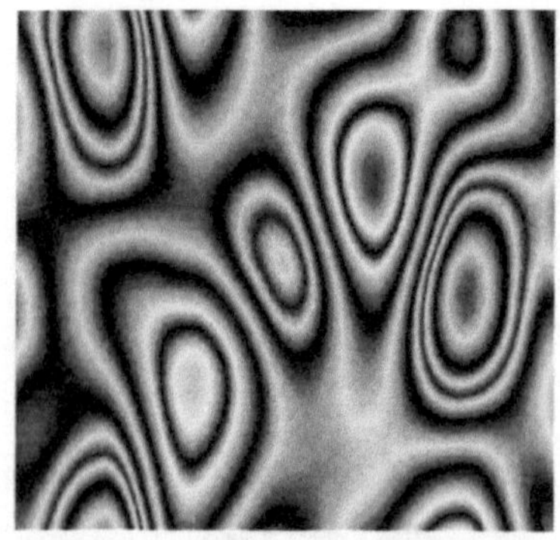
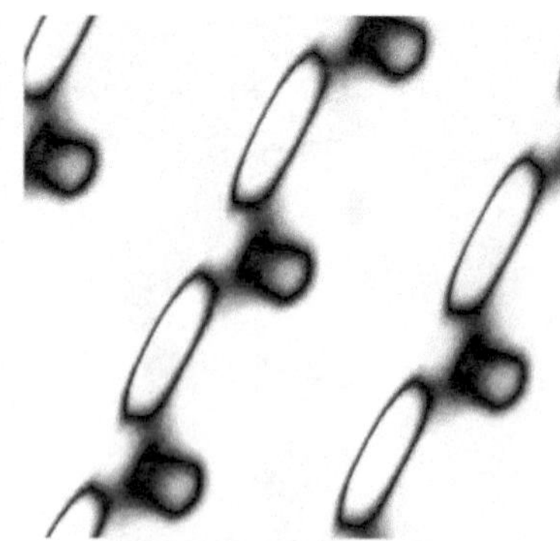

Eine weitere Variante der Verzweigung in der vierten Generation >

Dieselbe Struktur, als Musterfüllung verwendet >>

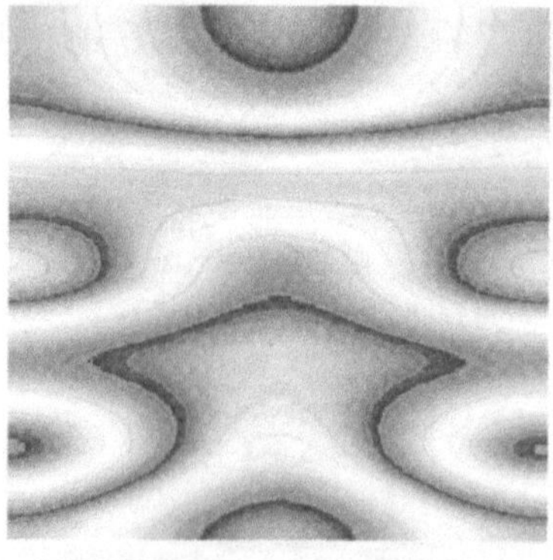

Vorherige Struktur, in der fünften Verzweigungsgeneration neu berechnet, als Musterfüllung verwendet >

Vorherige Struktur, in der siebten Verzweigungsgeneration neu berechnet >>

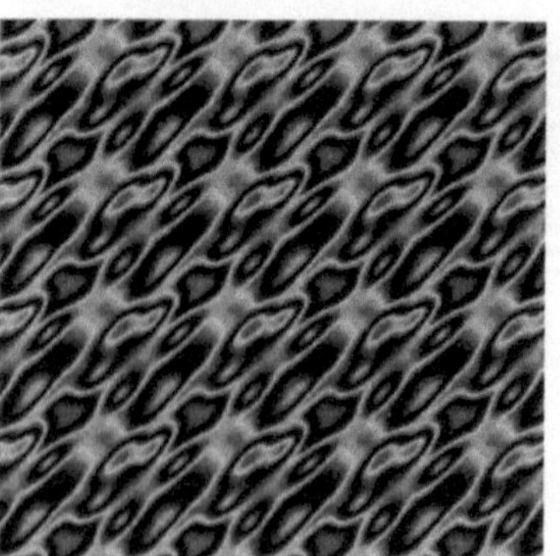
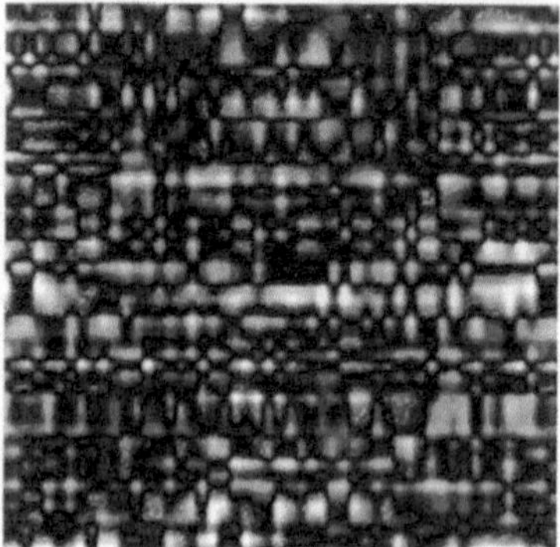

zwölf weitere, abweichende Ansichten einer generierten Struktur, deren Ähnlichkeit mit der zentralen Ansicht durch Wahl einer Position in einer hierarchischen Verzweigung bestimmt werden kann. Die Übernahme erfolgt durch Umrechnung auf die Auswahlfläche oder als repetitive Musterfüllung. Die so erzeugten Strukturen lassen sich auf verschiedenen Wegen (Masken, Color-Studio-Relief oder -Wellen, Photoshop-Versetzen-Filter oder GE-Texturizer) integrieren.

Automatisierte Erzeugung von errechneten – im Gegensatz zu gespeicherten – Strukturen

(Kai's Power Tools)

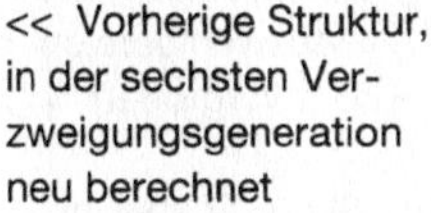

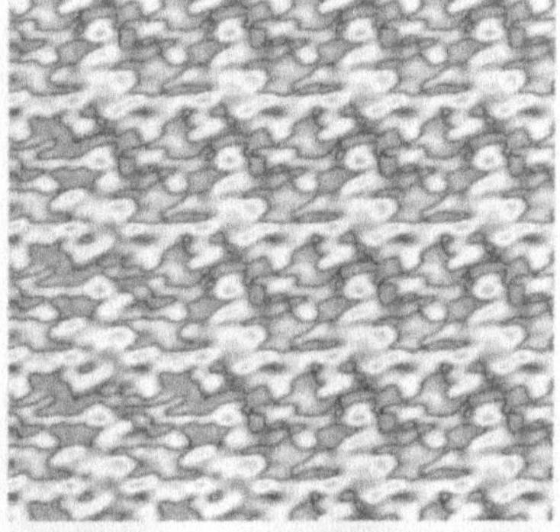

<< Vorherige Struktur, in der sechsten Verzweigungsgeneration neu berechnet

< Vorherige Struktur, in der sechsten Verzweigungsgeneration neu berechnet

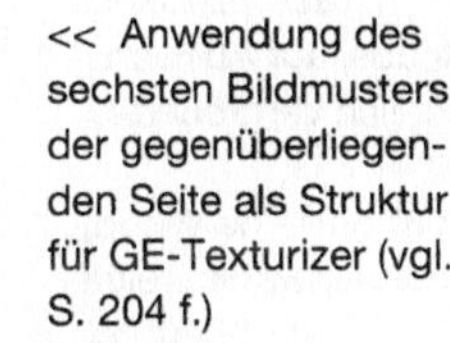

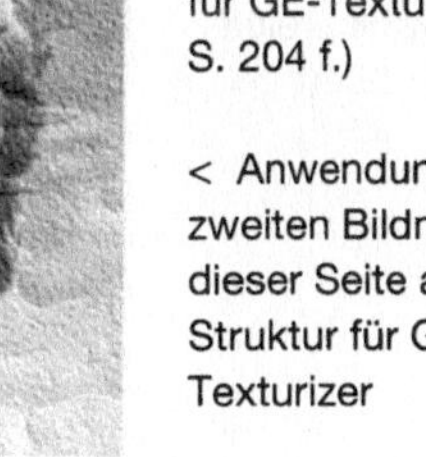

<< Anwendung des sechsten Bildmusters der gegenüberliegenden Seite als Struktur für GE-Texturizer (vgl. S. 204 f.)

< Anwendung des zweiten Bildmusters dieser Seite als Struktur für GE-Texturizer

<< Anwendung des fünften Bildmusters der gegenüberliegenden Seite als Struktur für GE-Texturizer

< Anwendung des vierten Bildmusters der gegenüberliegenden Seite als Verschiebungsmatrix

Automatisierte Erzeugung von errechneten – im Gegensatz zu gespeicherten – Strukturen

(Kai's Power Tools

Neben den bereits unter assoziativen Namen gespeicherten Strukturen besteht die Möglichkeit, selbst erzeugte neue, die durch Weiterentwicklung in verschieden hohen Verzweigungspositionen entstehen, unter eigenen Namen in den Kategorienmenüs zu speichern. Falls die vorhandenen Kategorien nicht ausreichen, können auch sie ergänzt werden. Kai's Power Tools unterstützt verschiedene Möglichkeiten, die Struktur auf das Bild anzuwenden (deckend, abdunkelnd, überlagernd u.a.)

Sharp Scales, auf Auswahlbereich vergrößert >

Sharp Scales, als Flächenfüllung >>

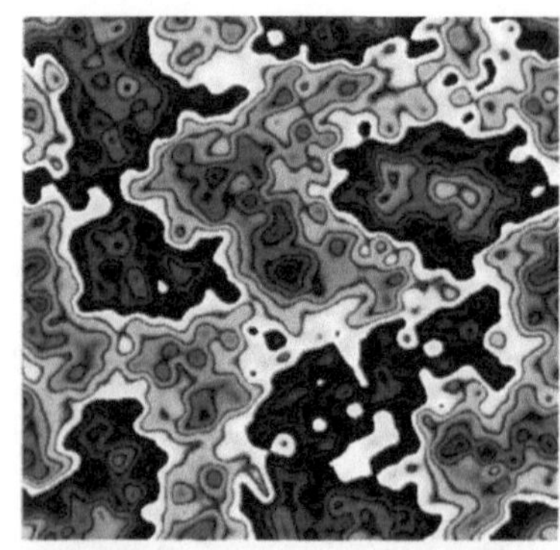
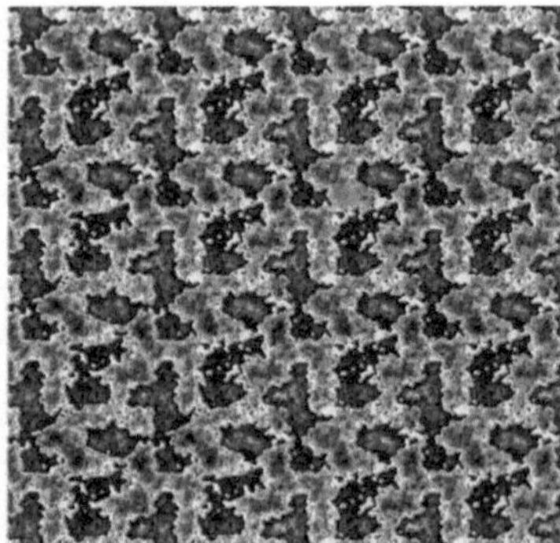

Black Speckled Clouds, auf Auswahlbereich vergrößert >

Dark Knotty Koa Wood, auf Auswahlbereich vergrößert >>

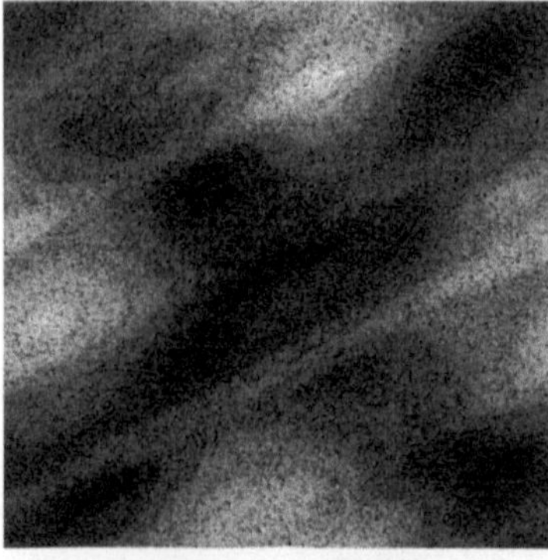
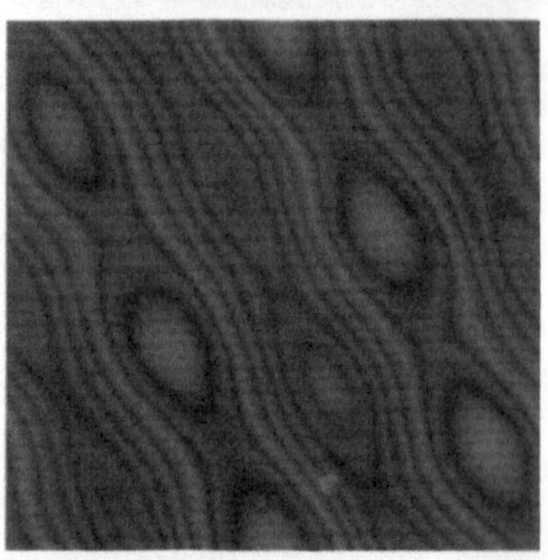

Metal Holes, auf Auswahlbereich vergrößert >

Blood on Charcoal, auf Auswahlbereich vergrößert >>

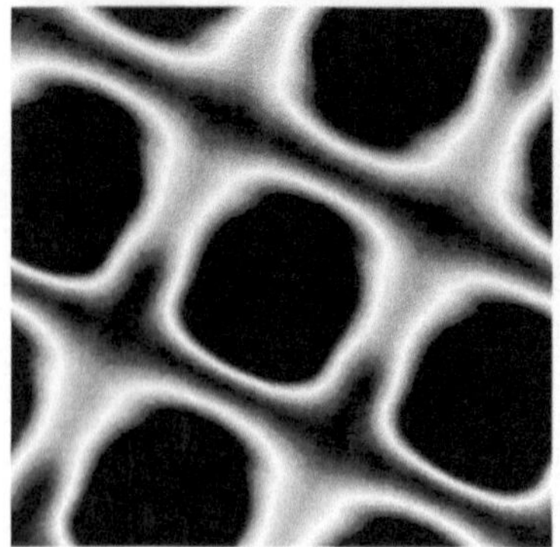
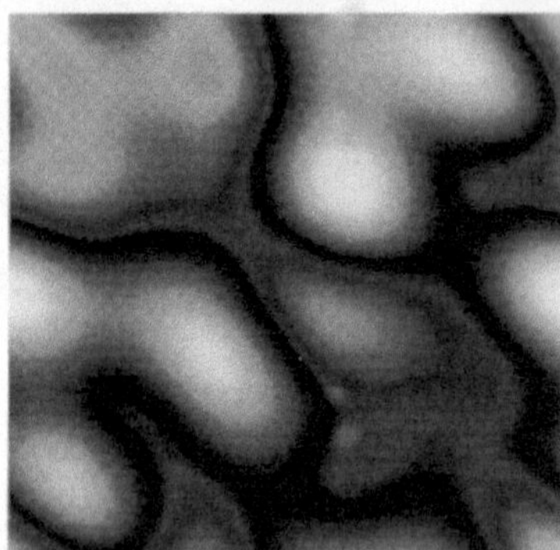

Wie die ColorStudio-Filter „Relief" oder „Wellen" Pixel – orientiert an den Helligkeitsverteilungen in der Maske – umsetzen, so hängt der Versatz im Photoshop-Filter „Versetzen" von der Helligkeit in einem Bezugsbild ab. Bei Wahl der Option „Wiederholen" lassen sich auch gemalt wirkende Strukturen erzeugen.
Versatz horizontal und vertikal: *10 %* [0 – 100 % (= 128 Pixel)]
Optionen: *skalieren*/wiederholen; durch verschobenen Teil ersetzen/*Kantenpixel wiederholen*

Verlagerung von Pixeln mit Orientierung an der Struktur eines Bezugsbildes

(Photoshop)

<< Angewandt mit 10 Pixeln Versatz horizontal und vertikal, der Verschiebungsmatrix „Freie Striche", Optionen „Auf Auswahlgröße skalieren" und „Kantenpixel wiederholen"

< Dieselbe Einstellung mit der Option „Wiederholen"

<< Angewendet mit der Verschiebungsmatrix „Fünfecke", Optionen „Auf Auswahlgröße skalieren", „Kantenpixel wiederholen"

< Dieselbe Einstellung mit der Matrix „Bienenwaben" und einem horizontalen und vertikalen Versatz von jeweils 20 Pixel

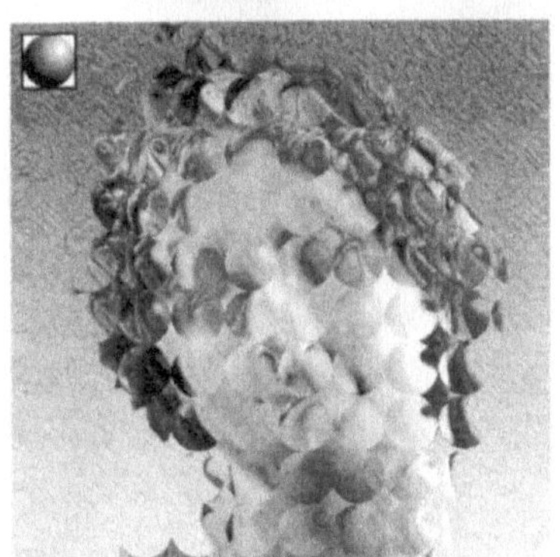

<< Dieselbe Einstellung mit einer selbsterzeugten Matrix „Kugel" und einem horizontalen und vertikalen Versatz von jeweils 5 Pixel

< Dieselbe Einstellung mit einer selbsterzeugten Matrix „Pinselstriche"

Bildauflösung in ausgefranste, fleckenartige Zonen ähnlicher Färbung

(Gallery Effects)

Der Benennung dieses GE-Filters als „Dry Brush" folgend, werden Flächenbereiche mit ähnlicher Färbung zu ausgefransten Flecken zusammengefaßt, wie sie als Spuren näherungsweise bei der Verwendung eines harten Borstenpinsels in Verbindung mit wenig Lösungsmittel entstehen können. Die Filterwirkung wird durch Pinselgröße, Beibehaltung von Einzelheiten und unterschiedlichen Strukturen bestimmt. Wie sich an den Beispielen deutlich zeigt, hängt der Filtereffekt auch sehr stark davon ab,

Grundeinstellung >

Grundeinstellung,
Pinselgröße: 5 >>

Grundeinstellung,
Pinselgröße: 10 >

Grundeinstellung,
Detailtreue: 0 >>

Grundeinstellung,
Detailtreue: 5 >

Grundeinstellung,
Pinselgröße: 10,
Detailtreue: 10 >>

wie die Farbverteilungen im Ursprungsbild sind. Während das Testbild des Flora-Kopfes aufgrund runder, weicher Verteilungen in Art einer Maserung aufgelöst wird (und beim geometrischen Testbild nur wenige Änderungen vorgenommen werden), wird der Effekt bei dem Fachwerkhaus am deutlichsten.
Pinselgröße: 2 [0 – 10]
Pinsel-Detailtreue: *8* [0 – 10]
Struktur: *1* [2, 3]

Trockener Pinsel (Dry Brush)

Bildauflösung in ausgefranste, fleckenartige Zonen ähnlicher Färbung

(Gallery Effects)

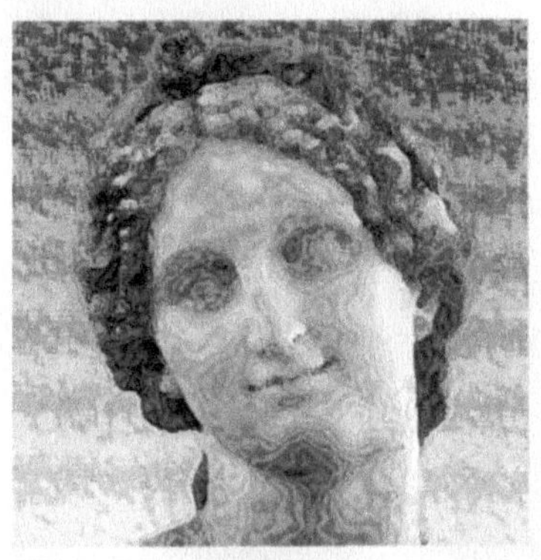

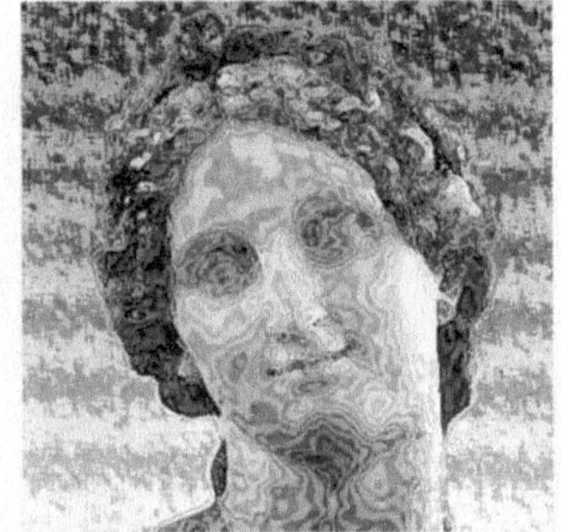

<< Grundeinstellung, Struktur: 2

< Grundeinstellung, Struktur: 3

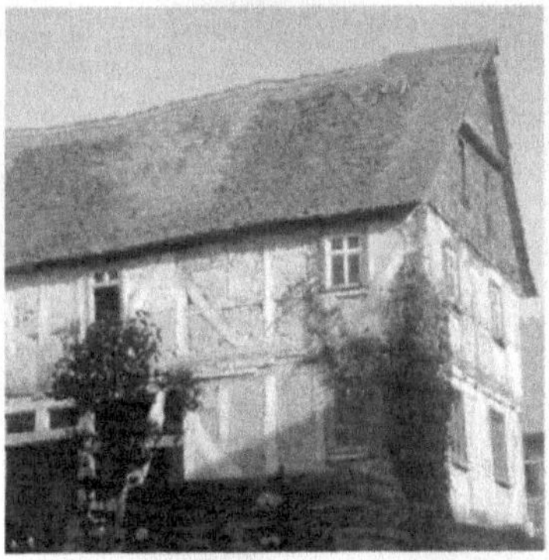

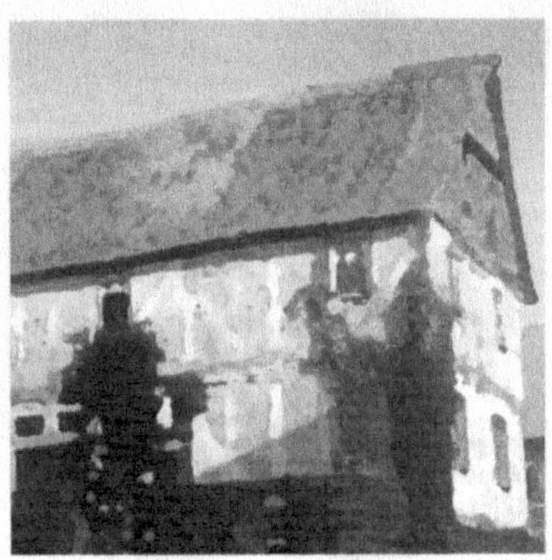

<< Testbild mit Fachwerkhaus

< Grundeinstellung

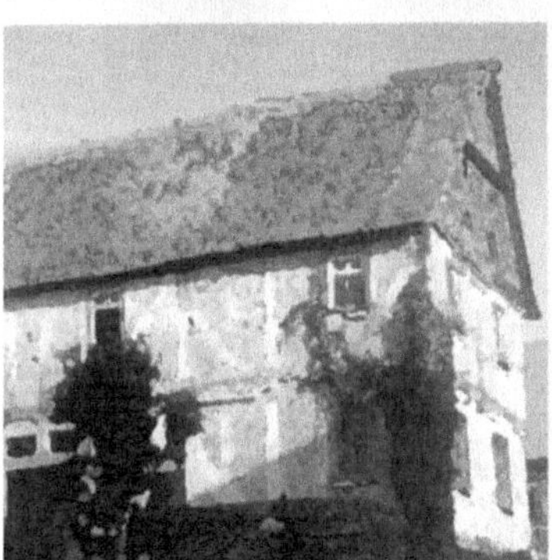

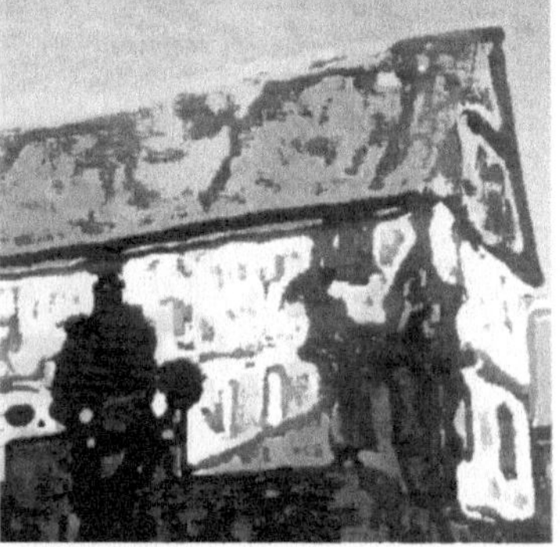

<< Pinselgröße: 0, Detailtreue: 10, Struktur: 2

< Pinselgröße: 7, Detailtreue: 2, Struktur: 3

**Diffuse Ausdehnung
heller Bildbereiche
wie nach einer
Überbelichtung**

(Gallery Effects)

Der „Diffuse Glow"-Filter aus der GE-Sammlung hätte auch im Kapitel über Dunkelkammertechniken vorgestellt werden können, da er unter anderem eine Bildwirkung simuliert, wie sie bei manchen überbelichteten Fotoaufnahmen entsteht. Während dort allerdings in der Regel alle Helligkeitswerte in gleicher Weise betroffen sind, beschränkt sich dieser Filter auf die unmittelbare Umgebung heller Zonen, weiter entfernte dunklere Bildteile werden vergleichsweise wenig beeinflußt. Auf diese Weise entsteht

Grundeinstellung >

Grundeinstellung,
Körnigkeit: 1 >>

Grundeinstellung,
Körnigkeit: 10 >

Grundeinstellung,
Überstrahlung: 2 >>

Grundeinstellung,
Überstrahlung: 16 >

Grundeinstellung,
Löschung: 2 >>

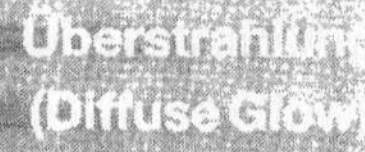

ein Effekt, der einer Überstrahlung heller Oberflächenbereiche bei starker Beleuchtung entspricht. Eine entsprechende Überbewertung der Tiefen läßt sich erreichen, indem das Bild vor und nach dem Filtern invertiert wird. Die Überstrahlungsfarbe entspricht der aktuellen Hintergrundfarbe.

Körnigkeit: *6* [0 – 10]
Überstrahlungswert: *10* [0 – 20]
Löschungswert: *15* [0 – 20]

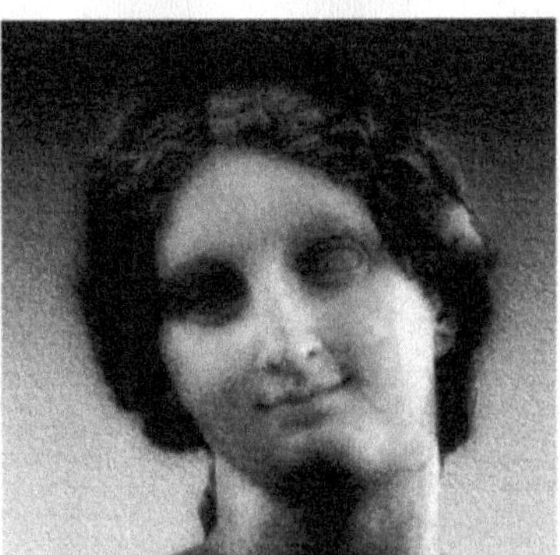

Überarbeitung eines Bildes in Art einer fleckigen Wasserfarbendarstellung

(Gallery Effects)

Das lasierende Arbeiten mit wasserlöslichen Farben, das sich noch dazu dadurch auszeichnet, daß bereits vermalte Pigmente wieder angelöst und „mitgezogen" werden, ist nur schwer zu simulieren. Zu unterscheiden ist auch zwischen Arbeitsweisen mit starker Feuchtigkeit (Aquarell) und solchen mit eher deckend aufgetragenen Farben (Tempera, Gouache). Der GE-Filter „Watercolor" versucht eine entsprechende Bildwirkung dadurch zu erzielen, daß kleinere Flächen in Bereichen mit hohen Kontrasten einheitlich

Grundeinstellung >

Grundeinstellung, Detailtreue: 1 >>

Grundeinstellung, Detailtreue: 14 >

Grundeinstellung, Schattenintensität: 5, aufgehellt >>

Grundeinstellung, Schattenintensität: 10, stark aufgehellt >

Grundeinstellung, Struktur: 2 >>

gefärbt und zusammengefaßt werden, wobei sie über Bereiche mit kontrastschwachen Verläufen gelagert werden. Das manuelle Clonen in Painter mit Aquarellpinseln simuliert das Verfahren deutlich besser, setzt allerdings ausreichende Kenntnisse dieser Technik voraus.

Pinsel-Detailtreue: *9* [1 – 14]
Schattenintensität: *1* [0 – 10]
Struktur: *1* [1 – 3]

Überarbeitung eines Bildes in Art einer fleckigen Wasserfarbendarstellung

(Gallery Effects)

<< Grundeinstellung, Struktur: 3

< Detailtreue: 2, Schattenintensität: 1, Struktur: 1

<< Detailtreue: 7, Schattenintensität: 5, Struktur: 1, aufgehellt

< Detailtreue: 1, Schattenintensität: 5, Struktur: 2

<< Detailtreue: 14, Schattenintensität: 5, Struktur: 3, aufgehellt

< Detailtreue: 14, Schattenintensität: 5, Struktur: 2, aufgehellt

**Grafische Überarbei-
tung eines Bildes als
Federzeichnung mit
Tusche, Tinte oder mit
hartem Stift**

(Gallery Effects)

Eine Auflösung in harte Strichschraffuren, wie sie bei Federzeichnungen mit Tusche oder Tinte oder beim Arbeiten mit harten Stiften zustande kommen, bietet der GE-Filter „Graphic Pen". Das Ergebnis ist eine kontrastreiche Darstellung mit schwarzen Pixeln auf weißem Grund, die gegebenenfalls auch als Bitmap mit geringem Dateiumfang gespeichert werden kann. Die Ergebnisse sind durchaus überzeugend, sie lassen sich manuell aber noch erheblich verbessern. Eine Möglichkeit besteht in Aufhellung, Anwen-

Grundeinstellung >

Grundeinstellung,
Strichlänge: 2 >>

Grundeinstellung,
Strichlänge: 8 >

Grundeinstellung,
Schraffur:
horizontal >>

Grundeinstellung,
Schraffur:
linksdiagonal >

Grundeinstellung,
Schraffur: Vertikal >>

dung der Bewegungsverwischung in Schraffurrichtung sowie Überlagerung mit Montagekontrolle und der Option „aufhellen" als Höhung; eine andere im Überlagern unterschiedlicher Schraffurrichtungen.

Strichlänge: *15* [1 – 15]

Schraffurrichtung: *rechtsdiagonal*, horizontal, linksdiagonal, vertikal

Hell-dunkel-Balance: *50* [0 – 100]

Grafische Überarbeitung eines Bildes als Federzeichnung mit Tusche, Tinte oder mit hartem Stift

(Gallery Effects)

<< Grundeinstellung, Balance: 10

< Grundeinstellung, Balance: 34

<< Grundeinstellung, Balance: 75

< Grundeinstellung, Balance: 98

<< Grundeinstellung, weichgezeichnet, durch Überlagerung gehöht

< Eine lebendigere und besser durchzeichnete Darstellung läßt sich erreichen, wenn unterschiedliche Richtungen nacheinander mit Montagekontrolle überlagert werden

257

Selektive Überlagerung eines Bildes mit horizontalen Strichen, um einen Verwehungseffekt zu visualisieren

(Photoshop)

In der Ausprägung „Wind" werden die hellsten Bildstellen weich auslaufend nach links bzw. rechts „verweht", bei „Sturm" sind auch mittlere Helligkeiten betroffen, die Striche enden hart; bei „Orkan" enstehen kürzere, wellenförmig verzerrte Striche. Interessante Effekte ergeben sich, wenn der Filter in Farbbildern nur auf einige Farbkanäle angewendet wird.

Methode: *Wind*, Sturm, Orkan
Richtung: *nach links*, nach rechts

Wind, nach links >

Wind, nach rechts >>

Sturm, nach links >

Sturm, nach rechts >>

Orkan, nach links >

Orkan, nach rechts >>

Sonstige Bildeffekte

Wegen der Schwerpunktsetzung dieses Buches auf Bild- und Filtereffekte in Bildverarbeitungsprogrammen kann hier auf die vielen arbeitserleichternden Verfahren, zum Beispiel bei der Anwendung von Werkzeugen, nicht eingegangen werden. Auch der Umgang mit Grafiksoftware gehört nicht zum Betrachtungsgegenstand. Als Grafikprogramm im engeren Sinne wird sogenannte vektor- oder objektorientierte Software bezeichnet, die Bildinformationen nicht pixelweise berechnet und speichert, sondern es erlaubt, separat erzeugte Formen jederzeit mit individuellen grafischen Attributen zu versehen und beliebig neu zu positionieren, vervielfältigen, skalieren usw.

In diesem Kapitel soll eine kleine Auswahl von Hilfsmitteln dargestellt werden, die in reinen Bildbearbeitungs- oder Malprogrammen nicht verfügbar sind, aber gelegentlich die Arbeit sehr erleichtern können.

Anderes, wie etwa das automatische Nachzeichnen von EPS-Pfaden, die direkt konstruiert oder aus einer Auswahl umgerechnet werden, mit Mal- und Retuschewerkzeugen, wird zwar von einigen Bildbearbeitungsprogrammen unterstützt, liegt aber ebenfalls bereits an der Grenze zur Grafik.

Die vielfältigen Möglichkeiten der gestalterischen Arbeit am Personal Computer werden auch dadurch erleichtert, daß inzwischen der Austausch von Dateien zwischen Programmen durch die Vielzahl der unterstützten Speicherformate recht problemlos möglich ist. Als nicht immer optimaler, aber oft ausreichender Umweg bleibt in vielen Fällen ein Screenshot, also die digitale Aufnahme des ganzen Monitorinhalts oder ausgewählter Bereiche, der danach in einem geeigneten Programm geöffnet wird.

Erzeugung von regelmäßigen geometrischen Figuren, die sich an ihren Eckpunkten verkleinert wiederholen

(SuperPaint)

In vielen Grafikprogrammen lassen sich regelmäßige Polygone erzeugen. Eine Besonderheit im Umgang mit ihnen bietet die kombinierte Mal- und Grafiksoftware SuperPaint, bei der solche Objekte (als AllGons bezeichnet) in verschiedener Weise behandelt werden können. Dazu gehört ihre zufallsverteilte Streuung über die Arbeitsfläche, die Darstellungsform als Speichen oder Sterne (untere Reihe) oder als alternierend gefüllte Polygone, die sich auf bis zu drei Ebenen an den Ecken wiederholen.

Konstruktion eines Quadrats ohne Wiederholungsrate >

Konstruktion eines Quadrats mit einer Wiederholungsrate >>

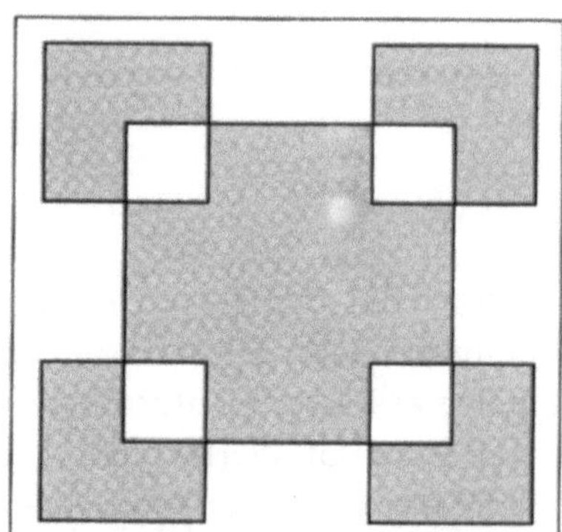

Konstruktion eines Quadrats mit zwei Wiederholungsraten >

Konstruktion eines Quadrats mit drei Wiederholungsraten >>

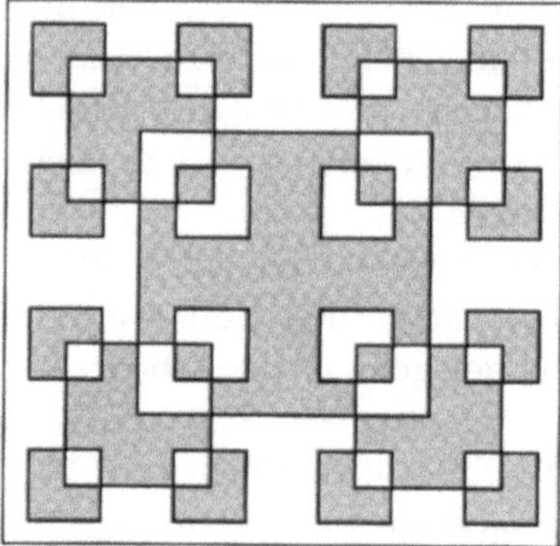

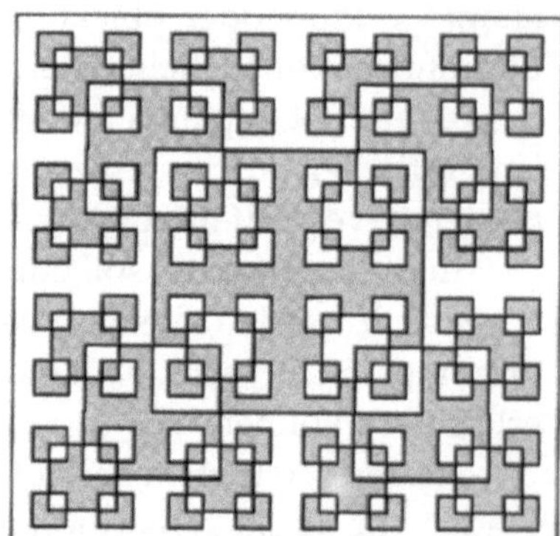

Konstruktion eines Quadrats in Strahlendarstellung mit drei Wiederholungsraten >

Konstruktion eines Quadrats in Sterndarstellung mit drei Wiederholungsraten >>

Fraktale werden bislang in üblichen Bildbearbeitungsprogrammen kaum angewandt. Dabei wären sie in der Art von Filtern sehr hilfreich, um bestimmte Oberflächenstrukturen wie die von Felsen, Wasser, Wolken und anderem zu generieren. Die Programme Beauty of Fractals (hi er gezeigt) sowie Kai's Power Tools erzeugen Mandelbrot- und Julia-Mengen mit der Möglichkeit zur wiederholten Ausschnittsvergrößerung, numerischer Definition und dreidimensionaler, landschaftsähnlicher Darstellung.

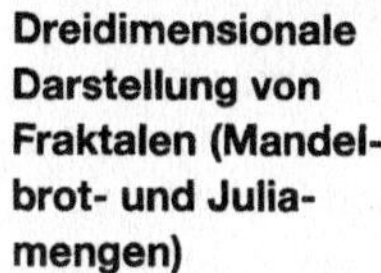

Dreidimensionale Darstellung von Fraktalen (Mandelbrot- und Julia-mengen)

(Beauty of Fractals, Kai's Power Tools)

<< Mandelbrot-Menge in ihrer Längsachse aus erhöhter Position betrachtet

< Dasselbe Objekt direkt von oben gesehen mit anderer Lichtführung

<< Abermals dasselbe Objekt von einem leicht seitlichen, erhöhten Betrachterstandort bei gleicher Lichtführung gesehen

< Eine Julia-Menge von einem leicht seitlichen, erhöhten Betrachterstandort aus gesehen

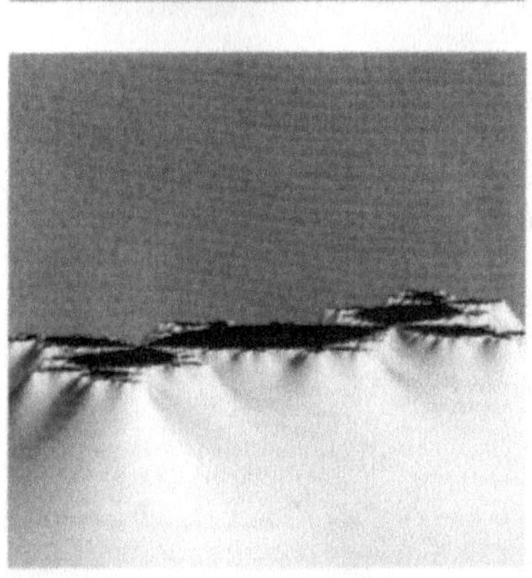

<< Dasselbe Objekt bei niedrigerem Betrachterstandort und veränderter Beleuchtung

< Dieselbe Darstellung wie zuvor, in einem Bildbearbeitungsprogramm einer realen Landschaft angenähert

**Nachzeichen von
EPS-Pfaden mit
vorgewählten Mal-
und Retuschewerk-
zeugen**

**(ColorStudio, Photo-
shop ab Version 2.5)**

Diese digitale Technik liegt an der Grenze zwischen grafischen und malerischen Anwendungen. Viele glatt verlaufende Kurven oder komplizierte Formen lassen sich mit Malwerkzeugen nur schwer frei erzeugen – mit EPS-Werkzeugen ist das kein Problem. Die Kombination bietet zum Beispiel ColorStudio an, wo Mal- und Retuschewerkzeuge (also auch Weichzeichner oder Schmierfinger) entlang solcher EPS-Pfade wirksam werden können (vgl. auch Auswahlumwandlungen auf S. 27).

Eine EPS-Auswahl wird erzeugt oder aus einer manuellen Auswahl umgerechnet >

Nachdem ein Mal- oder Retuschewerkzeug samt Einstellung gewählt worden ist, wird der entstehende Pfad damit – hier ist es der Pinsel – auf Befehl nachgezeichnet >>

Die Auswirkung kann auch weniger auffällig sein; hier wirkte der Weichzeichner entlang der EPS-konstruierten Konturen von Mund und Augen >

In diesem Fall steuert der Pfad um die Augen einen dünnen, schwarz gefüllten Airbrush >>

Auch vorgegebene Auswahlformen, wie hier eine leicht gedrehte Ellipse, können den Pfadverlauf bestimmen >

Hier wurden sternförmige Pfade mit dem Airbrush in unterschiedlicher Deckung benutzt >>

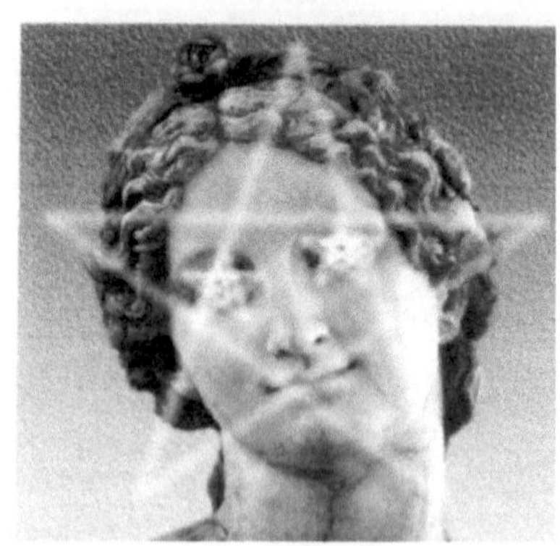

Manche Werkzeugspuren reagieren auf die Bewegungsgeschwindigkeit des Cursors – bei langsamem Ziehen werden dichte, bei schnellem verstreute „Abdrücke" im Bild hinterlassen. Mit der Einstellung der Option „mehrfach zeichnen" in Studio/32 und SuperPaint können geometrische Werkzeuge wie Linie, Ellipse, Rechteck u.a. quasi-räumlich gestaffelte Über-lagerungen erzeugen, die je nach Werkzeug von der Mitte des Objekts oder von einem seiner Eck- oder Endpunkte ausgehen.

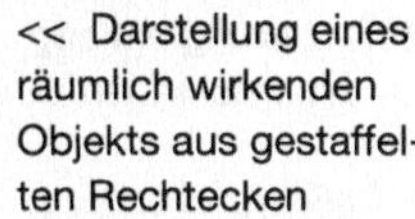

Gestaffelte Wiederholungen der Einzelformen geometrischer Werkzeuge

Studio/32, SuperPaint)

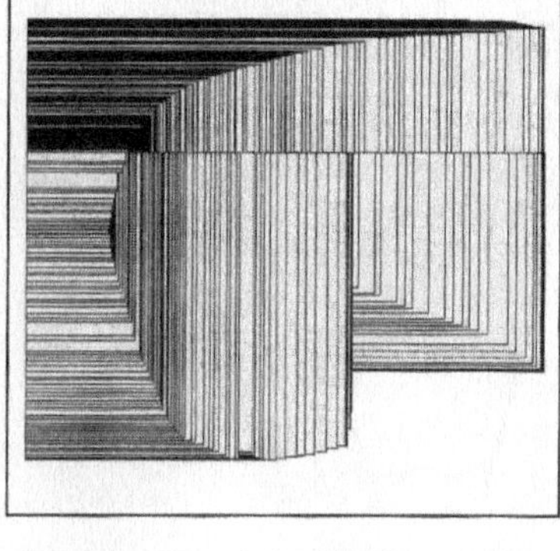

<< Darstellung eines räumlich wirkenden Objekts aus gestaffelten Rechtecken

< Verwendung des Rechteck-Werkzeugs in einer anderen Einstellung

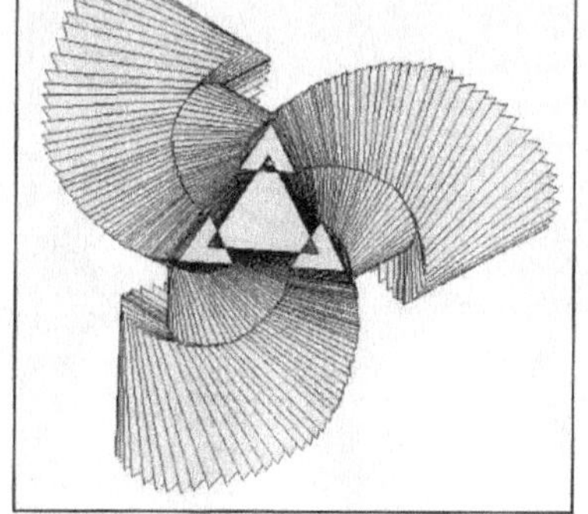

<< Wirkung des Mehrfach-Zeichnens mit dem Ellipsen-Werkzeug

< Gedrehte Verwendung eines Dreieck-Allgons (vgl. S. 260)

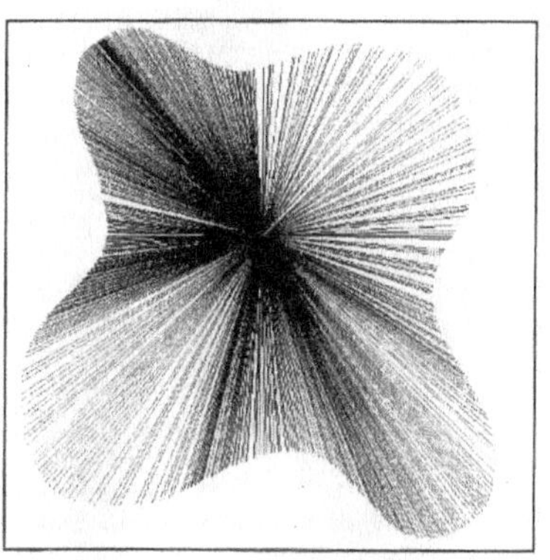

<< Um einen Endpunkt gedrehte Verwendung des Linien-Werkzeugs

< Verwendung des Bogen-Werkzeugs; ausgehend vom Schnittpunkt lassen sich Bögen in vier Richtungen zeichnen

**An einer manuell
gezeichneten Linie
orientierte Bild-
verzerrung**

(ImageStudio)

Viele der dynamischen Effekte, die in dem damit befaßten Kapitel beschrieben sind, lassen sich gar nicht oder nur durch numerisch definierte Parameter beeinflussen. Eine selten angewandte Art der dynamischen Verzerrung findet sich in ImageStudio, wo ein großer Bildbereich ausgewählt und als Füllmuster definiert werden kann. Mit der Farbeimer-Option „Muster verzerren" lassen sich die hier gezeigten Verzerrungen erzeugen, wenn zuvor eine entsprechende Orientierungslinie gemalt wird.

Verzerrung entlang
einer Schrägen >

Verzerrung entlang
einer Wellenlinie mit
großer Frequenz und
Amplitude >>

Verzerrung entlang
einer Wellenlinie mit
kleiner Frequenz und
Amplitude >

Verzerrung entlang
einer Zickzack-Linie >>

Verzerrung in der Art
einer Projektion auf
einen abgeschrägten
Vorsprung >

Verzerrung mit Brü-
chen im Bild durch
überlagernde
Abdeckung >>

Bereits eines der frühesten Malprogramme, MacPaint, verfügte zusammen mit dem Pinsel- und Bleistift-Werkzeug über eine als „Spiegelachsen" bezeichnete Symmetrie-Funktion; dabei wurden die Werkzeugspuren gespiegelt vervielfacht. Erst in letzter Zeit sind wieder zwei neue, symmetriefähige Programme erschienen: IntelliDraw, das Bézierkurven unter anderem in mehrstrahligen einfachen und gespiegelten Symmetrien erzeugt sowie das vielfältige Spezialprogramm Symmetry Studio.

Erzeugung symmetrischer Figuren

(IntelliDraw, MacPaint, Symmetry Studio)

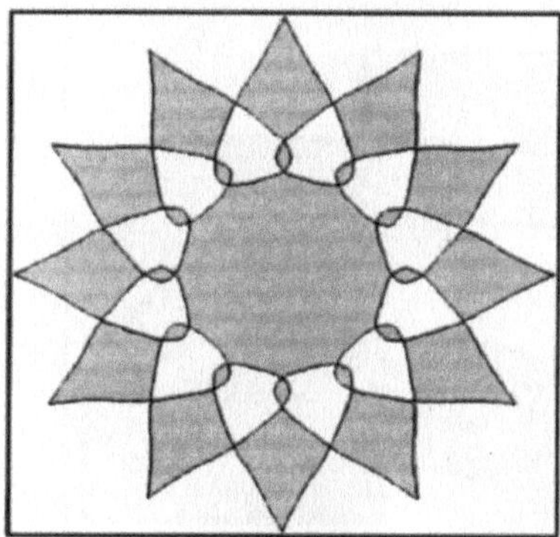

<< Erzeugung einer zwölfstrahligen Symmetrie mit Rundungen und alternierender Füllung (IntelliDraw)

< Erzeugung einer sechsstrahligen Symmetrie mit radialem Verlauf (IntelliDraw)

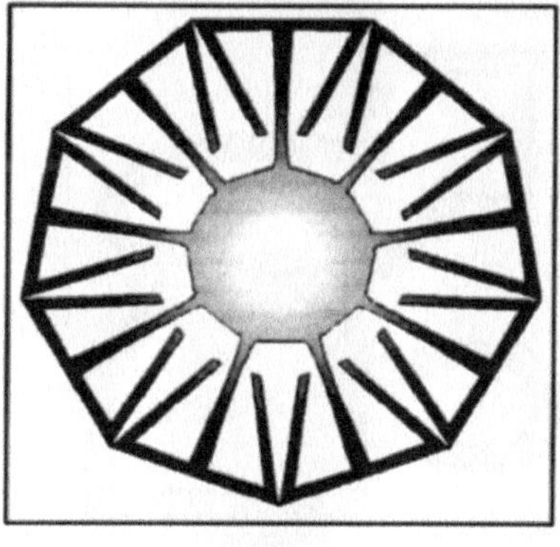

<< Erzeugung einer neunstrahligen Symmetrie mit radialem Verlauf (IntelliDraw)

< Erzeugung einer frei gemalten achtstrahligen Symmetrie (Symmetry Studio)

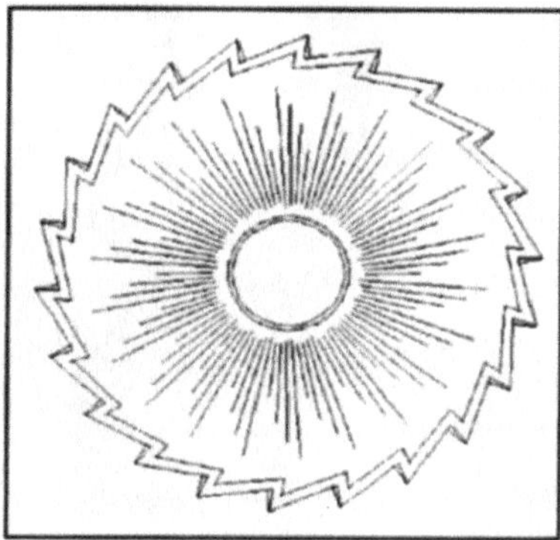

<< Erzeugung einer frei gemalten achtstrahligen Symmetrie mit zusätzlicher Spiegelung (Symmetry Studio)

< Verwendung des Linien-Werkzeugs mit einer zweiundzwanzigstrahligen Symmetrie (Symmetry Studio)

Parallele Verdopplung von Objektkonturen; Addition, Subtraktion und Schnittmengenbildung von Objekten

(IntelliDraw)

Bei komplex geformten Objektkonturen ist es nicht leicht, eine verkleinerte Version mit parallelen Konturen über das Original zu legen und so bestimmte Effekte zu erreichen, da eine lineare Skalierung hier selten weiterhilft. Die objektorientierte Software IntelliDraw erleichtert den Umgang mit Umrißlinien, indem deren Vereinigung ebenso möglich wird wie die Erzeugung einer Konturparallele in bestimmbarer Entfernung; außerdem können die Objekte subtrahiert werden oder Schnittmengen bilden.

Zeichnen von vier separaten Formen >

Vereinigung der Umrißlinien der ausgewählten Objekte >>

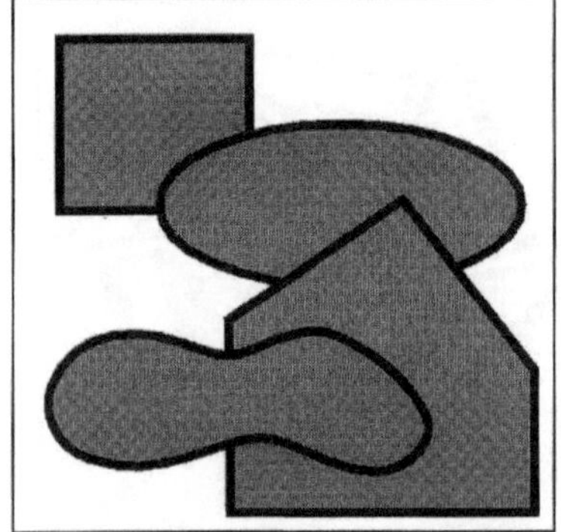
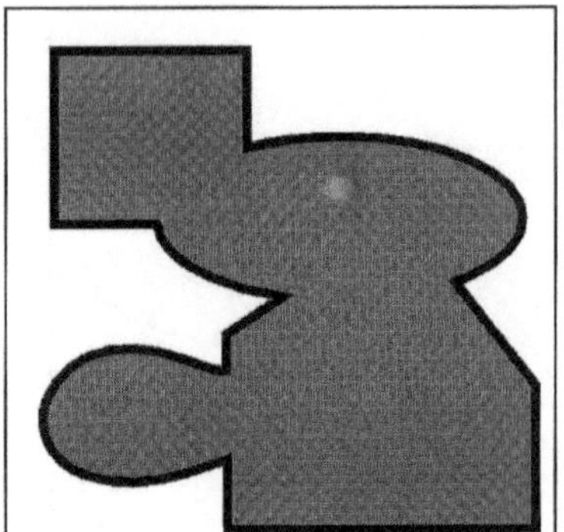

Verdopplung der Umrißlinie in einem definierten Abstand >

Subtraktion der inneren Form von der äußeren >>

Überlagerung zweier Formen, von denen die obere zum Zertrennen der unteren eingesetzt werden soll >

Die helle Fläche hat die dunklere zerschnitten; überstehende Teile sind automatisch entfernt worden >>

Daß die Beschreibungen der Effekte des Programms Flo' auf dieser Seite am Ende des Buches stehen, hat nichts mit ihrer inhaltlichen Zuordnung zu tun, sondern damit, daß das Programm erst ein paar Tage vor Druckabgabe auf den Markt kam. Eigentlich gehört es in den Zusammenhang der Seiten 48/49 zum dort vorgestellten Verzerrungsnetz. Der Umgang mit den Werkzeugen ist bei Flo' zwar ein anderer, und die Möglichkeiten sind größer; von den Ergebnissen sind beide recht ähnlich.

Verlagern, Skalieren, Scheren, Rotieren, und freies Verzerren von Bildbereichen mit allseitig geglättetem Anschluß

(Flo')

<< Verlagerung von Bildbereichen (Augen nach unten versetzt)

< Skalieren von Bildbereichen (Mitte des Gesichts stark verkleinert)

<< Rotieren von Bildbereichen (Drehen der Augenaußenwinkel nach unten sowie der beiden Mundwinkel nach oben)

< Scheren von Bildbereichen (Neigen des Gesichts nach rechts)

<< Freies Verzerren von Bildbereichen

< Kombinierte Transformationen (schmaleres Gesicht, größere Augen, Mund und Nase verkleinert, Kopf gedreht)

Register

Springer-Verlag und Umwelt

Als internationaler wissenschaftlicher Verlag sind wir uns unserer besonderen Verpflichtung der Umwelt gegenüber bewußt und beziehen umweltorientierte Grundsätze in Unternehmensentscheidungen mit ein.

Von unseren Geschäftspartnern (Druckereien, Papierfabriken, Verpackungsherstellern usw.) verlangen wir, daß sie sowohl beim Herstellungsprozeß selbst als auch beim Einsatz der zur Verwendung kommenden Materialien ökologische Gesichtspunkte berücksichtigen.

Das für dieses Buch verwendete Papier ist aus chlorfrei bzw. chlorarm hergestelltem Zellstoff gefertigt und im ph-Wert neutral.

PAGE.
Das Magazin zur Edition
Fordern Sie ein kostenloses Probeheft an!

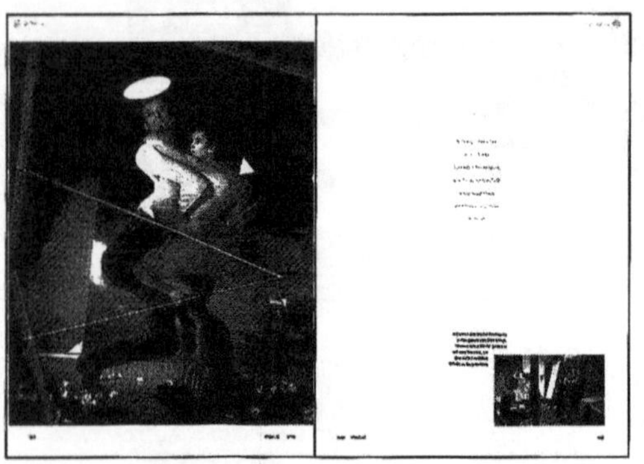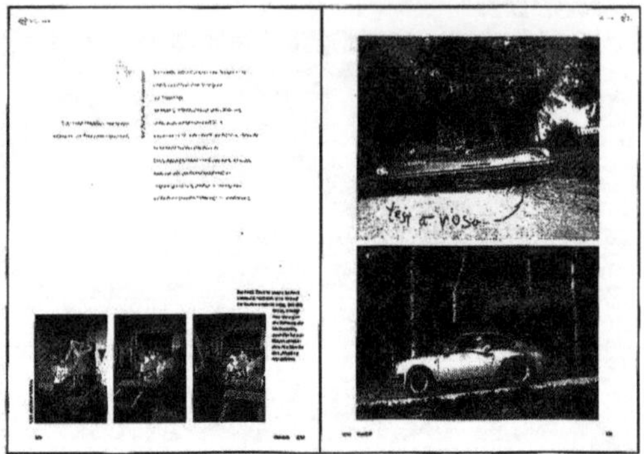

PAGE. Das Computermagazin für Kreative

**Die Monatszeitschrift zu
Techniken und Trends
der visuellen Kommunikation**

■ Zu den aufregendsten Herausforderungen unserer Zeit gehört die grafische Gestaltung von Medien. Darüber informiert PAGE. Aktuell und unabhängig von speziellen Rechnersystemen berichtet PAGE über computergestützte Werkzeuge, Methoden und Trends der visuellen Kommunikation. Bereits seit 1986 vermittelt PAGE anwendungsorientiert traditionelles gestalterisches Können und zeigt auf, wie es Designer und Produktioner mit neuen Techniken zeitgemäß umsetzen. PAGE wendet sich gleichermaßen an gestaltungsinteressierte, erfahrene PC-Nutzer wie an professionelle Computereinsteiger, zum Beispiel Grafiker, Produktioner, Setzer, Gestalter und Illustratoren.

In PAGE finden Sie

→ Gestaltungsanregungen und Typografietips
→ Digitale Fotografie und Bildbearbeitung
→ Internationales Grafikdesign
→ Soft- und Hardwarebesprechungen
→ Anwenderreportagen
→ Produktionsabläufe Schritt für Schritt
→ Meldungen zu Produkten und aus der Szene
→ Multimedia-Berichte und Trends
→ Branchenhintergrund aus Europa und den USA
→ Einen großen Serviceteil mit umfassender Belichtungstabelle

PAGE informiert über neue Ideen, Produkte und Techniken und gibt geldwerte Anregungen für Ihren unternehmerischen Erfolg.

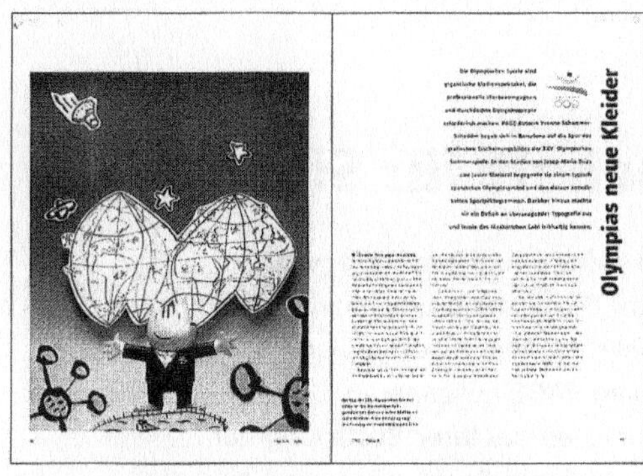
Olympias neue Kleider

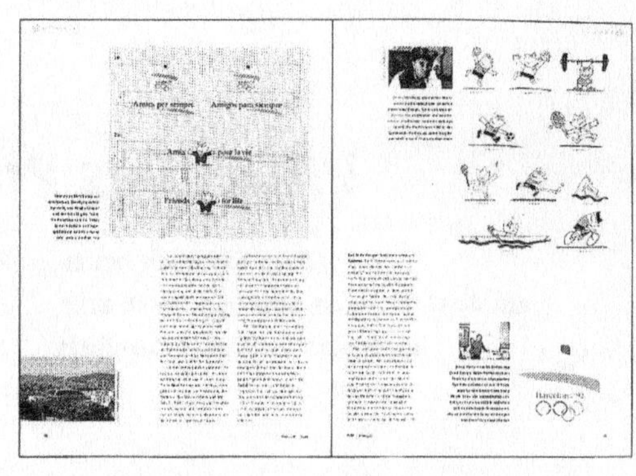

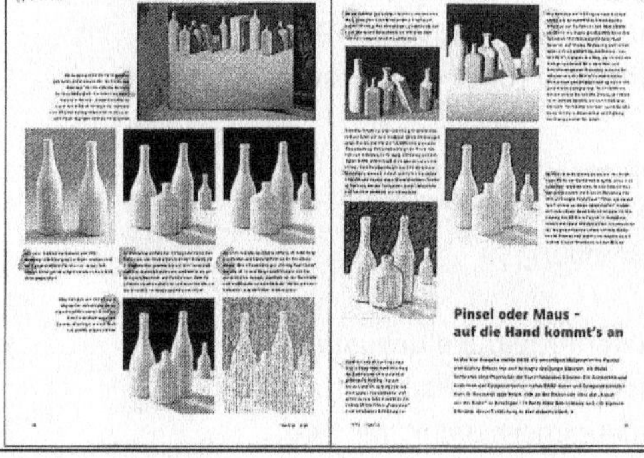
Pinsel oder Maus -
auf die Hand kommt's an

Bildschirmillustrierte
PETER MALTZ

PAGE. Das Probeheft für Sie!

**Fordern Sie noch heute
ein Ansichtsexemplar von PAGE an –
kostenlos und unverbindlich**

■ Sie sollten uns kennenlernen.
Fordern Sie deshalb umgehend Ihr
persönliches Ansichtsexemplar einer
aktuellen PAGE-Ausgabe an.
Sie brauchen bei Ihrer Bestellung nur
den Titel dieses Buchs zu vermerken,
und schon geht bei uns die Post ab –
mit Ihrem Probeheft von PAGE.
Schreiben Sie (Brief oder Postkarte) an

MACup Verlag GmbH
Große Elbstraße 277
2000 Hamburg 50

Bitte übermitteln Sie uns genaue
Absenderangaben (Name, Straße, Ort,
Telefonnummer), damit wir Ihre
Bestellung korrekt und zügig
bearbeiten können. Vielen Dank.

Übrigens: Ganz Eilige können auch per Fax
unter der Nummer (0 40)3 91 09-1 06 oder
telefonisch unter (0 40)3 91 09-1 43 bestellen.